智慧旅游关键技术

薛东 主编

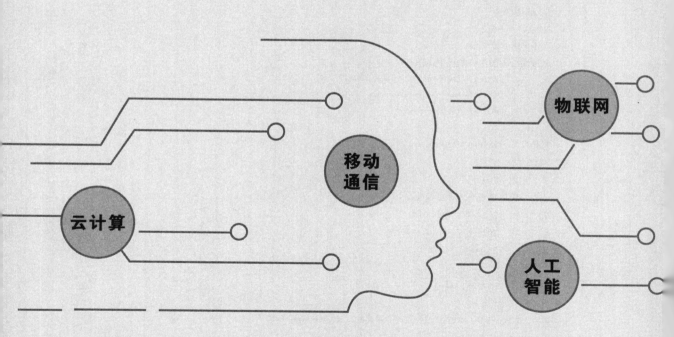

四川科学技术出版社

图书在版编目(CIP)数据

智慧旅游关键技术／薛东主编. --成都:四川科
学技术出版社,2024.7. --ISBN 978-7-5727-1444-3

Ⅰ. F590.3-39

中国国家版本馆 CIP 数据核字第 2024Q123E3 号

智慧旅游关键技术

ZHIHUI LÜYOU GUANJIAN JISHU

主　编　薛　东

出 品 人　程佳月

策划组稿　罗小燕

责任编辑　吴　文

封面设计　木之雨

责任出版　欧晓春

出版发行　四川科学技术出版社

　　　　　成都市锦江区三色路 238　邮政编码 610023

　　　　　官方微博:http://weibo.com/sckjcbs

　　　　　官方微信公众号:sckjcbs

　　　　　传真:028-86361756

成品尺寸　185mm×250mm

印　　张　12.75

字　　数　260 千

印　　刷　成都一千印务有限公司

版　　次　2024 年 7 月第 1 版

印　　次　2024 年 7 月第 1 次印刷

定　　价　58.00 元

ISBN 978-7-5727-1444-3

邮　　购:成都市锦江区三色路 238 号新华之星 A 座 25 层　邮政编码:610023

电　　话:028-86361770

编委会

主　编　薛　东

副主编　彭志强　杜思远

　　　　袁　云　王加梁

前　言

　　智慧旅游指包括信息通信技术在内的智能技术在旅游业中的深入应用和创新，是以提升旅游服务、改善旅游体验、创新旅游管理和优化旅游资源利用为目标，增强旅游企业竞争力、提高旅游行业管理水平、扩大行业规模的现代化工程。智慧旅游的建设将顺应旅游业整体发展需要，进一步满足公众日益增长的旅游需求，加速旅游管理机构电子化、智能化、信息化的发展，有利于提升旅游行业管理，处理好行业与相关部门及游客之间的相互关系，整顿和规范旅游市场秩序，提高服务效率和水平。智慧旅游可以理解为旅游信息化的高级阶段，而不是旅游电子政务、旅游电子商务、数字化景区等用"智慧化"概念的重新包装。智慧旅游能解决旅游发展中出现的新问题，满足旅游发展的新需求，实现旅游发展中的新思路及新理念。

　　随着计算机技术和互联网技术的不断发展，大数据、云计算、物联网、区块链、"3S"技术、人工智能、移动通信技术和计算机虚拟现实技术被广泛而深入地应用于智慧旅游，形成支撑智慧旅游发展的技术体系。过去二十年，以互联网技术为核心的技术群的产业渗透造就了新的旅游组织方式、产品形态和商业模式，成为旅游经济增长的重要因素之一，使得在线旅游、旅游 App、新媒体等旅游业务平台的形式、内容和功能不断丰富和强化，为旅游业扩大客户群体、增加用户黏性、提高旅游企业服务和管理能力作了有益的探索，是旅游业提质增效及创新的重要动力。

　　本书既是对智慧旅游技术发展成果的总结，也是对其未来发展趋势的展望，具体从以下几个方面论述。

　　1. 技术背景

　　智慧旅游是信息技术、物联网、大数据、人工智能等现代技术与传统旅游业相结合的产物。在过去的十年中，这些技术的快速发展为智慧旅游的实现提供了坚实的基础。智慧旅游不仅提高了旅游服务的效率和质量，还极大地丰富了游客的旅游体验。

　　2. 关键技术

　　本书重点探讨了智慧旅游领域的几项关键技术，包括物联网技术、大数据分析、云计算、人工智能等。这些技术是实现智慧旅游的基础和核心，对于推动智慧旅游的发展具有至关重要的意义。

3. 应用场景

智慧旅游的应用场景广泛。本书列举了智慧旅游在景区管理、旅游服务、旅游营销、旅游监管等方面的应用实例，这些实例充分展示了智慧旅游在提升旅游业服务效率和游客满意度方面的巨大潜力。

4. 挑战与机遇

尽管智慧旅游的发展前景广阔，但也面临着诸多挑战，如技术标准化、数据安全、隐私保护等问题。本书在分析这些挑战的同时也指出了智慧旅游带来的巨大机遇，如个性化旅游服务、智慧旅游城市建设等。

5. 未来展望

展望未来，智慧旅游将更加注重游客体验、服务创新和产业融合。随着5G、物联网、人工智能等技术的进一步发展，智慧旅游将迎来更加广阔的发展空间和无限的可能性。

智慧旅游极大地推动了旅游产业的转型升级，同时也对旅游人才的培养提出了新的要求。智慧旅游要求高校旅游管理专业在人才培养上主动适应时代发展的需求，重视提高学生信息技术素养，培养学生的创新意识和创新能力。智慧旅游课程是旅游管理专业的一门全新课程，它有助于学生更好地掌握现代旅游业发展趋势，了解现代技术及管理制度在旅游业中的应用。鉴于智慧旅游的内涵与技术仍处于不断创新中，智慧旅游课程的教学也须与时俱进。本书的编写是在参阅国内外智慧旅游相关教材的基础上，结合旅游管理专业的学科特点和教学特点，尽可能较为全面地反映智慧旅游发展模式、技术和理念的创新内容，旨在深入浅出地剖析智慧旅游的实质，为学生更为透彻理解智慧旅游提供合适的参考用书，促进创新型和复合型智慧旅游人才的培养；同时，本书也为智慧旅游领域的研究者和从业者提供了一个较为全面、深入的技术参考。希望本书的出版能够推动智慧旅游技术的进一步发展和应用，为旅游业的发展注入新的活力和动力。

薛　东

2024 年 4 月

目 录

第一章　智慧旅游概述

一、概念

随着科学技术的不断创新与发展以及智能技术在全球的迅速兴起，人类社会正从信息时代步入智能时代。以云计算、物联网、5G 通信技术、人工智能等应用技术为代表的新一轮技术革命的到来，客观上催生了客源市场对旅游信息化更高层次的需求，也为旅游业与信息技术产业的融合发展提供了契机和基础。

一）智慧旅游定义

根据智慧旅游建设实践，可以认为，智慧旅游是指充分运用物联网、云计算、移动通信、人工智能等新一代信息技术手段，创新旅游服务、营销和管理理念，充分配置和整合游客、旅游物理资源、信息和资金等旅游产业资源，服务于公众、企业和政府，形成高效、可持续发展的旅游生态系统。从技术层面来看，智慧旅游是物联网、云计算、移动通信、人工智能等信息通信技术在旅游业中的应用，是全面物联、充分整合旅游活动中各要素的关键技术，以达到全时空信息高效共享。从应用层面来看，智慧旅游服务于公众、企业和政府部门，为各类游客提供更加便捷和智能化的旅游信息服务和旅游体验；为行业管理提供更加高效、智能化的信息管理平台；充分配置和整合游客、旅游物理资源、信息和资金等旅游产业资源，促进资源的共享和利用，创建高品质、高满意度的旅游新产品和旅游目的地服务系统。

智慧旅游是技术创新引领的新的旅游经济增长模式，必须创新旅游服务、营销和管理理念，建设高效、可持续发展的新旅游生态系统，形成良性、健康的旅游发展环境。

二）智慧旅游的内涵和应用建设对象

目前，与智慧旅游相关的概念主要有数字旅游、旅游信息化、智能旅游等。数字旅游主要以旅游电子政务为主，侧重于旅游信息数据的数字化与集成，本质是计算机信息系统，服务的核心是政府管理部门。旅游信息化侧重于信息技术在旅游业中的应用，是对旅游产业链的改造，是企业的经营行为。智慧旅游建立在数字旅游、旅游信息化、智能旅游的基础之上，可以说是它们的更高阶段，体现了一种更高级的综合性，以服务游客为核心，把旅游信息化进程推向了更高台阶，服务于公众、旅游企业及政府部门，形成可持续发展的旅游生态系统。

（一）智慧旅游的内涵

1. 以服务游客为核心

对游客而言，智慧旅游就是利用云计算、物联网等新技术，通过互联网借助便携的上网终端等感知体系，达到旅游前、旅游中、旅游后都能主动感知旅游资源、旅游经济、旅游活动等方面的信息，提升游客在食、住、行、游、购、娱各个旅游环节中的体验附加值，为游客带来超出预期的旅游体验。

对相关政府和旅游企业等的旅游管理者来说，智慧旅游就是利用智能识别、移动计算、信息融合、云计算等信息技术构建旅游服务平台，实现全面、透彻、精准、便捷和无处不在的旅游信息应用，为游客提供餐饮、交通、住宿、购物等全方位的旅游服务，提高管理效率。

智慧旅游以科学的信息组织和呈现形式让游客方便、快捷地获取旅游信息，帮助游客更好地安排旅游计划并形成旅游决策。游客通过网络可以了解到旅游目的地实时状况，规划旅游的线路，预订酒店、机票、车票等。在出发之前，游客对旅行有了大致的了解，将大部分事情安排好，减少旅行中的不确定性，以及寻找游玩、交通、食宿等方面的担忧。在旅行过程中，游客可以随时了解下一个目的地的天气及客流量等情况，以决定是否更换景点，改变行程，使旅途变得更加愉快。例如，游客可以在景区通过计算机、手机或者酒店设置的触摸屏等终端，了解景区的实时情况；可以通过查询、拖动景区分布图，点击某个景区，显示景区景点的概况及有关景点的详细信息，如地址、联系电话、开放时间、门票价格、周边景点、交通信息、自驾指南等。

另外，智慧旅游还能给游客带来更好的旅游安全保障，虚拟旅游能够给游客带来不一样的旅游体验。

2. 基础设施现代化、数据融合和信息共享使得旅游更加"智慧"

智慧旅游通过物联网等技术，实现动态采集海量的旅游数据；通过网络的全面互联，实现信息的高效汇聚、处理、分析、共享；通过对数据的统计和智能分析，可以实现旅游行业管理的智能化、精细化；通过数据对游客信用进行评估，对服务企业进行评价，提高行业监管水平；通过数据的共享和应用协同，有效配置资源，提高快速响应和应急处理能力；通过专家系统和数据挖掘，对旅游资源保护、产品定价或旅游行业政策进行模拟测试，实现科学决策。

（二）智慧旅游应用和建设的对象

智慧旅游的应用对象主要有四类：以政府为代表的旅游公共管理部门与服务部门，游客，以景区为代表的旅游企业，目的地居民和目的地娱乐、购物、运输、餐饮、住宿等商业企业。四类对象共同构建智慧旅游的生态环境。智慧旅游是智慧城市的外延，不仅能使旅游管理、服务与目的地整体发展相融合，而且使游客与目的地居民和谐相处。

智慧旅游需要满足四大类应用主体的主要功能要求，也需要满足各应用主体间的交互要求，从而构建应用系统。智慧旅游首先体现的就是技术上的智慧，即借助物联网、云计算、移动通信、泛在网络、大数据、二维码、"3S"技术、视频监控、计算机应用、AR 技术推动旅游发展。人工智能等新一批成熟的信息化技术构建起智慧旅游所需要的技术支撑体系，而众多的信息化技术与旅游行业各主体应用需求之间的碰撞与融合，将会迸发出许多技术模式和营销、管理、服务模式创新的火花。

我国智慧旅游建设一直在政府的主导下进行，智慧旅游的应用和建设应该是旅游市场主体的目标和游客的追求，四类应用主体也是智慧旅游建设的主体。在智慧旅游体系的建设中，政府管理部门以提供旅游公共管理和公益服务为主，旅游企业主要包括旅游景区、旅行社、酒店、餐饮，以及旅游网络营销、在线旅游电商等商业组织，以提供专业性商业服务为主，游客以分享智慧旅游体验、参与提供旅游信息为主，目的地居民以提供目的地旅游信息和辅助性旅游服务为主。游客和目的地居民在整个智慧旅游体系建设中主要扮演在线信息共享、终端体验和展现的角色。

智慧旅游建设为基础服务提供商，如物联网、通信网、数据处理、计算机信息服务等企业提供了巨大的商机，智慧旅游建设也必须在这些技术企业的支持下才能完成。因而，智慧旅游建设基础服务提供商也是智慧旅游建设的重要对象。

1. 政府部门

政府部门在智慧旅游建设中主要涉及三项内容：一是编制和规划智慧旅游建设纲要，从建设内容、组织计划、运营投资政策、技术要求规范和建设标准及服务准则等方面提供指导；二是在推动智慧旅游发展过程中的政府服务职能转变，通过旅游资讯宣传、旅游营销、综合性旅游信息云公共服务平台，以及旅游行业信息资源管理系统、信息监控应急指挥平台等平台的建设，完善智慧旅游建设的后台服务；三是进一步推进旅游电子政务建设，建立旅游行业管理平台，提高各级旅游管理部门的办公自动化水平，提高行政效率，降低行政成本。政府部门通过智慧旅游的建设，为公众提供畅通的旅游投诉和评价反馈渠道，强化对旅游市场的运行监测，提升对旅游市场主体的服务和管理能力，保证在突发、危险、紧急事件状态下的旅游应急指挥服务，并通过物联网、互联网、通信平台、运营商的支持和对多种尖端信息技术的使用实现对自然资源、文物资源的监控保护和智能化管理，提高旅游宏观决策的有效性和科学性。

2. 旅游企业

旅游企业是智慧旅游的信息提供者，它们在企业经营活动中所产生的重要信息是实现旅游信息化的重要来源。旅游企业承载着智慧旅游项目落地以及服务支撑，同时也是智慧旅游的受益者。旅游企业将使用智慧旅游的建设成果，在向游客提供智慧旅游服务、接受政府行业监管的同时，积极通过企业信息化建设不断提高企业运营水平，降低运营成本，提高企业经营绩效。

旅游企业建设部署或应用智慧旅游系统，还可以在传统旅游营销的基础上，通过论道创新、方法创新和技术创新，全面提升旅游营销的效率和效果，更好地达到推广旅游资源、销售旅游产品的目的。旅游企业主要有智慧景区、智慧旅行社和智慧酒店。

1）智慧景区

旅游景区是智慧旅游建设和发展的主要原动力。旅游景区不单单需要考虑景区资源的建设管理，如建设开发、工程管理等，还需要考虑电子票务结算、客流引导服务、电子导览服务、虚拟实景的旅游应用、虚拟旅游体验式营销、基于无线位置服务、景区内部资源智能经营管理（环境保护、物业管理、商户经营、停车管理、后勤管理、财务管理）等系统的部署。这些系统的应用将有助于景区服务能力的提升、服务品牌的塑造、服务内容的规范，从而实现旅游景区的智慧响应和管理。智慧景区是对环境、社会、经济三方面进行最透彻的感知、更广泛的互联互通和更科学的可视化管理的创新型景区管理系统。智慧景区建设主要包括智慧博物馆类、智慧文物保护类和智慧风景名胜类景区建设。

2）智慧旅行社

在技术创新、服务创新和资本的驱动下，酒店和机票预订、旅游度假产品、租车、景区门票、签证等产品服务迅速在线化，在线旅游企业（online travel agency，OTA）不断丰富旅游服务业内涵，如行业垂直搜索引擎"去哪儿"，工具类"在路上""面包旅行"，攻略社区类"马蜂窝""穷游"等OTA典型业态。传统旅行社开展在线商务运营，建设智慧旅行社（intelligence travel agency，ITA）是市场竞争的必然选择。智慧旅行社就是利用云计算、物联网等新技术，通过互联网，借助便携的终端上网设备，将旅游资源的组织、游客的招揽和安排、旅游产品开发销售和旅游服务等旅行社各项业务及流程高度信息化和在线化、智能化，达到高效、快速、便捷和低成本规模化运行，创造出游客满意和旅游企业盈利的共赢格局。

3）智慧酒店

随着酒店日趋激烈的竞争和客户期望的不断攀升，酒店装潢、客房数量、房间设施等质量竞争和价格竞争将不再占据主导地位，迫使酒店不断寻求扩大酒店销售的途径。通过改进服务质量、降低管理成本和提升客户满意度等手段，增强酒店的核心竞争力。其中最有效的手段就是大规模应用先进的信息化技术，开展智慧酒店建设，变革传统意义上的酒店业竞争方式和经营管理模式，进而赢得新的竞争优势。酒店的竞争将主要在智能化、个性化、信息化方面展开，智慧酒店悄然兴起。智慧酒店整合集成酒店办公软件、信用卡收费、ATM 机、无线制卡等系统，应用物联网技术、云计算技术、计算机智能化信息处理、宽带交互式多媒体网络技术，形成酒店智能化解决方案，为消费者提供周到、便捷、舒适、称心的服务，满足消费者个性化服务、信息化服务的需要。同时，通过智能控制系统将酒店物耗、能耗、人员成本降到最低，创造效益。

3. 智慧旅游建设基础服务提供商

智慧旅游建设基础服务提供商主要包括与智慧旅游相关的信息化服务商，包括移动、联通、电信等通信运营商，相关信息技术提供商、硬件设备提供商、软件开发商、智慧旅游规划机构、项目实施和系统集成商，以及负责技术支撑层面的云计算基础设施服务提供者和云计算应用服务提供者等。

二、智慧旅游的构成

从智慧旅游的概念出发，结合旅游业务的发展特点，智慧旅游可以由智慧旅游服务、智慧旅游管理、智慧旅游营销和智慧旅游政务四个方面构成。

（一）智慧旅游服务

智慧旅游服务是智慧旅游的核心业务，是驱动智慧旅游前进的关键动力。具体而言，智慧旅游服务体现在四个方面。

1. 导航

智慧旅游将位置服务（location based services，LBS）加入旅游信息中，让游客随时知道自己所处的位置。当前，确定位置有许多种方法，如 GPS 导航、基站定位、Wi-Fi 定位、射频识别（radio frequency identification，RFID）定位、地标定位等，未来还有图像识别定位。其中，GPS 导航和 RFID 定位能获得精确的位置。RFID 定位需要布设很多识别器，也需要在移动终端上（如手机）安装 RFID 芯片，因而其应用受到限制，而

GPS 导航应用则要简单得多。一般智能手机上都有 GPS 导航模块，如果用外接的蓝牙、USB 接口的 GPS 导航模块，就可以让笔记本电脑、上网本和平板电脑具备导航功能，个别电脑甚至内置有 GPS 导航模块。GPS 导航模块接入电脑，可以将互联网和 GPS 导航完美地结合起来，进行移动互联网导航。智慧旅游将导航和互联网整合在一个界面上，地图来源于互联网，而不是存储在终端上，无须经常对地图进行更新。当 GPS 确定位置后，最新信息将通过互联网主动弹出，如交通拥堵状况、交通管制、交通事故、限行、停车场及车位状况等，并可查找其他相关信息。

2. 导游

智慧旅游为游客提供了更加智能、便捷的导游服务。游客在确定位置的同时，在网页上和地图上会主动显示周边的旅游信息，包括景点、酒店、餐馆、娱乐、车站、活动（地点）、朋友（旅游团友）等的位置和大概信息，如景点的级别、主要描述等，酒店的星级、价格范围、剩余房间数等，活动（演唱会、体育运动、电影）的地点、时间、价格范围等，餐馆的口味、人均消费水平、优惠等信息。智慧旅游还支持在非导航状态下查找任意位置的周边信息，拖动地图即可在地图上看到这些信息。周边的范围大小可以随地图窗口的大小自动调节，也可以根据自己的兴趣点（如景点、某个朋友的位置）规划行走路线。

3. 导览

导览相当于一个导游员。许多旅游景点规定不许导游员高声讲解，而采用数字导览设备，游客可租赁使用这种设备。智慧旅游像一个电子自助导游员，有比人工导游员更多的信息来源，如文字、图片、视频和 3D 虚拟现实，游客戴上耳机就能让平板电脑替代数字导览设备。游客点击（触摸）感兴趣的对象（景点、酒店、餐馆、娱乐、车站、活动等），可以获得关于兴趣点的位置、文字、图片、视频、使用者的评价等信息，深入了解兴趣点的详细情况。导览功能还将建设一个虚拟旅行模块，只要提交起点和终点的位置，便可获得最佳路线建议（也可以自己选择路线），推荐景点和酒店，提供沿途主要的景点、酒店、餐馆、娱乐、车站、活动等资料。

4. 导购

利用互联网游客可以随时随地预订自己需要的服务；加之安全的网上支付平台，还可以便捷地改变和制订下一步的旅游行程，而不浪费时间和精力，也不会错过一些精彩的景点与活动，甚至能够在某地邂逅特别的人，如久未谋面的老朋友。游客通过全面而深入地在线了解和分析，知道自己需要什么，那么可以直接进行在线预订（客房/票务），只需在网页上感兴趣的对象旁点击"预订"，即可进入预订模块，预订不同档次和数量的该对象。

（二）智慧旅游管理

智慧旅游管理主要是针对旅游活动的各项管理业务而言的，是指综合利用智慧化的技术对游客、景点、酒店、旅游线路、交通工具及其他类型的旅游资源进行智慧化管理，全面提高管理水平，创造管理效益。其具体内容包括：

1. 游客管理

智慧旅游依托信息技术，主动获取游客信息，形成游客数据积累和分析体系，全面了解游客的需求变化、意见建议及旅游企业的相关信息，实现科学决策和科学管理。

2. 景区管理

旅游景区可以通过景区环境保护、旅游承载力管控等综合应用智慧旅游手段，均衡游客的分布，降低游客对资源的破坏，确保游客的满意度，缓解景区保护和旅游发展之间的矛盾。

3. 流程管理

智慧旅游鼓励和支持旅游企业广泛运用信息技术改善经营流程，提高管理水平，提升产品和服务竞争力，增强游客、旅游资源、旅游企业和旅游主管部门之间的互动，高效整合旅游资源，推动旅游产业整体发展。

（三）智慧旅游营销

智慧旅游营销主要表现在产品创新、营销渠道、平台服务、营销方式等方面。

1. 产品创新

智慧旅游通过分析游客数据，可以发现游客的偏好，挖掘旅游热点，引导旅游企业打造符合游客需求的旅游产品，制定相应的营销策略，实现旅游产品创新和营销方式创新。

2. 营销渠道

智慧旅游通过量化分析和判断营销渠道，筛选效果明显、可以长期合作的营销渠道。

3. 平台服务

智慧旅游充分利用新媒体传播特性，吸引游客主动参与旅游的传播和营销，并通过积累游客数据和旅游产品消费数据，逐步形成多种媒体营销平台。

4. 营销方式

智慧旅游有利于改变旅游营销方式，激发旅游行业的鲶鱼效应。鲶鱼效应是指鲶鱼在搅动小鱼生存环境的同时，也激活了小鱼的求生能力。在市场营销中，其是指采取一种手段或措施，刺激一些企业活跃起来投入市场中积极参与竞争，从而激活市场中的同行业企业。它的实质是一种负激励，将鲶鱼效应理论用于智慧旅游就是指互联网在未来旅游业的发展过程中可扮演"鲶鱼"的角色，使更多的力量参与到旅游行业竞争中来，激发旅游行业的创新能力和活力，提升旅游行业的智慧水平，达到旅游行业提质增效的目标。

（四）智慧旅游政务

智慧旅游政务既包括电子政务、移动政务等深化应用，也包括基于智慧化技术的政府管理和服务模式的创新。其具体表现在以下三个方面：

1. 管理方式

智慧旅游是实现传统旅游政务管理方式向现代旅游政务管理方式转变的重要途径。通过信息技术，可以及时、准确地掌握游客的旅游活动信息和旅游企业的经营信息，实现旅游行业监管从传统的被动处理、事后管理向过程管理和实时管理转变。旅游管理部门通过信息平台，利用实时掌握的游客、景区和服务等信息，实现对监管对象的动态化、实时性的管理。

2. 信息共享

旅游管理部门可以通过与工商、卫生、质检、公安等相关部门的信息共享与联动，实现对旅游安全、旅游质量和旅游投诉等问题的有效处理，以维护旅游市场的稳定。

3. 突发事件管理

通过与公安、交通、工商、卫生、质检等部门形成信息共享和协作联动，结合旅游信息数据形成旅游预测机制，提高应急管理能力和突发事件处理能力。

三、智慧旅游的发展进程

一）国外智慧旅游的发展

国外并没有"智慧旅游"这一专业术语，但是，国外从很早就开始了对旅游信息技术应用的研究。在信息技术取得突破性进展的背景下，国外的旅游信息化建设正不断向纵深发展。近几年，智慧旅游和旅游资源物联网的提出与兴起，一方面是旅游信息化已经进行到一定的程度，旅游行业各个领域的信息采集与存储具备了相当的规模，通过新技术的应用，积累的信息资源有可能集中发挥优势；另一方面，泛在网络与通信技术、传感器技术、RFID 技术、云计算技术的发展，使得未来信息化呈现出新的发展方向和发展模式，旅游信息的精确采集、旅游信息资源化应用成为可能。

美国是最早开展智慧旅游的国家之一。2006 年，美国在宾夕法尼亚州一个叫波科诺（Pocono）山脉的度假区首次引入 RFID 腕带系统进行了智慧旅游的尝试，其结果显示，佩戴 RFID 腕带的游客可不必携带人们日常旅游时必须携带的必需品（如现金、钥匙等）就可顺利而方便地进出房门、购买旅游商品、参与各种游戏或活动等。此外，RFID 腕带还可作为游客在景区的身份证明等。近年来，为更好地迎合自助游客需求，在北美地区，"游客自助导航"已经广泛应用。在建设过程中，北美地区（部分城市）在智慧交通层面成果显著，在实施体系完整的智能票务服务之余，游客或居民实现了实时公交线路运行状态查询。在智慧景区建设方面，北美地区以满足客户智能化、人性化和信息化需求为导向，完善细节服务，优化管理流程，降低管理运营成本。美国建立了全球首家 VR（virtual reality）主题公园——The Void，该公园位于美国犹他州。The Void 通过头显、适配电脑与可穿戴智能设备，再结合灯光、烟雾、气味等特效，在真实的空间给玩家打造一个虚拟的全触感空间。玩家花 29 美元，穿上全套的 VR 装备，包括一个头戴式的显示器、一个特殊定制的高科技背心和一把金属质感的枪械，就能在 The Void 娱乐中心享受超现实极致 VR 体验。因此，其创始人在官网上表示，The Void 的重点不仅仅是虚拟现实，而是超级现实（hyper-reality）。

欧盟早在 2001 年就开始实施"创建用户友好的个性化移动旅游服务"项目。在智慧旅游的发展过程中，重视基础设施的建设和应用推广，并致力于打造一体化市场。在现有工程的建设中，欧洲部分城市采用二维码技术和城市信息作对接，服务于智慧旅游。在公共服务层面，欧洲在开发与应用远程信息技术过程中，首先建立了能贯通全欧洲的无线数据通信网，并利用智慧交通网络来达成导航、电子收费和交通管理等功能，其中主要包括不停车收费系统（ETC）、车辆控制系统（AVCS）、旅行信息系统（ATIS）和商业车辆运行系统（ACVO）等。2009 年，英、德两家公司在欧盟资助下协作开发了一款智能导游软件，用以促进文化旅游发展。该软件以增强实践技能为目的，让游客通过声光与影像，体会被忘记的史前时光。当游客身处某地，只需用手机摄像头对准眼前的遗迹或废墟，手机里全球定位系统和图画辨认软件就能判别方位，然后从游客所处的视角，在手机上显现这处遗迹在全盛时期的样貌，还能展现遗址上残损部分的虚拟重构。除此还有道路规划功用，经过交互道路规划工具，量身定制专属于游客自己的游览计划，协助游客远离大众线路，享受私人旅游时光，其功能不亚于一个全职导游。比利时布鲁塞尔推出"标识都市"项目，游客下载条码扫描器，可随时随地扫描"标识"贴纸，以此快速读取景点信息并进行线路导航，游览道路规划软件也得到了广泛使用。

除了欧洲，如巴西里约热内卢建立了城市动态监控系统，对城市内交通运行、道路通行、天气预报、停电处理、灾害警报进行有效管理，能更智慧地掌握城市动态，对旅游也有更智慧的管理效果。

2006 年，新加坡推出"智慧国 2015 计划"，确立"智慧化立国"发展理念，全面实施"从传统城市国家向'智慧国'转型"的发展战略。其主要应用项目包括一站式注册服务、智能化数字服务系统、无处不在的移动旅游服务和交互式智能营销平台。一站式注册服务借助生物身份识别技术为商业人士免去烦琐的注册登记手续，在新加坡商业会议旅游中得到广泛应用。智能化数字服务系统着眼于提升游客在新加坡的旅行体验。游客可通过互联网、手机、公用电话亭、交互式电视和游客中心等渠道获得一站式旅游信息和服务支持，包括购买相关旅游商品或专门服务。无处不在的移动旅游服务是指游客可利用智能手机等移动终端，在任何时间、地点接收到旅游信息，并根据游客位置、需求、选择取向提供具有个性化的针对信息服务。交互式智能营销平台是指在"我行由我，新加坡"平台上，游客可根据个人喜好直接在互联网上定制自己的新加坡行程，并可通过邮箱及时了解新加坡新闻、即将举办的大型活动等信息，同时通过该平台实时分享自己的旅游经历。

韩国首尔在智能手机平台的基础上开发了类似于"I Tour Seoul"之类的移动终端信息服务平台，是专门为来访的游客提供的移动旅游信息掌上服务平台，以便于游客随时获取所需的相关旅游信息，如用餐、住宿、景点等，同时也包括语言服务、道路和交通工具的选择等。该系统同时实现五种外国语言的服务，为游客进行旅游活动提供了极大的便利。

日本东京推出泛在艺术导览服务系统，通过终端设备以及临时通行证来引导游客，根据游客所处的位置实时提供语音和地图导览。

二）中国智慧旅游的发展

智慧旅游将借助信息技术对传统旅游产业进行改进和创新，全面整合旅游资源和产业链，创造产业发展的新模式和新形态；推动传统旅游营销向现代旅游营销模式转变，实现精准有效的网络营销，提升旅游品牌与文化价值；为旅游企业及其他旅游服务业者提供完整的电子商务服务，创新第三方金融或准金融服务，完善网上支付、移动支付以及信用体系，解决电子商务发展的关键瓶颈问题；改善旅游企业间的信息共享和业务协同，提高旅游产业链的效率，促进旅游产业结构向资源节约型、环境友好型的方向转变。智慧旅游前景巨大，在智慧旅游建设上要避免追风赶潮、定力不够而导致半途而废。

（一）"旅游+互联网"

互联网正在以人们始料未及的速度改变着旅游的组织方式、市场经营模式，以及游客的出游方式和消费方式。围绕推动"旅游+互联网"跨产业融合，国家旅游局出台了《关于促进智慧旅游发展的指导意见》，采用 PPP（public-private-partner-ships，直译"公私合营制"）模式建设国家智慧旅游公共服务平台，制定景区电子门票管理导则标准，启动旅游应急指挥平台建设。信息化是助推旅游业提升与发展的科技力量，信息技术与旅游业的融合程度影响到旅游业的服务质量和服务水平。国家旅游局采取措施进一步推动智慧旅游建设，营造"旅游+互联网"的良好发展环境，具体包括：

1. 支持国家智慧旅游试点城市和智慧旅游试点景区建设。

2. 推动在线旅游平台企业发展，形成旅游业新生态圈。

3. 支持有条件的旅游企业开展互联网金融探索，拓宽移动支付在旅游业的应用。

4. 会同有关机构发行实名制国民旅游卡，落实法定优惠政策和特惠商户折扣。

5. 放宽在线度假租赁、旅游网络购物、在线旅游租车平台准入许可和经营许可制度等政策。

6. 从景点旅游到全域旅游转变，支持国家全域旅游示范区创建。

智慧旅游以人为本，以绿色、科技创新为特征，利用云计算、物联网、高速通信技术等信息高科技技术提升旅游服务质量与改进服务方式，改变人们的旅游消费习惯，提升旅游体验，成为旅游发展与科技进步融合的世界时尚潮流。谁在智慧旅游发展方面占据先机，就能引领世界旅游发展的潮流。在我国初步实现"智慧旅游"的战略目标，必将使我国在世界旅游竞争格局中占据优势地位，成为引领世界旅游产业发展的重要力量。

（二）"旅游+大众创新、万众创业"

旅游业是大众创新、万众创业最活跃的领域之一，各地大力推进"旅游+大众创新、万众创业"，支持建设相应的创新创业孵化平台，引导和支持百万返乡农民工、大学毕业生、专业技术人员等通过旅游业实现自主创业。旅游信息服务科技创新是旅游业创新的核心动力，离开科技创新的支撑，旅游业难以实现从传统旅游向智慧旅游的转型升级。

（三）智慧旅游丰富旅游供给侧，支撑全产业链

智慧旅游全产业链体现在要全面与第一、二、三产业集成，拓宽到旅游的吃、住、行、游、购、娱、体、疗、学、悟等各方面产业合作、融合。进行旅游供给侧改革，实现旅游全产业链价值提升，建设全产业链的现代旅游业，支撑全产业链经济发展，是落实国务院关于加快发展旅游业的意见，也是满足消费并创造消费的必由之路。智慧旅游的发展将对相关产业、企业、城市、区域乃至国家社会经济起到不同程度的拉动效应。智慧旅游建设是我国旅游业由传统服务业向现代服务业转变的突破口，借助智慧旅游示范城市、产业园区、示范企业的建设，将强化我国智慧旅游装备、智慧旅

游应用软件、智慧旅游经营发展模式等方面的探索和建设，以提升我国旅游业的科技含量，增强我国旅游创新能力，提升我国旅游服务质量和国际竞争力。

（四）智慧旅游以大数据为支撑，深化竞争的方式

智慧旅游建设强大的旅游服务基础数据库，连接各种平台、资源，构建智慧旅游公共服务平台，为旅游行政部门、旅游企业与游客构建了直接互动的便利渠道。通过对旅游大数据的分析利用，将有利于旅游行政部门更好地为游客服务，让旅游企业更加关注游客的体验和评价，助推旅游产品创新升级，加速旅游业与其他产业的广泛融合。大数据是建立营销推广方案的基础。一些企业应用大数据，产生有传承价值的旅游数字资产，设计更加人性化的新产品，帮助游客提升旅游体验，形成新的竞争优势，深化竞争的方式。智慧旅游要利用好新技术、新手段服务旅游业，开拓"微旅游"，开创"云旅游"。

第二章　智慧旅游实践

一、智慧旅游建设的必要性

一）外部条件与机遇

（一）全球信息化促进旅游产业的信息化进程

目前，全球正在经历一场前所未有的革命，这场革命将以信息技术为主导，改变人们的生产和生活方式，从而极大地提高社会生产效率，方便人们的日常生活。全球信息化主要表现在以下方面：

1. 提高生产效率

在生产领域，引入自动化和信息化，从而提高生产效率，将较多的人从生产中解放出来。

2. 信息的传递快速准确

电信和计算机系统合二为一。通过计算机系统实现电信的快捷传播，通过电信扩展计算机系统的功能，使得信息的传递快速准确。

3. 人成为信息和信息传播活动的主要参与者

新媒体的出现丰富了人们在信息传递中的角色，人人均是信息源、传播者和接收者，并且成为信息传递中的重要角色。

在信息化背景下，全球经济的发展主要从以下方面促进旅游产业信息化：首先，信息产业已成为社会潮流，这是大的发展环境，旅游产业信息化迎合了旅游时代和信息时代发展的大背景，单纯的产业发展能够为旅游业提供系列要素，实现一定的旅游需求。其次，在生产方式上，产业结构需要调整。传统的制造业在发展的过程中出现了一系列的问题，如质量下降、环境污染、管理失效、成本加大等。因此需要将实体的产业结构予以调整，充分利用信息产业的优势，实现产业结构优化升级，解决产业发展中遇到的一系列问题。再次，在组织结构上，信息革命的出现促进了组织结构的变革，使得旅游组织由集权化逐步走向分权化，由程序化走向分子化。旧有的组织结构存在一系列的弊端，如组织结构臃肿、运营不便、管理水平滞后等。权力下放之后，能够调动绝大多数人的积极性，使组织充满活力。程序化的运行使得组织中的各项职能不能快速高效地实现；而分子化的结构，使得各个单位能够独立存在，可以在第一时间做出反应，从而缩短反应时间，提高运营效率。

旅游产业的信息化进程主要表现在行业管理、行业运行和旅游方式的选择上。旅游管理中的电子政务管理、信息化的管理体系催生和加速了旅游信息化的进程；旅游企业的经营由传统的线下转到了线上，抑或线上和线下并行，同时在旅游营销等方面，全球信息化促使了旅游新业态的出现；在旅游消费方式上，人们借助移动终端，实现掌上旅游、便捷旅游。

（二）为新一代通信技术提供技术支撑

新一代通信技术的发展是旅游信息化的基础，没有新一代通信技术，智慧旅游就无从谈起。新一代通信技术的代表有物联网、移动互联网、云计算和人工智能等。

1. 物联网

物联网是新一代信息技术的重要组成部分，意为"物物相连的互联网"，它有两层意思：一是物联网的核心和基础仍然是互联网，是在互联网的基础上进行延伸和拓展的网络；二是物联网的用户端拓展到了任何物品和物品之间，进行信息交流和通信。从技术的角度来讲，物联网通过射频识别、红外线感知、全球定位系统和激光扫描器等信息传感设备，按照预定的协议，把任何物品与互联网相连接，进行信息交换和通信，以实现对物品的智能化识别、定位、跟踪、监控和管理。将物联网在旅游中应用，可以使旅游中的各种要素和信息加以连接。与一般互联网不同的是，智慧旅游进行的物联网连接的是旅游相关要素，既包括旅游中的基本要素，也包括辅助要素，以及一些支撑要素，即能够将游客开展旅游活动、旅游企业经营运作、旅游主管部门管理的各类要素进行连接，使得各个部门单位能够通过获得所需的资源和信息，实现自身目的。这种互联更具专业性，旅游要素更加集中，因而，人们在信息的筛选中也更具有针对性。

2. 移动互联网

移动互联网是将移动通信和互联网二者结合起来，实际上是指互联网的技术、平台、商业模式和应用与移动通信技术结合并实践的总称。在移动通信用户中，建立一个平台，使之广泛应用到农村、企业和商业中，从而最大限度地了解和刺激人们的旅游需求，这将是一个巨大的市场机会。5G的发展使信息技术更加完善，人们之间的联系更加紧密，移动通信与互联网的有机结合缩短了人们之间的时空距离。触手可及的移动网络使得人们成为这个巨大网络的一个点，人们在其中行动自如，但互相之间联系甚密，人在网在，人走网移。旅游本身就是一个移动的过程，这首先表现为游客的移动，游客的移动使得旅游企业和旅游管理者不断移动，这种移动的性质使得旅游管理更加地复杂。然而，移动互联网的出现，不仅为游客提供了触手可及的消费便利，同时也拉近了旅游企业与游客之间的距离，促进了旅游业的动态管理。

3. 云计算

云计算是指基于互联网相关服务的增加、使用和交互模式，通过互联网来提供动态易扩展，且经常是虚拟化的资源。从广义上来讲，云计算是指服务的交互和使用模式，通过网络以按需、易扩展的方式获得所需服务，这种服务可以是 IT、软件和互联网相关服务，也可以是其他服务。云计算将计算分布在不同的计算机上，而非本地的计算机或远程服务器，企业数据中心的运营将与互联网更为相似，在此情况下，计算机能够按需访问计算机和存储系统。云计算主要有以下三种模式：

1）以基础设施提供服务，即消费者可以通过完善的互联网基础设施获得云计算服务。

2）以平台提供服务，即以开发的平台作为一种服务，提交给用户。

3）以软件提供服务，即通过互联网提供软件的模式。用户不需要购买软件，只需要向提供商租用所需的基于界出的软件来管理企业经营活动。目前，就旅游业的发展而言，可以根据企业或管理主体的需要，有针对性地购买、租用或开发云计算技术，从而实现自身的发展。云计算运用方式多样，目前主要有云物联、云存储和云视频等。旅游业通过云计算技术，可以深刻感知游客的行为特征，对旅游进行统计分析，从而便于决策方做出科学的决策。

4. 人工智能

人工智能是研究和开发用于模拟、延伸和拓展人的智能的理论、方法和技术及应用系统的一门新的技术科学。人工智能是计算机科学的一个分支，目的在于了解智能的实质，并生产出一种新的、能以与人类智能相似的方式做出反应的智能机器。该领域的研究包括机器人、语音识别、图像识别、自然语言处理和专家系统等。人工智能的一个主要表现是智能模拟，主要指用机器模拟人的视、听、触等感觉及思维方式，主要包括指纹识别、人脸识别、视网膜识别、虹膜识别、掌纹识别、专家系统、智能搜索、定理证明、逻辑推理、博弈、信息感应和辩证处理等。旅游系统是一个复杂的系统，各个部门和单位的管理可以通过人工智能实现，人工智能是智慧旅游的最直接体现。智慧是人们思考和解决问题的集中体现，人工智能的运用使得人的智慧更多地体现在机器、设施和设备上，例如旅游景区门禁系统和旅游酒店客房系统等。在旅游发展的各类要素中充分运用人工智能是智慧旅游的重要体现。

（三）社会信息化推动旅游信息化

在信息化时代，整个社会的信息化推动旅游信息化发展，进而促进旅游业走向智慧旅游。随着信息化的发展，社会对信息基础设施的投入增多，使得人们更容易获得信息化资源。各种新技术的不断出现以及各种功能的不断完善，使得信息技术逐渐趋向功能多样化，进而逐步满足人们的多种需求。同时，各行各业利用信息化渗透本行业的发展，使得本行业获得提升和加速。在这种情况下，旅游业的发展也不例外，旅游业同样需要运用信息化技术来促进行业发展。新技术的出现以及研发能力的增强，能够切实解决行业中存在的现实问题。在市场化原则的促进下，企业为了竞争，为了实现最大的经济效益，政府为了节约成本，加强对公共资源的管理，必将争先用信息化武装自身，而整个社会的信息化必将提升信息化向旅游业渗透的力度，信息化促进旅游业发展的事实使得政府和旅游企业争相通过信息化来实现产业的跨越式发展。

同时，整个社会信息化水平的提高提升了游客对信息手段的应用能力。从信息技术发展的角度讲，信息技术逐渐为公众所获得，技术的使用方法逐渐大众化和"傻瓜化"，使得不同知识和技术水平的人们均能够使用智能设备；"傻瓜化"和智能化的设备解除了知识和能力的限制，使得人们能够公平地享受信息技术所带来的益处。从人的角度来讲，随着人们受教育程度的提高，知识的日渐丰富，素质的不断提高，人们的认识能力和对技术的应用能力也逐渐提高。在获取信息的手段上，方式更加多样，有网络、电视、报纸等，各种媒体渠道和各种终端设备使得人们获取信息的手段和途径增多；同时，对所获得的信息人们可以在进行充分的考虑后做出最优决策。人们对信息的应用能力的提高也推动了智慧旅游的发展和应用。

（四）智能终端的普及提供了应用载体

智能终端主要包括智能移动终端和不可移动终端，其普及与应用为智慧旅游的发展提供了应用载体。智能移动终端主要指智能手机、平板电脑等，智能设备的使用将成为人们开展旅游活动的基础。目前，在一些旅游景区和旅游城市，通过智能终端扫描二维码等方式可以获得相应的服务，如导航、导游、导览和导购等。这些服务的提供必须借助一定的智能设备方能实现移动化和智能化服务；然而，当前智慧旅游并不成熟，游客虽然具有智能终端设备，但智慧旅游服务却始终跟不上，即可用的服务欠缺。但这充分说明借助智能移动终端，智慧旅游的发展具有较为广阔的应用前景。

在一些旅游城市、旅游景区和旅游管理部门，通常会设置一些显示屏或触摸屏供游客查阅相关信息，游客通过相关的信息服务设施设备获取诸如导航等服务，获得相关的即时的旅游信息，从而便于游客做出决策。这类终端设备是固定的，不可以随着游客的移动而移动，但在旅游的发展过程中，可以通过区域联动、调查分析、统筹规划，确定智能终端的安放位置，以便于游客使用，便于旅游主管部门管理。在智能终端不断发展的进程中，终端的服务逐渐丰富，终端的应用能力得以提升。总之，固定的和移动的智能终端为智慧旅游的发展提供了应用载体。

（五）技术与旅游复合型人才的培养促进旅游信息化的发展

目前，我国智慧旅游的发展仍然处于初始阶段，各个方面尚不成熟，其中的一个重要原因就是旅游信息化人才的匮乏。智慧旅游的发展必须有强有力的人才保障，这种人才既是智慧旅游发展的专家库，又是智慧旅游发展建设的执行者。我国旅游业和信息产业都不乏专业的高技术人才，他们都促进了各自行业的发展进步。然而，智慧旅游的发展所需要的人才应当既懂得旅游，又懂得信息技术，即为智慧旅游的专才。只有培养出这种复合型人才，才能保障智慧旅游的持续发展。在智慧旅游人才培养的过程中，应当尤其注意人才专业知识的积累，有针对性、有目的性地进行专项培养，保障智慧旅游人才的创新和团队的跟进。从智慧旅游产品的开发到设备的管理再到技术的研发，都需要各类智慧旅游人才。因此，只有培养一大批智慧旅游人才，才能真正保障智慧旅游的全面可持续发展。

二）内生发展与需求

（一）旅游业发展的内在要求

传统旅游产业的发展已经不能满足时代发展的要求，智慧旅游的发展将会提高行业生产率。传统旅游产业采用纸质办公，旅游企业在经营运作的过程中，通过纸质办公来记录行业资料和客户信息，通过电话与客户进行联系。如此办公方式的结果是办公效率低下，办公效果不佳，同时增加了人力成本，也不利于信息保存，极大地制约了旅游产业的发展。随着信息化的跟进以及技术设备的应用和普及，网上办公和远程办公得以实现，这在提高产业运作效率的同时也悄然改变了产业发展的方式。传统的组团主要是通过现实中的参团进行组团，而如今传统旅游企业采用的网上经营，在线旅游运营商、网络公司的旅游业务都在逐渐地改变着人们的消费方式。智慧旅游的出现，云计算、移动互联网的运用，使得旅游产业的功能和地位更加突出，促进了旅游业的发展。

智慧旅游的发展是行业自身规范发展的必然结果。随着信息技术的发展，各类信息遍布人们生活的各个角落，旅游信息也不例外。在旅游业的发展过程中，往往存在着信息不对称的问题，旅游企业对游客的了解不足，而游客对旅游业的运作和市场也把握不清，因而，行业在发展的过程中存在着各种问题。智慧旅游的发展将使得信息更加透明，旅游产业的经营运作更加透明，人们能够安心地参加旅游活动，而不必担心旅游中存在的各种问题。因此，智慧旅游的发展将是我国旅游发展进入大众化时代的真正推动力量。

（二）游客对信息服务的需求增加

完备的信息是游客开展旅游活动的基础。在旅游业发展的过程中，存在着较多的问题，如价格陷阱、合同不明、强迫购物等。这些问题的出现，一方面是因为旅游业确实存在着一些损害游客利益的现象；另一方面是因为游客所获得的信息不充分、维权意识不强。智慧旅游的开展使得使得人们有了更为通畅的网络环境，各类设备的便捷运用使得游客可以充分运用相关的信息，维护自己在旅游中的权益。游客维权意识的增强，必将促进旅游业的规范化发展。

同时，随着旅游业的发展，一些新的旅游形式开始出现并且呈现出强劲增长的势头，智慧旅游的建设将会满足人们的旅游需求。随着我国高铁体系的建立和公路体系的完善，城市之间的时间距离和经济距离被拉近，更多的人开始通过高铁或者自驾去往旅游目的地，然后独自开展旅游活动。因为没有导游引导，没有地陪接待，人们在旅游的过程中获得的信息并不充分，于是对旅游目的地的信息需求相应增加，其中，准确、便捷、易得是其主要需求。便捷的智慧旅游体系能够使得人们自己安排旅游活动和旅游行程，真正实现自导自游，这就对智慧旅游提出了更高的要求。因而，从这个角度来讲，智慧旅游的发展不仅能够满足旅游业发展的需要，同时也是社会公共服务建设的需要。

（三）旅游行业管理的需要

行业管理同样需要智慧化。首先，智慧旅游能够强化管理职能，优化管理环境。旅游行业的特殊性在于其存在着多头管理的现象，而旅游主管部门的管理权限不足，因而在较多的方面执行起来显得捉襟见肘。发展智慧旅游，能够厘清管理思路，将各部门的管理内容和管理权限予以明确地说明，旅游消费者能够清楚地了解相关的管理政策和管理内容，从而促进旅游业的发展。其次，促进管理方式的转变。传统的管理方式单一，在办理相应的业务时，常常需要花费较多的时间和精力成本，工作效率低且效果不佳。智慧旅游的发展能够使得管理方式更加便利化，例如，通过网络办公，跨越时间和空间的限制，从而大幅提升对旅游业的管理水平。再次，通过智慧旅游，旅游业发展中出现的各种现象可以被详细地记录，并且公之于众，使得人们能够了解旅游经营管理中存在的各种问题，从而便于游客做出消费决策，而游客的选择是对企业经营行为最好的评价。因而，透明的信息能够通过正强化和负强化规范旅游业的发展。

二、智慧旅游的发展基础

一）旅游业的发展

我国旅游业发展的良好态势要求通过智慧旅游提升旅游体验。旅游人数的快速增长意味着旅游市场必须通过丰富产品、提升服务、方便游客等路径满足游客需求，从而最大限度地抢占旅游客源市场，而智慧旅游在提高管理效率、便捷旅游消费、提升旅游体验、助力旅游营销等方面的优势使其成为推动旅游发展的重要力量。在国内旅游人数快速增长的同时，全国旅行社招徕、组织和接待游客的数量却明显地下降。旅行社招徕、组织和接待游客数量的减少，一方面是因为作为散客的旅游人数的快速增加，另一方面则是因为游客通过智能手机、平板电脑等智能终端直接进行旅游消费，而这恰恰说明了发展智慧旅游的必要性。功能完备、便捷应用的智慧旅游体系将为持续增加的散客游、自助游群体提供丰富多样的智慧化旅游体验。

旅游业发展的现实问题要求通过智慧旅游实现旅游业转型升级。当前，我国旅游业发展依然存在着较多的问题，交通拥堵、人满为患、价格欺诈等现象时有发生，文明旅游、资源保护、风险防范、安全预警等依然是旅游业发展的重要课题，智慧管理、智慧商务、智慧服务、智慧体验等是旅游业发展的新要求。智慧旅游将在助力解决旅游业现存问题的基础上推动旅游业转型升级。

现代信息技术的发展实际最能体现社会大众对信息技术的应用实践，包括信息工具、沟通渠道、电子商务等内容，社会大众的技术应用、消费习惯将直接影响智慧旅游发展建设的功能和要素。我国旅游业发展的良好态势使得政府部门、企业单位等争相提升自身竞争力，在吸引客源、市场营销、旅游产品、旅游服务、旅游体验等方面为自身增加筹码，为游客增加出游的附加值。发展智慧旅游是提升自身竞争力的重要途径。旅游业发展的现实问题使得政府和企业必然通过新技术、新方法、新思维、新手段破解旅游发展难题，推动旅游业转型升级，实现我国旅游业的长期健康可持续发展。

二）互联网用户的增长

现代信息技术的发展实际要求通过智慧旅游对接游客需求。信息技术的发展直接影响了我国经济社会的发展，改变了人们的生活形态，其中影响最直接、最广泛、最深远的技术就是互联网，特别是移动互联网。互联网用户的快速增长，为智慧旅游的发展提供了受众基础。

三）旅游信息化的发展

我国的旅游信息化建设大体分为三个阶段：第一阶段是专业化阶段，在这个阶段景区和管理部门建立了自己的网站；第二阶段是建设数字旅游和数字景区阶段，在这个阶段实现了一些分布式的数据集成管理功能，并建立了一定的数据共享和服务机制；第三个阶段就是智慧旅游的阶段，是智能化的阶段，智慧旅游必然带动整个旅游产业的全面革新。随着旅游业产业地位的进一步提升，信息化浪潮的推动，游客个性化需求的日益强烈，尤其是随着旅游市场结构变化和游客行为方式变化，游客对信息服务的需求大幅提升，智慧旅游未来将在游客定制化服务、旅游企业业务流程再造与行业监管、公共信息的整合与共享方面发挥重要作用，并有着广阔的发展前景。

我国旅游信息化建设主要围绕旅游政务网、旅游资讯网、旅游商务网、旅游综合数据库、政府旅游门户网站、旅游目的地营销系统、旅游信息化基础设施等展开，旅游网站、旅游数据库和旅游基础设施的建设从无到有，从点到面，并且逐步丰富完善，旅游信息化发展初具规模。

四）旅游信息化发展的新阶段

国外旅游信息化建设始于 20 世纪 50 年代的计算机预订系统（computer reservation system，CRS）和全球分销系统（global distribution system，GDS），比我国早了近半个世纪。但我国旅游信息化水平提升得很快，这得益于我国信息技术和旅游业这两个领域的高速发展。我国的上网人数、拥有手机人数、手机上网人数的绝对值都居全球第一；国内旅游人数和出境旅游人数也都占全球首位。但我国目前旅游信息化程度与发达国家相比还存在着一定的差距，在线旅游的渗透率还不到全球的平均水平，甚至还不及亚太地区的平均水平，与美国和欧洲国家的差距更大。这说明我国基于互联网的旅游和旅游业仍具有巨大的发展空间和潜力。

我国的旅游互联网先后经历了从信息查询、线上查询线下交易、呼叫中心电话预订到在线交易支付、第三方支付（支付宝等）、移动支付，从以内容为王、渠道为王到去中介化、再中介化（平台化）、旅游生态圈，从争夺门户人口、搜索比价到社交媒体（用户点评）、用户订制，从供应方信息推送、官方微信到博客、微博、微信朋友圈营销等变化。在信息技术日新月异的今天，准确地预测未来是一件非常困难的事。因此在本书中笔者只能以现有的知识和旅游业发展现状来对旅游信息化发展的可能走势作出展望。

（一）"互联网+"将使跨界融合成为新常态

与"+互联网"不同，2000 年的"+互联网"只是"dotcom"，即传统企业的互联网化。而"互联网+"是以互联网思维颠覆、改造、重构和提升传统产业,互联网时代的本质特征就是互动,连接,网络,共享。互联网时代的前进方向就是将整个世界变成一个任意互动、无线连接的网络体。互联网思维就是符合互联网时代本质特征的思维方式。互动的本质是民主平等;连接的本质是对等开放;网络的本质是泛在遍在;共享的本质是互助互利,以及高体验价值、低成本花费(甚至是免费)。"互联网+"直接推动了跨界融合,极大地激发了创新创业的热情和想象力,以及不断创新盈利模式和演绎新的互联网商业逻辑。

(二)移动智能终端将成为旅行生活的必需品

在互联网发展初期,上网要通过电话拨号来连接台式电脑,如今,随着 Wi-Fi、5G 等无线通信网络的发展,再加上智能手机的普及,通过手机我们就可随时随地连接网络。目前我们已经全面进入了移动互联网时代。旅游互联网经历了专业化(计算机网络化、计算机预订系统等)、社会化(互联网和万维网)、生活化(移动互联网)的演进。移动互联网改变了过去只能在游前查询(提前安排行程、预订)和游后分享(点评、投诉和推荐),实现了游前、游中、游后的全游程覆盖,特别是游中的场景化消费、"四导"(导航、导游、导览和导购)、即时通信(信息查询、图文照片分享)以及移动支付。因此,基于移动智能终端(手机客户端)开发的应用软件、二维码登录和无线上网环境成为旅游接待企业开发建设的重点。

(三)O2O(线上到线下)的无缝连接将成为在线旅游竞争的制高点

旅游电商的竞争可以分为线上和线下,线上则是平台和人口的竞争。随着云计算的快速发展和 ICT(信息技术)专业服务能力的不断提升,信息化将成为一种商品和工具,因此,旅游信息化的建设门槛将大大降低。云计算的服务模式是将自给自足的 IT 自然经济转换为 IT 商品经济,它让服务提供商各尽所能,用户各取所需。旅游企业可以像使用水电一样使用 IT,而无须关心 IT 的实现过程。自 2006 年谷歌公司提出"云计算"的概念后,云计算在我国得到了快速发展,资源动态分配、随需而变、按需付费的理念逐步为人们所接受,并以云计算平台来服务客户和整合资源,旅游业的最大特点就是游客必须亲自去目的地体验和消费,因此,线上的体验再好,旅游服务供应商的承诺也必须在线下兑现。我国旅游电商企业在争夺线上人口的同时也更加关注线下资源掌控,进而全面实现 O2O 的无缝连接,大量零散的线下供应商资源成为整合的对象,利用构建信息化平台整合碎片化的信息资源。平台化和开放化成为旅游电子商务的重要趋势,例如,在旅游信息化的支撑下,以去哪儿网和淘宝旅行为代表的平台型企业获得快速的发展。

(四)大数据的应用与社会媒体实现市场的全覆盖

在大数据时代,数据将成为一种重要的资源,数据采集和数据挖掘成为旅游电商的核心竞争力。大数据技术与长尾理论的结合可以有效地深入利基市场，低成本实现市场的全覆盖。比如，众多冷门景区通过大数据很方便地找到合适的小众游客，为他们提供个性化旅游服务定制。大数据的营销和渠道发展趋势是社交化、本地化和移动化，即三化合一的"所罗门"的传播方式。社会媒体颠覆了传统媒体"广播式"的单向传播方式，代表了传媒领域的发展方向；本地化主要是基于地理位置的服务；移动化主要基于智能手机和平板电脑等移动平台，是连接云计算平台与客户端之间的媒介。继网站、博客、微博营销后，官方微信号成为旅游企业和旅游目的地的第二官网。随着社会化媒体和电子商务的发展，基于 Web 2.0 的社交媒体、用户生产内容、维基众包模式、用户点评、二维码等将成为旅游电子商务的重要入口。应用软件的广泛应用，应用软件的垂直搜索、移动搜索以及网页搜索的全面优化和全面覆盖将是未来的发展趋势。

（五）目的地政府职能由管理向服务转移

在进入"互联网+"的时代，传统旅游的产品线和产业链已经日趋解构，从旅游人口平台化到旅游生态圈的建构，将彻底改变旅游行业生态。面对跨界融合层出不穷的新业态和新商业模式，旅游目的地政府传统的管理手段和方式都与之不相适应。大数据和"互联网+"等信息技术的发展和应用"倒逼"旅游目的地政府智慧旅游发展与管理研究转变职能，由传统的行业管理和部门行政管理向公共服务转变，包括编制旅游目的地规划，向广大中小企业和散客游客（FIT）提供公共信息服务（公共云），整合目的地碎片化的信息资源，公共安全服务，市场竞争秩序，服务质量标准化，旅游统计以及目的地整体形象营销等。

三、智慧旅游的建设内容和发展目标

一）智慧旅游的建设内容

（一）横向的要素体系

旅游的综合性和多样性决定了智慧旅游体系是一个综合性的复杂系统。单一的旅游企业或旅游要素进行智慧体系建设，只能片面地满足某一方面的需求，却无法形成联动效应，因而这种智慧是不全面的；依据旅游活动展开构成的要素不同，可以将智慧旅游建设分为若干个小型模块，各个模块相互作用、相互协同，方能实现智慧旅游体系的功能。

1. 智慧景区

景区是旅游活动的核心场所，也是智慧旅游发展建设的重要内容。智慧景区的发展建设对内需要在智能门禁、电子导游、客流疏导、安全预警、资源保护、视频监控、电子商务、智慧营销等方面发力，对外则需要将旅游目的地范围内的资源、信息等进行有效联动，从而实现智慧景区的运营发展。

2. 智慧酒店

酒店是游客在旅途中休息与生活的重要空间，智慧酒店的发展建设是旅游业发展的现实需求。就游客而言，在酒店中可能需要与外界进行联系和沟通，或者进行旅游计划和安排，或者进行相应的体验类活动，或者在客房内进行远程办公，由此需要从消费体验、信息获取、设备供给、技术支持等角度进行智慧酒店建设；就酒店管理者而言，对酒店进行智慧化建设，既能够对酒店的管理、运营进行升级改造，又能将智慧化建设的成果作为酒店特色的产品和服务，从而有利于酒店更新产品和服务，提升酒店形象。

3. 智慧交通

随着散客游、自助游、自驾游所占的比重逐渐增加，游客对智慧交通的需求也不断增强。游客来到旅游目的地后，借助智慧交通体系，对道路状况、车辆状况、交通系统等情况掌握在手，从而能够自主地进行旅游决策，智慧的、便捷的、实用的智慧交通体系能够有效地提升游客的旅游满意度。

4. 智慧餐饮

智能手机、平板电脑等设备的广泛应用，使得智慧餐饮的建设逐渐展开，在旅游景区，在酒店客房，在行车途中，通过游客的智能手机和平板电脑等智能设备，直接与餐饮企业的智慧点餐系统连接，通过文字、图片等方式浏览点餐所需的各种信息，实现智慧点餐。此外，在餐饮企业运营管理中，经由智慧餐饮体系，客户管理、点餐系统等方面的建设既能提高餐饮服务水平，又能为游客提供超值的餐饮消费体验。

5. 智慧旅行社

传统旅行社在线下为游客安排旅游线路、提供咨询服务等，随着信息技术的发展，越来越多的旅行社将业务转移到线上，通过线上服务，将旅行社从繁杂的线下工作中解脱出来，提高了旅行社的运营和管理效率，也满足了游客网络消费的需求。但这还远远不够，还需要对旅行社进行智慧化建设。例如，在信息服务上，通过智能终端设备，集成游客需要的各方信息，便于他们获得旅行社的产品和服务；在管理运营上，通过智能管理系统，能够快速地进行数据收集和统计分析，进而为旅行社管理提供决策依据。智慧旅行社的发展建设将直接提高旅行社的运营效率。

6. 智慧旅游目的地

智慧旅游目的地是一个较为全面的系统，其中涉及智慧酒店、智慧景区、智慧旅行社等。与单体的智慧旅游企业不同的是，智慧旅游目的地更强调整体联动和协同运行。单体的景区或酒店在进行智慧化建设的过程中，主要强调其内部智慧体系的建设，例如，旅游景区可能更加注重通过智慧体系对游客数量进行控制，旅游酒店可能更加注重通过智慧体系在客房服务、自助入住等方面提升游客体验。然而，智慧旅游目的地的建设不仅要包含智慧景区、智慧酒店等要素，更重要的是从基础层面，在网络系统、公共信息、智能设备等方面进行建设，为旅游企业的智慧化建设提供基础设施并搭建系统平台。因而，智慧旅游目的地发展建设的主要内容是构建公共平台和提供公共服务。

此外，智慧旅游的要素体系还包括其他旅游相关要素的智慧化建设，例如会议接待、旅游节庆等。同时，同一个旅游企业内可能包含不同旅游要素的智慧化建设，例如，智慧酒店中可能有智慧客房和智慧餐饮等内容，智慧景区中可能有智慧酒店和智慧交通等内容。但无论哪一方面，其均构成智慧旅游的要素体系。

（二）纵向的层次体系

1. 基础数据层

智慧旅游的应用首先来源于信息数据的采集，这就需要构建智慧旅游信息数据库。不同要素群体的数据库内含有该数据库相应的旅游信息，例如，旅游景区数据库包含景区地理位置、门票价格、游客数量、景点内容、导游解说、基础设施等内容，旅游饭店数据库则包括饭店餐饮、客房、价格等信息，各个小的数据库构建成为旅游目的地乃至区域旅游的大数据库。基于统一的、同步的、实时的大数据库，构建智慧旅游信息平台，成为智慧旅游发展建设的基础。在信息数据的采集上，可以是人为地将信息导入，例如，将门票价格、导游解说等传入数据库系统中，也可以通过相关信息技术和智能技术直接采集，例如，通过射频识别技术直接对旅游资源、游客数量等进行统计。基础数据库的准确性、全面性和及时性直接影响智慧旅游的应用。

2. 网络传输层

在对采集信息进行处理后，需要对信息传输系统进行构建。信息的传输既有管理者对信息的共享，又有游客对信息的应用。信息传输与不同的终端、设备和群体相连接，既包括与信息采集系统的网络连接，又包括与用户群体的网络连接。

3. 终端应用层

终端应用层主要针对智慧旅游不同的应用群体，如游客、景区、酒店和旅行社等。不同的应用群体对智慧旅游发展应用的目标不尽相同，且终端形式多种多样，如智能手机、平板电脑、液晶显示屏等。终端应用层应当为用户提供有价值的体验和服务，同时，又能够获得用户的评价和感知，进而不断调整和优化智慧旅游系统。

二）智慧旅游的发展目标

就建设和使用主体而言，智慧旅游应当为游客、旅游企业和旅游行政管理部门服务；就功能和价值体系而言，智慧旅游应当提高旅游服务质量，加快旅游发展运营，提升旅游管理水平，提供旅游公共服务。因此，智慧旅游发展建设的目标应当围绕旅游体验、旅游经济、旅游管理和公共服务等四个层面展开，进而实现旅游体验时尚化、市场运营现代化、行业监管精细化和信息服务泛在化。

（一）旅游体验的时尚化

尽管智慧旅游发展建设体现在不同层面和不同要素中，但其最终目的是要服务游客。在服务游客的过程中，通过企业运营、行业管理的联动发展，潜在地推动整个旅游业的进步和提升。因此，提升游客的旅游体验是智慧旅游发展建设的重要目标。在不同的历史时期、社会环境和经济水平下，旅游体验的内涵和形式不尽相同，智慧旅游的发展建设需要实现旅游体验的时尚化，其内涵如下：

1. 旅游体验与技术应用的先进水平相适应

例如，通过应用互联网、云计算、移动通信、大数据等技术，提高旅行社、旅游景区、旅游酒店、旅游目的地等的经营管理水平，从而借助现代信息技术为游客提供高品质服务。

2. 旅游体验与社会发展的主流趋势相协调

我国当前着力建设资源节约型和环境友好型社会，通过发展低碳经济、绿色经济，实现经济建设、政治建设、文化建设、社会建设和生态文明建设"五位一体"，这就要求旅游体验应当建立在经济发展、管理顺畅、社会和谐、文化健康、生态优美的基础之上。

3. 旅游体验与大众生活的主体格调相一致

例如，在移动互联网普遍应用的时代，通过智能手机、平板电脑等智能终端设备，在旅游咨询、旅游消费、旅游分享等方面，获得便捷、高效、个性化的旅游体验。只有跟进利用先进技术，跟随社会主流趋势，才能实现旅游体验的时尚化。

（二）市场运行的现代化

市场运行的现代化是智慧旅游的本质要求。智慧旅游的发展应当能够满足市场运行的现代方式。首先，现代化应该以技术为重要路径。先进的技术是现代化的重要体现，智慧旅游的发展应当充分研究和应用先进的技术，促进旅游行业发展。其次，现代化的市场运作应当具备与时俱进的政策和法治环境，智慧旅游的发展应当以政策和法制规范旅游企业和游客的行为，使人们具有现代社会法治意识，通过标准化的运作，实现旅游服务的标准化，进而促进行业的标准化建设。再次，现代化市场运作要求人才具有现代化的发展思路，而传统的思路局限于旅游或技术，智慧旅游的发展必将使得人才的培养更加现代化。智慧旅游的发展需要系列的人才，现代化的人才应当具备现代化的视野，实现智慧旅游的可持续发展。

（三）行业监管的精细化

智慧旅游促进旅游行业的精细化管理主要表现在两个方面：一方面是行业间的精细化管理，这主要表现在不同的部门对旅游行业的不同管理范围。例如，法律部门主管旅游业中有关法律法规的事宜，质量监督管理部门主管旅游中产品和服务的质量问题，工商部门主管旅游企业相关的经营和管理活动。不同部门通过不同的内容深入旅游行业的管理之中，各司其职，各理其政，从而有效地管理旅游相关的各项内容，即不同的部门从不同的方面入手，针对其中的问题，采取相应的办法进行有针对性的管理。另一方面，在旅游业内部，由旅游主管部门进行管理，也能够实现行业的精细化监管。例如，旅游资源的开发、旅游企业的经营行为、旅游市场秩序和旅游规划等内容，旅游主管部门对其中的各个点和面有着充分的了解，对旅游业内部进行有针对性的管理，能够加速行业的精细化监管。管理是行业健康发展的基础，只有实现行业的规范化运作，对行业进行规范化和精细化管理，才能促进旅游业又好又快地发展。

（四）信息服务的泛在化

信息服务的泛在化是智慧旅游发展的主要表现形式。信息服务的供给有内容和设备两个要件：一方面，在信息内容上，实现信息服务的综合化，即智慧旅游传递的信息应该是综合性的，它涉及旅游活动的各个要素，既包括食、住、行、游、购、娱等主要因素，还应当涵盖辅助设施和支撑设施的相关信息；在信息服务方面，不仅包括游览查询信息，还应当包括旅游市场信息和旅游管理信息。旅游市场信息是与旅游产品供给和需求相关的各类信息，诸如旅游产品的类型和价格等；旅游管理信息是指旅游行政管理部门为实现行业管理而整合、应用和发布的相关信息，如行业政策法规等。凡是在旅游过程中需要的，与旅游活动相关的信息，理应成为智慧旅游信息供给中的有机构成部分。另一方面，在信息设备上，实现信息供给的普及化。旅游信息应当是唾手可得的，无论是小型的旅游景区，抑或是旅游酒店，甚至是大型的旅游目的地，凡是游客经常出行的地方，都应当通过一定的方式使他们能够及时地获得与旅游相关的各类信息。这种信息设备可以是智能的触摸屏，也可以是先进的移动互联网。游客通过固定终端或者移动终端能够最大限度地获得各类旅游信息是智慧旅游的本质体现。信息的综合供给、信息设备和设施的大量存在，将会直接使得人们能够便捷地获得旅游信息，从而真正实现旅游信息服务的泛在化。

四、智慧旅游的框架体系

一）智慧旅游框架的顶层设计

政府主导下的智慧旅游体系应有顶层设计和战略部署。政府是公共服务和公共产品的提供者和守护者，在提出基于新一代信息技术对于旅游行业进行宏观管理的解决方案和治理架构时，应充分考虑到各相关利益方的需求。有关学者曾提出过一个旅游目的地的智慧旅游顶层设计方案。在这一方案中，旅游目的地管理组织主要的服务对象和管理客体为游客、旅游资源、旅游企业、旅游环境和社会环境等，利用信息技术提供智慧服务和智能管理。其中，移动智能终端是智慧旅游的展示方式，直接与游客交互，展示信息，了解和满足游客需要；人工智能是智慧旅游的数据分析与处理方式，是对游客的意识、思维和行为的信息过程的模拟，寻找出最优化的决策过程；云计算是智慧旅游的数据应用方式，利用共享的分布式的数据资源，统一存储、处理和提供信息；物联网（包括互联网、移动互联网等）是智慧旅游的数据采集与网络基础设施，遍在泛在、互联互通地获取信息与交换信息，实现全地域、全行业、全方位和全天候地在线互通。

二）智慧旅游框架构建的原则

（一）全面与系统化

所谓全面，一方面，指旅游体系的全面。例如，在旅行社、旅游景区、旅游酒店、旅游城市和旅游目的地等进行智慧旅游建设，智慧旅游建设应当覆盖到旅游发展中的各个要素。另一方面，在每一个要素的内部，智慧旅游的建设也应当是全面的。例如，在旅游景区，不仅需要进行虚拟旅游体系的建设，同时也需要游客流量监控体系的建设等；在旅行社内部，既要进行业务运营体系的建设，也要进行智慧管理体系的建设等。只有全面与系统化地建设智慧旅游体系，方能实现旅游业的全面智慧化。

（二）分步实施

由于资金、技术和人才等限制，智慧旅游的建设不可能一蹴而就，其建设处于不断地推进状态中，因而，对智慧旅游的建设需要分步实施。就企业而言，在企业内部可以逐渐引进各个系统的建设。如在酒店管理系统中，首先可以进行入住系统建设；随着酒店的发展，可以逐步实现财务管理系统、采购管理系统等建设，在不断地发展完善中，逐步健全智慧旅游体系。就旅游管理而言，可以首先实现网络信息的畅通，进行智慧办公体系的建设，提高管理效率，然后逐步将公共服务体系展开。对于公共服务体系的建设，也有轻重缓急之分，因而，从体系构建、内容安排和空间选择等方面逐步地实施和完善，最终实现智慧旅游体系的建成。由于不同的旅游企业和旅游目的地等发展的现实状况不尽相同，因而在智慧旅游发展建设中，其逻辑思路、建设重点、总体规划等也有一定的差别。

（三）区域联动

智慧旅游的发展应用应当是大范围和大区域的战略共谋、资源共享、合作共赢，单纯的某一个景区对智慧旅游的应用，某一个酒店对智慧旅游的建设，不足以满足旅游业发展的整体需求，因而需要进行系统的建设。智慧旅游体系应当实现旅游目的地内部的联动，只有各种要素相互联动，方能满足游客的全方位需求，智慧旅游的建设才有意义。反之，如果智慧旅游的建设只是应用于某一个旅游景区或酒店，而在景区和酒店外，游客难以获取信息，不易获得便捷的服务和设施，智慧旅游的建设就黯然失色。因而，智慧旅游体系应当能够完整地为游客的一次旅游活动提供全面的服务。在不同的区域范围内，在不同的旅游目的地之间，通过合作建立智慧旅游体系沟通的桥梁，实现双方或多方互联互通，促进区域旅游联动发展。

（四）动态管理

智慧旅游建设需要进行动态管理。不同时期和不同环境下的动态管理首先表现在信息的动态化。智慧旅游提供的信息和服务是不同的，虽然旅游信息有动态和静态之分，但在智慧旅游体系的管理中应当是动态的，即进行实时调整和更新，增强旅游信息的时效性。在动态更新的过程中，可以将旅游业各方面的信息及时地反馈出来，如最新的政策法规、最新的优惠政策、即将开展的旅游活动等。信息的反馈和发布能够便于公众做出选择，制定出游决策。在旅游管理的过程中，应及时地将行业发展信息公之于众，使人们了解旅游业电子运行现状。同时，行业的透明度直接决定了行业的规范化运作，动态管理能够促进行业信息更新，进而增加行业透明度，从而间接促进旅游业规范化发展。

三）智慧旅游框架构建的方法

（一）分析用户需求

游客在不同的旅游环境中对旅游消费和旅游活动有着不同的需求，旅游企业在特定的发展环境中，对自身的运营管理等方面也各有相应的需求，很多需求可以通过智慧旅游的发展建设来满足。因此，在智慧旅游发展建设之前，需要对用户需求进行分析。以游客的信息需求为例，这就需要对游客消费行为进行分析，比如游客通过何种渠道获得信息，在何时对信息查阅比较集中，哪方面信息量需求比较大，哪里是服务不到位的场所，哪里需要提供特定服务和设备设施，等等，只有保证调查分析的准确性，才能最大化地实现智慧旅游的应用价值。准确到位的用户分析是智慧旅游发展建设的前提条件。

（二）明确体系内容

在用户需求分析的基础上，明确智慧旅游发展建设的内容，例如，智慧旅游体系需要覆盖哪些内容，不同的用户群体对这些内容有着何种要求等。由于用户需求以及建设主体经济实力的不同等因素的影响，智慧旅游体系内容也存在较大差异。智慧旅游的发展建设应当从满足游客需求和解决现实问题的角度出发，分层次、按步骤加以建设。

（三）制定发展规划

纵然确定了智慧旅游的用户需求和体系内容，智慧旅游的发展建设通常也还要依赖经济条件、技术水平、智力资源、基础信息等各方面的内容，这是一个复杂的工程体系，需要投入较多的时间、人力、物力和财力。因而，在发展建设之前，需要做出详细的规划，以满足用户需求和解决现实问题为目的，从长远出发，制定发展规划，进而保障智慧旅游发展建设有序进行和持续推进。

（四）善用智慧形式

智慧旅游的发展建设需要综合利用较多的技术和设备，而对技术和设备的过分依赖常常会导致人文因素的缺失。因此，在智慧旅游的发展建设中，将技术设备与人文服务有机结合，创新智慧旅游的应用形式，使智能设施设备与人文服务内涵相辅相成，才能在保证旅游文化内涵的基础上提升旅游业的综合运营水平。

四）智慧旅游系统的维护

（一）人员要求

智慧旅游系统的建立和维护需要专业人才，由此对人才素质提出了特殊要求。传统的计算机行业与旅游行业是分开的，然而智慧旅游的发展给二者提供了结合的空间，因为智慧旅游运营管理人才既要懂得旅游行业的相关知识，又要懂得计算机信息的相关知识。在日常运营管理中，工作人员应当能够对系统进行维护和更新；同时，在出现突发问题时能够在第一时间做出反应，解决系统运行中出现的故障。智慧旅游工作人员还应当具有较强的学习能力，能够不断地接触新事物，善于学习，乐于学习，将新的技术和方法应用到行业发展中，从而适应智慧旅游的动态发展。

（二）技术要求

智慧旅游的发展需要专门技术。在信息时代，技术的更新、换代和升级迅速而频繁，只有随着旅游发展和市场需求的变化，及时将新技术、新方法、新思维应用到智慧旅游的发展实践中，才能实现旅游业的可持续发展。同时，随着旅游新业态的出现，旅游业自身的发展特征也对技术应用提出了新要求，只有紧跟旅游业的发展，开发出满足旅游业需要的技术、产品和设备，才能促进现代技术在旅游业的研发和应用。

（三）设备要求

稳定性、便捷性和精确性是行业发展对智慧旅游体系的要求。智慧旅游设备的应用首先应具有一定的稳定性，强大的稳定性能够坚定人们对智慧旅游的认可度，同时也能够促进旅游形象的提升。便捷性是对设备应用的要求，智慧旅游设备设施应当设置在主要的人流聚集区和交通枢纽地，从而便于游客获取信息；智慧旅游的服务应当便捷对接游客的智能终端设备，从而方便游客使用。

智慧旅游技术体系具体内容见图1。

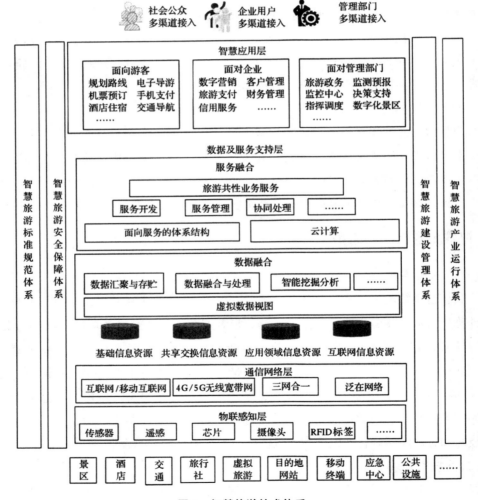

图1　智慧旅游技术体系

第三章　大数据与智慧旅游的融合

　　本章主要介绍大数据在智慧旅游领域的多个应用案例及其产生的显著成效。首先，阐述了大数据如何优化推荐算法，提升游客旅游体验满意度，同时降低旅游决策成本，为旅游企业带来商业机会的同时也带来服务质量的全面提升。接着，分析了大数据在旅游安全监控中的关键作用，通过实时监控和预警旅游目的地的安全状况，确保游客的旅游安全，有效降低了旅游安全事故的发生率。此外，还探讨了大数据驱动的旅游目的地营销策略，通过深入分析市场需求和游客行为，为旅游目的地量身打造精准、有效的营销策略，成功吸引更多游客并带来显著的经济收益和社会效益。

一、大数据的概念与特点

　　"大数据"这一术语如今已经深入人心，成为当今社会的热门话题。在信息爆炸的时代，我们所面临的数据量呈现出爆炸式的增长，已经远远超出了传统数据处理方法的范畴。这不仅仅是量的变化，更是一种质的变化。

　　大数据，通常指的是无法用常规软件在短时间内处理的大量、复杂的数据集合。这些数据包括结构化数据（如数据库中的数字和事实）和非结构化数据（如社交媒体帖子、视频和音频）。大数据的特点主要表现为"4V"：体积大（volume）、速度快（velocity）、多样性（variety）和价值高但密度低（value）。在智慧旅游领域，大数据的应用能够显著提高旅游服务的个性化和智能化水平。

　　当我们提及大数据，不得不思考它背后所蕴藏的深厚内涵。大数据并非仅仅是海量的数据堆砌，更是一种信息资产的体现。它所具备的海量性、高增长率和多样化特性为我们提供了前所未有的决策支持、洞察发现和流程优化的潜力。在这个时代，大数据已经成为推动社会进步、促进经济发展的重要力量。

　　大数据所呈现出的海量性让我们能够拥有更为全面、丰富的数据资源。这种量的积累为我们提供了更多的可能性，让我们能够在更广阔的范围内探索未知领域。高增长率则意味着数据在不断地更新、演变，为我们提供了实时、动态的信息反馈。这使我们能够紧跟时代步伐，及时把握市场变化，做出迅速而准确的决策。

多样化的特性则是大数据最具魅力的一面。在这个多元化的时代，数据的形式和来源也变得越来越丰富。从文本、图片、视频到音频，从社交媒体、物联网到企业内部系统，各种类型和来源的数据相互交织，形成了一个错综复杂的数据网络。这种多样化的特性为我们提供了更多的视角和维度，让我们能够更深入地挖掘数据背后的价值和意义。

大数据的处理并非易事。由于其海量性、高增长率和多样化的特性，传统的数据处理方法已经无法满足我们的需求，我们需要新的处理模式、新的技术和工具来应对这一挑战。这也是大数据领域的魅力所在，它不断地推动着我们去探索、去创新，不断地突破自我、超越极限。

在这个过程中，我们不仅要掌握大数据处理的基本技能和方法，更要深入理解大数据的本质和挑战。大数据不仅仅是一种技术或工具，更是一种思维方式和价值观的转变。它要求我们从全局的、系统的角度来思考问题，要求我们具备跨学科的知识和整合能力。我们才能真正地驾驭大数据、利用大数据，为社会的进步和发展作出更大的贡献。

当我们深入剖析大数据的特点时，我们会发现其中蕴藏着无尽的智慧和潜力。数据量大让我们能够拥有更广阔的视野和更丰富的资源；类型多样让我们能够从不同的角度和维度来认识世界；处理速度快让我们能够紧跟时代步伐，迅速响应市场变化；价值高密度低则意味着我们需要更加精准地挖掘和利用数据中的价值。这些特点既是大数据处理的难点所在，也是其魅力所在。它们共同构成了大数据的独特魅力和挑战，激发着我们去探索、去创新的激情和勇气。

在这个大数据的时代，我们每个人都是数据的创造者和使用者。我们每天都在与数据打交道，与数据互动。理解大数据、掌握大数据已经成为我们必备的素质和能力。无论是政府工作人员、企业家还是普通民众，我们都需要具备一定的数据素养和数据思维能力，以便更好地适应这个时代的发展需求。

二、旅游大数据的来源与分类

大数据，这个名词背后蕴含着巨大的信息量和无尽的可能性，它像一座富矿，等待着我们去开采和利用。而这座富矿的形成得益于社交媒体、电子商务、物联网、移动应用、传统数据库等多个渠道的贡献。这些渠道源源不断地为大数据提供着养料，使得大数据得以在各个领域中发挥着越来越重要的作用。

在智慧旅游这一特定领域中，大数据更是扮演着举足轻重的角色。游客行为数据、旅游企业运营数据、政府监管数据等构成了智慧旅游大数据的主要来源。这些数据如同智慧旅游的神经系统，感知着旅游市场的每一个细微变化，传递着游客的每一个需求信号。通过对这些数据的深入分析和挖掘，我们能够洞察游客的行为模式、消费偏好和旅游趋势，从而为旅游企业提供更加精准的市场定位和更加个性化的产品服务。

当我们进一步探究大数据的分类时，会发现它是一个多元而复杂的体系。根据不同的分类标准，大数据可以被划分为结构化数据、半结构化数据和非结构化数据等多种类型。这些数据类型各有特点，各有用途，它们共同构成了大数据的丰富内涵和多样形态。在智慧旅游领域中，这些数据类型都发挥着不可或缺的作用。结构化数据以其规整性和易处理性，为旅游企业的日常运营和管理提供了便捷的数据支持；半结构化数据则以其灵活性和适应性，为旅游产品的创新和优化提供了有力的数据支撑；而非结构化数据则以其丰富性和多样性，为旅游市场的深入研究和精准营销提供了宝贵的数据资源。

大数据的力量在于它的全面性和深入性。它不仅能够揭示出旅游市场的整体趋势和规律，还能够洞察到每一个游客的个性化需求和偏好。这使得旅游企业能够在激烈的市场竞争中脱颖而出，实现精准营销和个性化服务。大数据还能够为旅游企业的决策提供科学的数据依据和可靠的数据支持，降低决策风险，提高决策效率。

在智慧旅游的发展过程中，大数据的应用场景也在不断拓展和深化。从游客的行程规划、酒店的预订、景区的游览到旅游产品的购买和评价，大数据都贯穿其中，发挥着重要的作用。它不仅能够提升游客的旅游体验，还能够推动旅游产业的转型升级和高质量发展。

当然，大数据的应用也面临着一些挑战和问题。数据的收集、处理和分析都需要专业的技术和人才支持，数据的隐私和安全问题也备受关注。在推进大数据应用的过程中，我们需要注重技术的研发和创新，加强人才的培养和引进，同时还需要建立完善的数据保护机制，确保数据的安全和合法使用。

大数据是智慧旅游发展的重要推动力量。通过对大数据的来源和分类的深入了解和应用，我们能够更好地把握智慧旅游的发展脉络和市场机遇。未来，随着大数据技术的不断发展和完善，智慧旅游将会迎来更加广阔的发展空间和更加美好的发展前景。

三、大数据在智慧旅游中的应用场景

在当今时代，大数据已然渗透至各行各业的每一个角落，智慧旅游作为其中的重要领域，正经历着一场由大数据驱动的深刻变革，智慧旅游作为科技与旅游业交汇点上的一颗璀璨新星，正逐步展现出其无限魅力和潜力。在这场变革中，我们不再局限于传统的旅游服务模式，而是通过深入挖掘和分析大数据，为游客提供更加精细化、个性化的旅游体验。在大数据的探索与实践中，我们不难发现其深入影响了旅游业的方方面面，从目的地的管理到服务的提供，再到市场营销的策略，智慧旅游的痕迹无处不在。

大数据在智慧旅游中的应用场景广泛，包括但不限于：

旅游推荐系统。通过分析游客的历史行为和偏好，为其推荐合适的旅游目的地和旅游产品。

旅游流量预测。基于历史数据和实时数据预测旅游目的地的游客流量，帮助景区和商家进行资源配置。

旅游安全管理。通过监测和分析社交媒体和新闻数据，及时发现和应对旅游安全事件。

旅游市场分析。挖掘和分析旅游大数据，了解市场需求和竞争态势，为旅游企业提供决策支持。

想象一下，当你计划一次旅行时，不再需要费时费力地搜索各种旅游信息，而是通过一个智能平台就能获得为你量身定制的旅游推荐。这些推荐基于对你过往旅行偏好、消费习惯、社交媒体互动等数据的分析，准确预测出你最感兴趣的旅游目的地、最喜欢的活动类型，甚至是你可能喜欢的餐厅和住宿。这种个性化的旅游服务不仅能让你更加享受旅行的乐趣，还能帮助你避免麻烦和浪费。而这一切的背后，都是大数据在发挥作用。通过收集、整合和分析海量的旅游数据，智慧旅游能够更加深入地了解游客的需求和行为模式，从而为每一位游客提供更加精准、贴心的服务。这种服务模式的转变不仅提升了旅游服务的品质和效率，也为旅游行业带来了巨大的商业价值。

除了个性化的旅游推荐外，大数据在旅游行业的预测和决策支持方面也发挥着不可或缺的作用。旅游管理部门可以利用大数据预测模型，准确预测未来一段时间内的旅游流量和趋势。这种预测不仅能帮助管理部门合理分配资源、优化旅游线路，还能有效应对突发情况，确保旅游市场的平稳运行。基于大数据的决策支持系统还能为旅游企业提供更加科学、客观的市场分析和市场竞争情报，帮助企业把握市场脉搏、制定正确的营销策略。

当然，大数据在旅游服务优化方面的作用也不容忽视。在传统的旅游服务模式下，游客的反馈和评价往往难以得到及时有效的处理。而有了大数据的支持，旅游企业能够更加全面、客观地收集和分析游客的反馈数据，及时发现服务中存在的问题和不足。

通过这些数据的反馈，旅游企业能够迅速作出调整和改进，不断提升服务质量和游客满意度。这种以数据为驱动的服务优化模式不仅让游客感受到更加贴心、周到的服务，也帮助旅游企业赢得了更好的口碑和市场竞争力。

在旅游安全监控方面，大数据同样展现出其强大的优势。众所周知，旅游安全是旅游行业的生命线。传统的安全监控手段往往存在诸多局限，难以做到全面、实时的监控。而有了大数据的支持，安全监管部门能够通过对各种安全数据的实时监测和分析，及时发现和处理潜在的安全隐患。无论是景区的火灾风险、地质灾害预警，还是游客的异常行为识别、紧急救援响应，大数据都能够为安全监管部门提供更加准确、及时的决策支持。这种以数据为基础的安全监控模式，不仅让游客的安全得到了更加全面、有效的保障，也为旅游行业的健康发展创造了更加稳定、安全的环境。

大数据在智慧旅游中的应用无疑是一场深刻的变革。它不仅提升了旅游服务的智能化水平，为游客提供了更加精准、个性化的旅游体验，也为旅游行业的创新发展注入了新的活力。在未来，随着大数据技术的不断发展和完善，我们有理由相信，它在智慧旅游领域的应用将会更加广泛、深入。我们也需要更加重视大数据的安全和隐私保护问题，确保在享受大数据带来的便利和益处的同时也能够有效保护游客的个人隐私和数据安全。由此，我们才能够真正实现智慧旅游的美好愿景，让每一个人都能享受到更加舒适、便捷、安全的旅游体验。

四、大数据分析方法与工具

在智慧旅游的发展过程中，大数据分析方法与工具的应用成为不可或缺的一环。它能够帮助我们从海量的旅游数据中提炼出有价值的信息和知识，进而为旅游决策提供坚实的支撑。大数据分析方法主要包括数据清洗、数据挖掘、机器学习、预测分析等。在智慧旅游领域，常用的数据分析工具包括 Hadoop、Spark 等大数据处理框架，以及 R、Python 等数据分析语言。这些工具和方法能够帮助旅游行业从业者从海量数据中提取有价值的信息，提高决策效率和准确性。

数据挖掘技术在智慧旅游中扮演着重要角色。通过对旅游数据的深入挖掘，我们可以发现隐藏在数据背后的规律和趋势，从而更加精准地把握旅游市场的变化和游客的需求。这种挖掘不仅能够帮助旅游企业优化产品设计和服务，还能够为政府部门的旅游规划和管理提供科学依据。

机器学习算法在旅游数据的训练和学习中也发挥着越来越重要的作用。通过机器学习，我们可以对旅游数据进行自动化的分析和处理，提高预测和推荐的准确性和效率。这种算法的应用不仅能够提升旅游服务的个性化和智能化水平，还能够为旅游行业的创新和发展提供新的思路和方向。

在探讨大数据与智慧旅游的融合时，我们不能忽视可视化分析技术的价值。这种技术能够将复杂的旅游数据转化为直观易懂的图形和图表，帮助用户更好地理解和分析数据。通过可视化展示，我们可以更加清晰地看到旅游数据的分布和变化，从而更加准确地把握旅游市场的动态和趋势。

当然，要实现大数据与智慧旅游的有效融合，还需要构建完善的大数据平台。这个平台应该能够整合各类旅游数据资源，提供高效、稳定的数据存储、处理和分析服务。如此，我们才能够充分利用大数据的优势，推动智慧旅游的发展。

在构建大数据平台的过程中，我们需要考虑多个方面的因素：第一，平台应该具备强大的数据处理能力，能够快速、准确地处理海量的旅游数据。第二，平台应该提供丰富的数据分析工具和方法，以满足不同用户的需求。第三，平台还应该具备良好的可扩展性和灵活性，以适应旅游数据的不断增长和变化。

大数据平台的建设不仅是一个技术问题，更是一个战略问题。它需要政府、企业和科研机构的共同努力和合作。政府应该出台相关政策，支持和引导大数据平台的建设和发展。企业应该积极参与平台的建设和运营，提供优质的数据和服务。科研机构则应该加强大数据技术的研发和创新，为平台的建设和发展提供技术支撑。

在大数据平台的支持下，智慧旅游的发展将迎来新的机遇和挑战。大数据的应用将使得旅游服务更加智能化和个性化，提高游客的满意度和体验质量。另外，大数据也将为旅游行业的创新和发展提供新的动力和思路。例如，通过大数据分析，我们可以发现新的旅游市场和商机，开发新的旅游产品和服务。大数据还可以帮助我们更加科学地评估旅游资源的价值和潜力，为旅游规划和开发提供科学依据。

大数据与智慧旅游的融合也面临着一些挑战和问题。例如，旅游数据的收集和处理涉及隐私和安全问题，需要采取有效的措施进行保护。大数据技术的应用也需要高素质的人才和专业的团队进行支持和维护。在推动大数据与智慧旅游融合的过程中，我们需要注重人才培养和团队建设，提高大数据技术的应用能力和水平。

大数据与智慧旅游的融合是旅游业创新发展的重要方向。通过利用大数据分析方法与工具，可以从海量的旅游数据中提取有价值的信息和知识，为旅游决策提供有力支持。通过构建完善的大数据平台，可以整合各类旅游数据资源，提供高效、稳定的数据存储、处理和分析服务，以推动智慧旅游的发展。在这个过程中，需要注重技术创新和人才培养，不断提高大数据技术的应用能力和水平，为智慧旅游的发展注入新的动力和活力。

五、大数据驱动的旅游决策与管理

旅游这一历史悠久的行业，在大数据的助力下正在经历着前所未有的变革。从决策管理到服务质量评估，再到安全与稳定的保障，大数据的每一个应用都在重塑着旅游业的未来。大数据的应用对旅游决策和管理产生了深远影响。通过对大数据的挖掘和分析，旅游企业和政府部门可以更加精准地了解市场需求、优化资源配置、提高服务质量。例如，基于大数据分析的旅游流量预测可以帮助景区合理调配人力资源和物资资源，避免人流拥堵和资源浪费；旅游推荐系统则可以提高游客的满意度和忠诚度，增加旅游收入。同时，大数据的应用也对旅游企业和政府部门的数据管理和信息安全提出了更高的要求。

旅游决策与管理历来是旅游行业中的关键环节。在传统模式下，这一环节往往依赖于经验判断和有限的数据分析，难以做到精准和高效。但如今，大数据的加入使得这一切都焕然一新。巨量的数据汇聚、多元的信息融合使得旅游管理部门能够以前所未有的视角来审视整个行业。基于这些数据，管理部门不仅可以对旅游资源进行更为科学合理的配置，还能在规划阶段就预见到可能的风险和机遇，从而制定出更为完善的策略。

不仅如此，大数据在旅游安全管理方面的作用也日益凸显。旅游业的繁荣往往伴随着各种安全风险，如何在第一时间发现并处理这些风险，一直是旅游管理部门面临的难题。但如今，借助大数据技术，这一问题迎刃而解。通过实时监测和分析旅游数据，管理部门能够及时掌握游客的动态、景区的承载量、交通的拥堵情况等关键信息，从而在风险发生之前就作出预警和响应，极大地提升了旅游的安全性和稳定性。

当然，大数据的应用远不止于此。在旅游服务质量的评估方面，大数据同样展现出了巨大的潜力。在传统模式下，旅游服务质量的评估往往依赖于问卷调查和人工检查等方式，不仅效率低下，而且容易受到主观因素的影响。但借助大数据技术，这些问题都可以得到很好的解决。通过收集和分析游客在网络上的评价、分享和反馈等信息，管理部门可以对旅游服务的质量进行更为客观和全面的评估。这不仅有助于及时发现和改进服务中的问题，还能为提升服务质量提供有力的数据支撑。

更为重要的是，大数据正在成为推动智慧旅游建设和发展的核心力量。智慧旅游作为旅游业的一种创新模式，旨在通过信息化和智能化的手段提升旅游业的竞争力和可持续发展能力，而大数据正是实现这一目标的关键所在。无论是智慧导游系统、智能推荐引擎还是旅游大数据平台，都离不开大数据的支持和应用。正是这些基于大数据的智慧旅游应用，使得旅游业能够更好地满足游客的个性化需求，提供更为便捷和高效的服务，从而在未来的竞争中占据先机。

事实上，大数据与智慧旅游的融合不仅仅是技术和应用的结合，更是一种思维方式的转变。它要求我们不再局限于传统的经验和直觉，而是要学会用数据说话，用数据决策，用数据管理，用数据创新。这种转变不仅影响着旅游业的发展，更将引领我们走向一个更加智能和美好的未来。

六、大数据在智慧旅游中的案例分析

[案例一] 基于大数据的智慧旅游推荐系统

在深入探讨智慧旅游的发展进程中，我们不得不提及一个引人注目的实例——基于大数据的智慧旅游推荐系统。这一系统巧妙地将大数据分析与旅游体验相结合，为游客提供了前所未有的个性化服务。

旅游，一直是人们追求休闲与放松的重要方式。面对众多的旅游目的地和繁杂的旅游信息，游客往往难以作出合适的选择。这时，一个能够精准捕捉游客需求，并提供相应推荐的旅游系统就显得尤为重要。基于大数据的智慧旅游推荐系统正是为了满足这一需求而诞生的。

智慧旅游推荐系统通过收集游客在旅游过程中的各类数据，如浏览记录、搜索关键词和消费记录等，运用先进的机器学习算法对游客的旅游偏好进行深度挖掘。这些数据不仅揭示了游客的历史行为和个人偏好，还反映了他们的实时需求。通过对这些数据的分析，系统能够构建出精细的用户画像，进而为游客提供高度个性化的旅游推荐。

想象一下，当你站在一个陌生的城市街头，不再为选择哪个景点、哪家餐厅或哪个住宿地点而犹豫不决，只需打开智慧旅游推荐系统，它就会根据你的个人喜好和过往行为为你推荐最适合的旅游路线、餐厅和住宿。这样的旅游体验无疑会让人感到更加轻松和愉悦。

不仅如此，基于大数据的智慧旅游推荐系统还为旅游企业带来了巨大的商业价值。通过提供个性化的旅游推荐服务，系统能够帮助旅游企业更好地满足游客的需求，从而提高游客的满意度和忠诚度。这不仅能够为企业带来更多的回头客，还能提升企业的品牌形象和口碑。

智慧旅游推荐系统还通过持续优化推荐算法，确保推荐的准确性和时效性。这意味着，随着时间的推移和游客需求的变化，系统能够及时调整推荐内容，始终保持与游客需求的同步性。这种动态调整的能力使得系统在面对复杂多变的旅游市场时，依然能够保持高效和准确。

在实际应用中，基于大数据的智慧旅游推荐系统已经取得了显著成效。越来越多的游客开始享受到这一系统带来的便利和愉悦，在旅游体验满意度得到大幅提升的同时也大大降低了旅游决策成本。对于游客而言，这不仅意味着更加轻松愉快的旅行体验，还代表着他们能够更加深入地了解和体验目的地的文化和风情。

对于旅游企业来说，基于大数据的智慧旅游推荐系统的成功应用也带来了诸多益处。通过提供更加精准和个性化的服务，企业能够更好地满足游客的需求，从而赢得游客的信任和选择。该系统还为企业提供了大量的游客数据和行为分析，这为企业制定更加精准和有效的市场策略提供了有力支持。通过提升服务质量和游客满意度，企业不仅能够获得更多的商业机会，还能够在激烈的市场竞争中脱颖而出。

值得一提的是，基于大数据的智慧旅游推荐系统的成功并非偶然。它是大数据技术与旅游行业深度融合的产物，也是智慧旅游发展的重要成果之一。这一系统的出现不仅展示了大数据在智慧旅游领域的巨大潜力和应用价值，还为旅游行业的未来发展指明了方向。

[案例二] 大数据在旅游安全监控中的应用

在智慧旅游的广阔领域中，大数据技术的应用正日益显现出其不可或缺的价值。一个引人注目的案例便是大数据在旅游安全监控中的应用。这一应用不仅代表了技术的创新，更是对旅游业安全管理水平的一次显著提升。

旅游安全历来是游客、管理部门和旅游企业最为关心的问题之一。传统的安全管理往往依赖于人工巡查和事后处理，难以做到实时监控和预警。在大数据的助力下，这一局面正在发生根本性的改变。

通过收集和分析天气、交通、人流和舆情等多维度的数据，大数据旅游安全监控系统能够实时掌握旅游目的地的安全状况。这些数据并非孤立存在，而是相互关联、相互影响的。例如，恶劣的天气可能导致交通拥堵和人流聚集，从而增加旅游安全风险。大数据技术的强大之处正在于能够挖掘这些数据之间的内在联系，揭示出隐藏在背后的安全隐患。

在数据挖掘和模式识别技术的支持下，大数据旅游安全监控系统能够实现对旅游安全风险的预测和预警。这意味着管理部门可以在安全风险发生之前就采取相应的措施，从而有效地降低旅游安全事故的发生率。这种由被动应对转为主动预防的安全管理方式无疑为游客提供了更加安全、放心的旅游环境。

不仅如此，大数据旅游安全监控系统还能够对旅游目的地的安全管理水平进行持续评估和优化。通过对历史数据的分析，管理部门可以了解哪些地区、哪些时段是旅游安全事故的易发、多发区，从而有针对性地加强安全管理措施。系统还可以根据实时数据的反馈，对安全管理措施的效果进行实时评估和调整，确保安全管理工作的持续有效。

大数据在智慧旅游中的应用价值并不仅限于旅游安全监控。事实上，大数据正在改变着旅游业的方方面面。从旅游产品的开发到市场营销，从游客体验到旅游管理，大数据都发挥着越来越重要的作用。它使得旅游企业能够更加精准地了解游客的需求和偏好，提供更加个性化和高质量的旅游服务。大数据也使得旅游业的管理更加科学、高效和智能化。

在这个信息爆炸的时代，大数据已经成为一种重要的资源。对于旅游企业而言，掌握和运用大数据的能力将直接决定其在激烈的市场竞争中的成败。而那些能够成功运用大数据技术的旅游企业，无疑将在未来的旅游市场中占据更加有利的地位。

当然，大数据在智慧旅游中的应用还面临着诸多挑战和问题。例如，如何确保数据的准确性和完整性，如何保护游客隐私数据的安全，如何提高数据处理和分析的效率，等等。这些问题需要旅游业、技术提供商和政府部门共同努力，通过技术创新、制度建设和合作共赢的方式加以解决。

[案例三] 大数据驱动的旅游目的地营销策略

在智慧旅游的浪潮中，大数据技术的应用如同一股强劲的动力，推动着旅游行业的创新与发展。在本书中，我们将深入探讨一个引人注目的实际案例，即大数据如何驱动旅游目的地的营销策略。这一营销策略巧妙地运用了大数据技术，对旅游目的地的市场需求、游客行为等进行了深入细致的分析，从而使自身更加精准、高效。

通过对多维度数据的挖掘和分析，该营销策略为旅游目的地量身定制了一套独特的营销方案。这套方案不仅充分考虑了目的地的特色和优势，还紧密结合了市场需求和游客偏好，使营销策略更具针对性和实效性。在这一营销策略的指导下，旅游目的地的知名度和美誉度得到了显著提升，成功吸引了更多游客的目光和脚步。

我们可以从该营销策略的系统概述中看到，大数据技术的运用贯穿了整个营销过程。从数据的收集、整理、分析到营销策略的制定和实施，每一个环节都离不开大数据技术的支持。正是通过对这些海量数据的深入挖掘和分析，我们才能更加准确地把握市场需求和游客行为的变化趋势，为旅游目的地制定出更加符合实际需求的营销策略。

在技术实现方面，该营销策略运用了多种先进的大数据技术和分析方法。例如，通过数据挖掘技术，可以从海量数据中提取出有价值的信息和知识；通过机器学习算法，可以对游客行为进行预测和模拟；通过可视化展示技术，可以将复杂的数据和分析结果以直观的方式呈现出来。这些技术的应用不仅提高了数据分析的准确性和效率，还为营销策略的制定提供了有力的技术支撑。

在应用效果上，该营销策略取得了显著的成果。旅游目的地的知名度和美誉度得到了大幅度提升，游客数量和旅游收入也实现了快速增长。该营销策略还带动了相关产业的发展，为当地经济注入了新的活力。这些成果的取得充分证明了大数据技术在旅游行业中的重要性和广阔前景。

该营销策略的成功实施还为其他旅游目的地提供了有益的借鉴和参考。通过学习和借鉴这一成功案例，其他旅游目的地可以更好地运用大数据技术来推动自身的营销和发展。这不仅有助于提升整个旅游行业的竞争力和创新能力，还将为游客带来更加丰富多彩的旅游体验和更加便捷高效的旅游服务。

在未来，随着大数据技术的不断发展和完善，我们有理由相信，大数据在智慧旅游中的应用将更加广泛和深入。通过对旅游目的地市场需求、游客行为等数据的持续跟踪和分析，我们可以更加及时地调整和优化营销策略，使旅游目的地的营销更加精准、高效和个性化。大数据技术还可以与其他先进技术相结合，如人工智能、物联网等，共同推动智慧旅游的发展迈向新的高度。

七、大数据与智慧旅游的未来展望

一）技术创新与发展趋势

随着科技的日新月异，特别是人工智能和机器学习的不断进步，智慧旅游正逐步从概念走向现实，并日益凸显其个性化服务的魅力。借助智能推荐系统，旅游平台能够根据游客的过往行为和偏好，为他们量身打造独一无二的行程，从而极大地提升游客的旅行体验。而情感分析技术的应用则使得旅游服务提供者能够更准确地把握游客的情感需求，进而提供更为贴心和人性化的服务。

物联网技术的融入为智慧旅游带来了另一种革命性的变化。通过物联网技术，旅游景区内的各种设施得以高效互联，形成了一个智能化的服务网络。游客可以通过手机或其他智能设备轻松获取各种旅游信息，如景点介绍、实时人流、停车位置等，从而更加便捷地规划自己的行程。物联网技术还能够实现对旅游资源的实时监控和管理，提高资源利用效率，为旅游业的可持续发展提供有力支持。

当然，我们不能忽视 5G 技术和边缘计算在智慧旅游中的重要作用。5G 技术的超高速度和超低时延为智慧旅游带来了前所未有的可能性。在5G网络的覆盖下，旅游景区可以实现高清视频直播、VR/AR互动体验等创新应用，让游客即使身处千里之外，也能感受到身临其境的旅游乐趣。边缘计算的崛起则为智慧旅游提供了更为强大的数据处理能力。通过将计算任务下沉到网络边缘，边缘计算能够实现对海量旅游数据的实时处理和分析，为旅游决策提供更为准确和及时的数据支持。

在智慧旅游的发展过程中，大数据分析与挖掘技术同样功不可没。通过对旅游大数据的深入挖掘和分析，我们能够更加精准地把握市场需求和游客行为特征，为旅游规划和产品创新提供坚实的数据支持。例如，通过对游客的出行时间、目的地选择、消费习惯等数据的分析，我们可以预测未来一段时间内的旅游热点和趋势，从而为旅游企业制定更为精准的市场营销策略提供有力依据。大数据分析与挖掘技术还能够帮助旅游企业更好地了解游客的满意度和需求变化，从而及时调整服务策略，提升游客的整体满意度和忠诚度。

随着人工智能、物联网、5G技术、边缘计算以及大数据分析与挖掘技术的不断发展和融合，智慧旅游正迎来一个更加美好和智能的未来。在这个未来中，旅游将不再是一种简单的出行活动，而是一种充满科技感和个性化的全新体验。游客可以享受到更加便捷、智能和贴心的服务，而旅游企业也能够通过技术创新实现更为高效和精准的市场运营。我们有理由相信，在不久的将来，智慧旅游将成为推动旅游业转型升级的重要力量，引领旅游业迈向一个更加广阔和美好的新时代。

二）政策与法规支持

在深入探讨大数据与智慧旅游的未来走向时，我们无法忽视政策与法规在其中的关键作用。随着全球范围内对智慧旅游认知的加深，各国政府已然认识到这一新兴领域对于经济增长和社会发展的巨大潜力。它们正以前所未有的速度和力度推动着各类智慧旅游相关政策的出台。

这些政策的核心目的无疑是为智慧旅游产业的迅猛发展提供有力支撑。从提供资金支持到实施税收优惠，各国政府正不遗余力地打造一个又一个有利于智慧旅游创新和发展的环境。在这样的背景下，我们看到了智慧旅游产业正以前所未有的速度崛起，成为全球经济新的增长点。

政府对智慧旅游的推动并非无序和盲目的，而是有一系列精心设计和逐步完善的法规体系。这些法规不仅着眼于保障游客在智慧旅游过程中的各项权益，更致力于确保整个产业的健康、有序和可持续发展。随着智慧旅游的不断演进，这些法规也在不断地适应新的形势和需求，展现出前所未有的灵活性和生命力。

值得一提的是，国际合作与交流在这一进程中也扮演着举足轻重的角色。面对智慧旅游这一全球性课题，各国政府和企业都深知单打独斗无法取得最佳效果。他们正积极寻求与其他国家和地区的合作伙伴进行深入的交流和协作。通过交流与协作，不仅能够加速智慧旅游技术的创新和应用，更能够推动全球旅游业迎来一个更加繁荣和共赢的发展时期。

当我们站在现今这样一个历史性的节点上回望过去，不难发现政策与法规的支持对于智慧旅游的发展起到了决定性的作用。正是这一系列精心设计的政策和法规为智慧旅游产业的腾飞奠定了坚实的基础。展望未来，我们有理由相信，在全球各国的共同努力下，智慧旅游必将迎来一个更加美好和辉煌的未来。

当然，我们也必须清醒地认识到，智慧旅游的发展仍然面临着诸多挑战和不确定因素。无论是技术创新的步伐、市场需求的变化还是国际竞争态势的演变，都可能对智慧旅游的未来走向产生深远影响。但正是这些挑战和不确定因素也为智慧旅游的发展提供了无限的可能性和空间。

在大数据技术的助力下，智慧旅游的未来发展更加令人期待。大数据技术不仅能够实现对海量旅游数据的实时收集和分析，更能够基于这些数据为游客提供更加个性化和智能化的旅游服务。随着大数据技术的不断进步和应用领域的不断拓展，我们有理由相信智慧旅游将在不久的将来实现更加精准和高效的服务模式创新。

随着物联网、云计算、人工智能等新一代信息技术的快速发展和应用融合，智慧旅游也将迎来更加广阔的发展空间和创新机遇。这些新技术的引入和应用不仅将进一步提升智慧旅游的服务质量和效率，也将为整个产业的转型升级提供强大的技术支撑和动力源泉。

在这个过程中，政府、企业和社会各界都需要共同努力，以形成良好的发展环境和合作机制。政府需要继续出台更加具有针对性和前瞻性的政策措施，为智慧旅游的发展提供持续的政策保障和引导。企业需要加大技术创新和研发投入力度，不断提升自身的核心竞争力和市场适应能力。社会各界则需要积极参与到智慧旅游的建设和推广过程中，共同营造一个和谐、共赢的旅游生态环境。

三）面临的挑战与机遇

在探讨智慧旅游的未来展望时，我们不得不深入考虑其背后的多个关键层面，它们如同一幅精致的画卷，共同描绘出这个领域的挑战与机遇。在信息化的智慧旅游发展过程中，保障游客的信息安全无疑是其中的基石。在大数据的时代背景下，每一位游客的信息都成为珍贵的数据资源，但同时也伴随着巨大的安全隐患。对于智慧旅游而言，如何确保这些数据的安全，防止信息泄露，成为其发展的首要任务。这不仅仅是对技术的考验，更是对智慧旅游行业整体责任感和使命感的检验。

技术的不断更新换代也是推动智慧旅游发展的重要驱动力。无论是人工智能、物联网还是云计算，这些前沿技术都在为智慧旅游的发展带来新的可能性。但技术的引入并不意味着一切都能迎刃而解，相反，它对于行业人才的需求提出了新的挑战。如何培养既懂旅游又懂技术的复合型人才，成为摆在发展智慧旅游面前的一大难题。只有解决了这一问题，智慧旅游才能在日益激烈的市场竞争中站稳脚跟。

说到市场竞争，我们也不得不提及智慧旅游市场中的合作与共赢。在智慧旅游市场中，单打独斗往往难以走远，只有携手合作才能实现共赢。无论是与同行业者的合作，还是与跨界伙伴的联动，都能为智慧旅游带来新的机遇和发展空间。通过合作，各方可以共同应对市场的挑战，共享资源，实现互利共赢。

智慧旅游不能忽视游客的需求与体验，智慧旅游的核心目标就是为游客提供更加便捷、个性化的旅游服务。只有真正了解游客的需求，才能为其提供满意的服务。随着游客需求的日益多样化，智慧旅游也需要不断地进行产品和服务的创新，以适应市场的变化。从行程规划到旅途中的各项服务，再到旅途结束后的反馈与评价，每一个环节都需要精心打磨，力求为游客带来最佳的体验。

智慧旅游的未来既充满了挑战，也充满了机遇。只有在保障数据安全、推动技术创新、加强市场合作和提升游客体验等多个方面同时发力，才能实现智慧旅游的健康发展。这是一个系统工程，需要政府、企业和社会各界的共同努力。我们有理由相信，在不久的将来，智慧旅游将会为我们的生活带来更多的便利和惊喜。

为了更好地迎接这一未来，还需要不断地进行研究和探索。例如，在数据安全方面，可以借鉴其他行业的成功经验，结合智慧旅游的特点，制定出一套完善的数据保护机制。在技术创新方面，可以与高校和研究机构建立紧密的合作关系，共同推动相关技术的研发和应用。在市场合作方面，可以积极寻求与国际同行的交流和合作，共同开拓更广阔的市场空间。在提升游客体验方面，可以利用大数据和人工智能技术，对游客的行为和需求进行深入的分析和挖掘，从而为其提供更加精准和个性化的服务。

第四章　云计算应用

本章主要介绍云计算平台在功能升级和技术创新方面的重要改进和优化措施。通过引入容器化技术，云计算实现了应用的快速部署和管理，同时提高了应用的可靠性和可扩展性，简化了应用开发和运维流程。在安全性方面，加强了云计算平台的多重安全防护，确保了用户数据的安全性和隐私保护。此外，云计算还提供了强大的数据分析和可视化工具，帮助用户更好地理解和利用数据。本章还分析了云计算在旅游行业面临的挑战与机遇，指出了数据安全与隐私保护、技术标准与接口不统一等问题，并强调了云计算为旅游行业带来的弹性资源扩展，降低运营成本，丰富、创新应用场景等机遇。通过克服挑战并抓住机遇，云计算有望推动旅游行业的持续发展与创新。

一、云计算的基本概念与特点

一）云计算的定义

云计算作为当今信息技术领域的一大革新，正在逐渐改变我们对计算资源的认知和使用方式。它基于互联网而生，将原本分散、独立的计算资源、存储资源和应用程序等整合到一个庞大的网络体系中，形成了一个可动态扩展、按需付费获取的资源池。在这个资源池中，用户可以像使用水电一样，随时获取所需的计算资源，而无需关心这些资源的具体来源和管理细节。

云计算的出现打破了传统计算模式对硬件和软件的依赖，使得计算变得更加高效、便捷。它将计算任务从用户的本地计算机转移到了远程的数据中心，这些数据中心拥有强大的计算能力和海量的存储资源，可以满足各种复杂的计算需求。用户只需通过网络访问这些资源和服务就能轻松完成各种计算任务，无须再为硬件设备的购置、维护和升级而烦恼。

云计算的核心理念是"按需付费"，这意味着用户只需根据实际使用的资源量来支付费用，无须承担额外的成本。这种灵活的付费模式使得云计算成为一种非常经济的计算方式，特别适用于那些需要临时扩展计算能力的场景。比如，在电商平台的促销活动中，商家可以通过云计算快速增加服务器资源，以应对突发的流量高峰；而在活动结束后，又可以及时释放这些资源，避免造成浪费。

除了经济性外，云计算还具有很高的可扩展性和可靠性。在云计算平台上，用户可以根据需要随时增加或减少计算资源，实现弹性的扩展和收缩。云计算平台还采用了多种冗余技术和备份机制，确保数据的安全性和可靠性，即使发生硬件故障或自然灾害等意外情况，用户的数据和应用程序也能得到及时恢复，保障数据安全。

云计算的应用场景非常广泛，几乎涵盖了所有需要计算资源的领域。在企业信息化建设中，云计算可以提供灵活、高效的 IT 基础设施服务，帮助企业降低 IT 成本、提高运营效率；在科研领域，云计算可以提供强大的计算能力和海量的存储资源，支持各种复杂的科学计算和数据分析任务；在智慧城市建设中，云计算可以实现各种信息资源的共享和协同，提升城市管理和公共服务水平；在个人生活中，云计算也可以提供各种便捷的在线服务和应用，如在线办公、在线学习、在线娱乐等。

随着云计算技术的不断发展和普及，它将对未来的信息社会产生深远的影响。云计算将推动计算资源的集中化和共享化，使得计算资源成为一种公共基础设施，就像水电一样普遍和易用。这将大大降低计算的使用门槛和成本，促进信息化应用的普及和发展。云计算将促进信息技术的创新和变革，推动各种新技术、新应用、新模式的不断涌现和发展。比如，在人工智能、大数据、物联网等领域，云计算都发挥着重要的作用。云计算还将对信息安全和隐私保护提出更高的要求和挑战，需要我们不断加强技术研发和法律法规建设，确保云计算的健康发展和社会安全稳定。

二）云计算的类型

在深入探索云计算的领域时，我们不可避免地会接触到其多样的服务模式，每种模式都以其独特的方式满足着不同用户的需求。云计算，这个在信息化时代崛起的科技巨擘，已然成为推动企业创新和个人便捷生活的重要引擎。在这一环境下，公有云、私有云以及混合云的概念逐渐走进了人们的视野，它们各展所长，在庞大的云计算市场中占据了举足轻重的地位。

公有云，如同一个开放的公共空间，任何企业或个人都可以通过互联网轻松访问。它提供了一系列强大的功能，从数据处理到应用托管，无所不包。对于广大中小企业和个人用户而言，公有云的魅力在于其高度的可扩展性和灵活性。无须投入巨资建设自己的数据中心，用户只需根据实际需求支付相应的费用，即可立即享受到顶尖的技术支持和无限的资源扩展。这种即需即用的模式大大降低了创业门槛，让更多的人有机会在数字化的浪潮中实现自己的梦想。

私有云则是另一种截然不同的景象。它是专为企业内部设计的云计算平台，宛如一座高墙筑起的城堡，只为内部员工提供服务。私有云的价值在于其无与伦比的数据安全性和隐私保护能力。随着大量敏感信息泄露事件的发生，数据安全已成为企业运营中不可或缺的一环。私有云通过物理隔离、加密技术等手段，确保企业数据在传输、存储和使用的每一个环节都得到严密的保护。这种高度的安全性让私有云成为金融、医疗等对数据安全要求极为严格的行业的首选。

混合云的出现恰似在公有云和私有云之间架起了一座桥梁，将两者的优势完美地结合在一起。混合云允许企业根据自身需求灵活地在公有云和私有云之间进行资源调配。对于那些既希望享受公有云的便捷性，又对数据安全有所顾虑的企业来说，混合云无疑是最佳的选择。企业可以将核心业务和敏感数据放置在私有云环境中，确保其核心资产的安全无虞；同时将非核心业务和公共数据放在公有云上，充分利用公有云强大的计算和存储能力。这种灵活的配置方式不仅优化了资源利用率，还大幅提升了企业的运营效率。

当我们从更高的层次审视这三种云计算类型时，会发现它们实际上构成了一个多元化的生态系统。公有云以其开放性和低成本吸引着广大用户；私有云则通过其高度安全性和定制化能力满足特定用户的需求；而混合云则以其灵活性和综合性的优势成为越来越多企业的首选。在这个生态系统中，每一个参与者都能找到属于自己的位置，共同推动着云计算技术的不断发展和创新。

值得注意的是，尽管公有云、私有云和混合云在服务模式上有着明显的差异，但它们都共享着云计算的一些基本特征。例如，它们都能够提供弹性可伸缩的资源分配方式，这意味着用户可以根据实际需求随时调整资源使用量；它们都具备高可用性和灾难恢复能力，确保用户的数据和应用在任何情况下都能得到持续的保障；它们还都采用了按需付费的定价模式，为用户提供了更为经济高效的解决方案。

在信息化时代，云计算已经成为一种不可或缺的技术力量。它正在以前所未有的速度改变着我们的生活方式和工作方式。无论是公有云、私有云还是混合云，它们都在各自的领域里发挥着不可替代的作用，共同推动着这个世界向更加美好的未来迈进。

三）云计算的特点与优势

云计算最吸引人的一点莫过于其弹性可扩展的特性。在过去，企业为了应对可能的业务高峰，往往需要提前投入大量的资金购买和部署 IT 资源。这种传统的模式往往造成了资源的极大浪费，因为在很多时候，这些资源并未得到充分的利用。而云计算彻底改变了这一局面。通过云计算平台，企业可以根据实际的业务需求，灵活地调整资源的使用量。当业务需求增加时，可以快速地增加资源，确保系统的正常运行；而当业务需求减少时，则可以减少资源的使用，从而降低成本。这种弹性可扩展的特性使得企业能够更加高效地应对各种计算场景，无须再为资源的浪费而担忧。

除了弹性可扩展性外，云计算的高效节能特点也为企业带来了显著的成本优势。在传统的 IT 模式中，大量的服务器往往只能在低效的状态下运行，造成了巨大的能源消耗。云计算通过虚拟化技术，将多台服务器的资源整合在一起，形成了一个巨大的资源共享池。这不仅可以提高资源的利用率，更能够显著降低能耗。云计算平台还采用了各种先进的节能技术，如动态电压调节、智能散热等，进一步降低了能源消耗和成本。这对于企业来说无疑是一个巨大的吸引力，因为在追求环保和可持续发展的今天，降低能耗已经成为企业发展的一个重要考量因素。

云计算的另一个显著优势是其灵活便捷性。在过去，企业要建立一套完整的 IT 系统往往需要经历漫长而复杂的过程，包括硬件设备的采购、软件的安装和配置、网络的搭建等。云计算则大大简化了这一过程，用户只需通过网络接入云计算平台，就能够轻松地获取所需的资源和服务。无论是在办公室、家中还是在外出途中，只要有网络的地方，就能够随时随地使用云计算平台。这种灵活便捷的特性使得企业能够更加高效地开展业务活动，无须再受时间和地点的限制。

当然，安全性始终是企业在选择 IT 系统时最为关心的问题之一。在这方面，云计算也有出色的表现。云计算平台通常都由专业的安全团队进行管理和维护，他们具备丰富的安全知识和实践经验，能够确保用户数据的安全和隐私。云计算平台还采用了各种先进的安全技术手段如数据加密、访问控制等，进一步提高了数据的安全性。这使得企业能够更加放心地将数据和应用迁移到云计算平台上运行。

云计算还具有高可用性和容错性的特点。在传统的 IT 模式中，一旦服务器出现故障往往会导致整个系统的瘫痪，给企业带来巨大的损失。而云计算则通过多副本存储、分布式计算等技术手段确保了服务的稳定可靠，即使部分服务器出现故障也不会影响到整个系统的正常运行。这种高可用性和容错性的特点使得企业能够更加稳定地开展业务活动，无须再为系统故障而担忧。

值得一提的是，云计算按需付费的模式为企业带来了实实在在的利益。在过去，企业往往需要一次性投入大量的资金购买 IT 资源，无论这些资源是否能够得到充分利用。而云计算则采用了按需付费的模式，用户只需根据实际使用情况支付费用，无须再为资源的浪费而买单。这不仅降低了企业的运营成本，更提高了资金的使用效率，使得企业能够更加灵活地应对市场变化。

二、云计算在智慧旅游中的优势

一）提升旅游信息化水平

云计算在智慧旅游中的运用已经成为推动旅游信息化进步的一股不可忽视的力量。其核心优势在于其强大的数据处理和整合能力，这使得从前散落在各处、碎片化的旅游信息得以有机聚合，形成一幅完整细致的旅游信息画卷。想象一下，游客不再需要在不同的网站或应用中跳转，只需在云计算支持的智慧旅游平台上，便可一站式地了解到景点的详细介绍、周边的交通住宿信息、实时的天气变化和游客评价等多维度的信息。这种便捷的体验无疑大大提升了旅游的信息化服务水平。

云计算不仅在提升信息服务效率方面大放异彩，更在保障信息质量和实时性上表现出色。由于云计算平台的数据处理速度快、更新周期短，它能为游客提供最新出炉的旅游资讯，让每一位使用者都能避免因为信息过时而导致的各种旅游不便。这不仅让游客的旅行计划更加顺利，也让他们能够更好地享受旅程，探索未知的乐趣。

更进一步的是，云计算还能够利用其强大的数据处理能力，对旅游行业产生的大数据进行深度分析和挖掘。通过对这些数据的解读，云计算可以帮助旅游企业更加精准地了解市场需求和游客的偏好，进而制定更加贴合实际的营销策略和服务改进方案。这不仅能够提升旅游企业的竞争力，也能为游客带来更加个性化、定制化的服务体验。

对于政府部门而言，云计算也是他们在旅游行业进行科学规划和决策的重要助手。政府可以利用云计算平台对旅游数据进行监测和分析，实时了解旅游市场的动态和发展趋势，从而为政策制定和资源配置提供更加准确的数据支撑。这不仅能有效提升政府对旅游行业的管理效率和效果，还能推动旅游业的健康可持续发展。

云计算在智慧旅游中的应用还远远不止于此。它还能够帮助旅游行业构建更加高效的信息共享和协同工作平台，打破不同部门和企业之间的信息孤岛，提升整个行业的运行效率和响应速度。在这样的环境下，无论是旅游企业还是政府部门，都能更加迅速地应对市场变化和突发事件，保障游客的权益和安全。

智慧旅游不仅是一场技术的革命，更是一场服务和管理理念的创新。而云计算作为这场革新的核心力量之一，正以其卓越的性能和无限的潜力，引领着旅游业向着更高更远的目标迈进。它不仅仅改变了旅游信息获取和使用的方式，更是改变了我们对旅游本身的认识和期待。在未来的日子里，随着云计算技术的不断进步和应用的深化拓展，我们有理由相信，智慧旅游将为我们带来更多前所未有的美好体验和发展机遇。

总的来说，云计算以其独特的优势和魅力在智慧旅游领域大显身手，无论是对于游客还是旅游企业和政府部门而言，都带来了巨大的便利和价值。它不仅提升了旅游的信息化水平和服务质量，更在推动旅游业的创新发展和转型升级方面扮演着不可替代的重要角色。

二）优化旅游服务体验

随着科技的飞速发展，云计算已然成为推动各行业创新与变革的重要力量。在旅游业这一庞大的经济领域中，云计算技术同样展现出了巨大的应用潜力。智慧旅游作为一个全新的概念，正在通过云计算技术的融入，逐步改变着人们对旅游的传统认知。

智慧旅游中的云计算优势，最为直观地体现在旅游服务体验的优化上。想象一下，当你来到一个陌生的城市，不必再为该如何规划行程、选择何处餐饮住宿而犯愁，通过基于云计算技术的旅游服务平台，你可以轻松地获取到根据自身喜好和需求量身定制的旅游方案。这些方案不仅会考虑到你的兴趣爱好，还会结合当前的天气、景点人流量等实时数据，为你推荐最合适的景点游览顺序、最具当地特色的餐馆，以及性价比最高的住宿选项。如此一来，每一位游客都能够在旅行中享受到最大程度的便利和舒适，从而大大提升了旅游体验。

而这种个性化推荐的实现正是得益于云计算强大的数据处理能力。云计算平台能够实时收集、整合和分析海量的旅游数据，包括游客的行为习惯、消费记录，以及各旅游景点的实时信息等。通过运用先进的算法模型，这些数据能够被转化为有价值的信息和知识，进而指导旅游服务提供商为游客提供更加精准和高效的服务。

不仅如此，云计算技术还为智慧旅游带来了便捷性的显著提升。在移动设备高度普及的今天，几乎每位游客出门旅行都会携带手机或平板电脑。基于云计算的旅游应用平台能够完美支持这些移动设备，让游客可以随时随地通过手机或平板电脑访问和使用旅游服务。无论是在公交车上查看景点的详细介绍，还是在餐馆里使用移动支付结账，一切操作都能够通过指尖轻松完成。这种随时随地的服务模式无疑让智慧旅游的便捷性得到了极大的拓展和深化。

更值得关注的是，云计算技术在实现旅游服务智能化方面所发挥的作用。在云计算的加持下，传统的旅游服务模式正在逐步被智能化的新模式所取代。智能导游、智能问答、智能预订等功能的实现都依赖于云计算技术的支撑。通过运用自然语言处理、图像识别等先进的人工智能技术，旅游服务系统能够更加准确地理解游客的需求和意图，进而提供更加贴心和周到的服务。比如，当你站在一个历史悠久的景点前感到迷茫时，智能导游功能能够立即为你提供该景点的详细介绍、背景故事以及游玩建议；

而当你对某个旅游点产生疑问时，智能问答功能则能够在第一时间为你提供清晰准确的答案。

　　云计算还为旅游业带来了更为广泛的商业机会。在云计算平台的支持下，旅游服务提供商可以更加高效地管理和利用自身的资源。他们可以根据实际需求灵活地调配计算资源，从而避免资源的浪费和成本的增加。通过云计算技术实现的业务流程优化，也能够帮助他们提高工作效率、降低成本、增强市场竞争力。这些商业上的成功案例反过来又会吸引更多的资金和技术投入到智慧旅游的建设中，从而形成良性循环的发展态势。

　　在这个过程中，游客无疑是最大的受益者。他们不仅能够在旅行中享受到更加优质和高效的服务体验，还能够在更大程度上参与到旅游服务的设计和改进中。通过与旅游服务提供商的互动和反馈，游客可以帮助服务提供商更加准确地了解市场需求和行业动态，进而推动智慧旅游服务的持续改进和创新。这种游客与服务提供商之间的紧密互动和深度合作，也正是智慧旅游得以持续发展和繁荣的关键所在。

　　云计算技术在智慧旅游中扮演着不可或缺的角色。它通过提供强大的数据处理能力，支持移动端应用开发，以及实现旅游服务智能化等多种手段，为旅游业带来了前所未有的便捷性、舒适性和商业机会。在这个过程中，不仅游客的满意度得到了极大提升，服务提供商的业务水平也实现了跨越式的发展。这种双赢的局面无疑预示着智慧旅游未来更加广阔的发展前景。

三、云计算平台的搭建与管理

一）云计算平台的选择与规划

　　云计算作为一种新兴的技术架构和服务模式，已经逐渐成为企业信息化建设的重要组成部分。云计算平台的搭建与管理对于企业的运营效率和数据安全具有至关重要的意义。我们必须从业务需求出发，全面考虑计算资源、存储需求、网络带宽等关键因素，为企业的云计算之路奠定坚实基础。

　　在云计算平台的搭建过程中，需求分析是首要环节。我们需要深入了解企业的业务特点和发展方向，明确各项业务需求的具体内容和优先级。例如，对于计算资源的需求，我们需要评估企业各类业务对处理器、内存、显卡等硬件资源的需求量和消耗特点，以确保云计算平台能够提供足够的计算能力。此外，存储需求也是不容忽视的一部分。随着企业数据的不断增长，我们需要根据数据类型、访问频率、安全性要求等因素，选择合适的存储设备和存储架构，以满足企业对于数据存储和管理的需求。网络带宽作为云计算平台与外部世界连接的桥梁，其重要性不言而喻。我们需要根据企业的网络环境和业务需求，合理规划网络带宽，确保数据的快速传输和业务的顺畅运行。

在明确了业务需求后，接下来我们需要对市场上的云计算平台进行综合评估。评估的内容包括性能、稳定性、安全性、价格等多个方面。性能是衡量云计算平台优劣的重要指标之一。我们需要通过实际测试或参考权威评测数据，了解各平台在计算、存储、网络等方面的性能指标，以选择性能卓越的云计算平台。稳定性对于企业的业务连续性和数据安全性具有重要意义。我们需要考察云计算平台的历史运行记录和用户反馈，了解其故障率、恢复能力等方面的信息，以选择稳定性高的平台。安全性是企业在选择云计算平台时必须重点考虑的因素之一。我们需要了解平台的安全防护措施、数据加密技术、用户权限管理等方面的内容，以确保企业数据的安全性和隐私性。价格作为企业成本控制的重要方面，也是我们在选择云计算平台时需要考虑的因素之一。我们需要根据企业的预算和业务需求，选择性价比较高的云计算平台。

在选定了合适的云计算平台后，接下来的工作就是根据业务需求设计云计算平台的架构并进行资源规划。架构设计需要遵循模块化、可扩展、易维护等原则，确保云计算平台能够适应企业业务的发展和变化。资源规划则需要根据业务需求的具体内容和优先级，合理分配计算、存储、网络等资源，以满足业务的高效运行。我们还需要关注资源的利用率和浪费情况，通过合理的资源调度和管理策略，避免资源的过度浪费。

在云计算平台的搭建与管理过程中，我们还需要注意以下几点：要遵循国家和行业的相关标准和规范，确保云计算平台的合规性和兼容性；要重视云计算平台的安全防护工作，建立完善的安全管理体系和应急预案；要关注云计算技术的发展趋势和市场动态，及时调整和完善云计算平台的架构和功能。

通过以上的分析和论述我们可以看出，云计算平台的搭建与管理是一项复杂而艰巨的任务。我们需要从业务需求出发，全面考虑各种因素，选择合适的云计算平台并进行合理的架构设计和资源规划，才能确保云计算平台能够满足企业的高效运行和数据安全需求，为企业的信息化建设提供有力支持。

二）云计算平台的部署与配置

在深入探讨云计算平台的搭建与管理之前，我们必须认识到，一个稳定可靠的云计算平台并非凭空而来，而是建立在坚实的基础设施之上的。这些基础设施包括硬件、网络、存储等要素，它们的筹备工作至关重要，直接关乎云计算平台能否平稳运行。

硬件是云计算平台的物理支撑，它的性能和质量直接影响到云计算平台的服务能力。在选择硬件时，我们必须充分考虑其性能、可扩展性、可靠性等因素，确保硬件能够满足云计算平台的高负载、高并发等需求。网络是云计算平台的血脉，它负责连接各个硬件组件，实现数据的快速传输和共享。在网络的搭建过程中，我们需要考虑网络带宽、延迟、稳定性等因素，确保网络能够支撑起云计算平台的大规模数据传输和实时交互需求。存储是云计算平台的数据仓库，它负责存储和管理海量的数据资源。在存储的选择上，我们需要考虑其容量、性能、安全性等因素，确保存储能够满足云计算平台的数据存储和管理需求。

当基础设施准备就绪后，接下来便是操作系统的安装与配置。操作系统是云计算平台的软件基础，它负责管理和调度硬件资源，为上层应用提供稳定的运行环境。在操作系统的安装过程中，我们需要根据硬件的特性进行选择和配置，确保操作系统能够充分发挥硬件的性能。我们还需要对操作系统进行必要的优化和配置，如调整系统参数、安装必要的补丁和组件等，以提高系统的稳定性和安全性。

在操作系统安装完成后，我们便可以着手进行云计算平台软件的安装与配置。云计算平台软件是实现云计算服务的关键组件，它负责管理和调度云计算资源，提供高效、灵活的资源服务。在选择云计算平台软件时，我们需要根据业务需求、技术趋势等因素进行综合考虑，选择适合自己的云计算平台软件。在安装和配置云计算平台软件时，我们需要遵循软件的最佳实践和规范，确保软件能够正确地安装和配置在操作系统之上。我们还需要根据业务需求对云计算平台软件进行必要的定制和优化，以满足不同业务场景的需求。

当云计算平台软件安装和配置完成后，我们便可以开始将业务应用部署到云计算平台上。应用部署是将业务应用与云计算平台相结合的过程，它涉及应用的安装、配置、优化等多个环节。在应用部署前，我们需要对应用进行充分的测试和验证，确保应用能够在云计算平台上稳定运行。在应用部署过程中，我们需要根据云计算平台的特点进行必要的配置和优化，如调整应用参数、优化数据库性能等，以提高应用的运行效率和稳定性。我们还需要考虑应用的安全性和可维护性等因素，确保应用能够在云计算平台上安全、稳定地运行。

通过对云计算平台的搭建与管理过程的详细介绍，我们可以看到，云计算平台的搭建与管理是一个复杂而系统的工程。它涉及基础设施的筹备、操作系统的安装与配置、云计算平台软件的安装与配置，以及应用部署等多个环节。每一个环节都至关重要，都需要我们认真对待和精心设计。由此，我们才能构建出稳定可靠的云计算平台，为业务的发展提供强有力的支持。

三）云计算平台的安全与管理

在信息化的时代背景下，云计算平台的安全与管理显得尤为关键。安全性和稳定性是云计算平台的两大支柱，它们的重要性不言而喻。为了确保这两大支柱的稳固，我们必须从多个维度出发，制定出一系列严密的安全管理策略。这些策略的核心在于保护平台的数据和信息安全。访问控制作为第一道防线，能够有效地筛选和限制访问平台的对象，确保只有合法的用户才能进入。数据加密则为数据穿上了一层坚不可摧的铠甲，即使数据在传输过程中被截获，截获者也难以破解其中的内容。安全审计则像是一位监督者，时刻关注着平台的一举一动，任何异常行为都逃不过它的眼睛。

用户权限管理是云计算平台安全管理的另一大关键。在云计算环境中，用户的角色和权限是多种多样的。通过精细的权限设置，我们可以确保每个用户只能在其权限范围内进行操作，从而避免了权限滥用和误操作带来的风险。这种管理方式不仅提高了平台的安全性，还增强了用户对平台的信任感。

当然，再严密的安全策略也无法杜绝安全事件的发生。因此，安全监控与日志分析成为我们及时发现和处理安全事件的重要工具。通过对平台的安全日志进行实时分析，我们可以迅速发现异常行为和安全漏洞，并立即采取相应的措施进行防范和修复。这种主动防御的方式能够最大限度地减少安全事件对平台的影响。

在云计算平台中，数据的重要性不言而喻，它们是企业的核心资产，一旦丢失或损坏将给企业带来无法估量的损失。数据备份与恢复策略的制定显得尤为重要，通过定期备份数据并在必要时进行恢复，我们可以确保数据的完整性和可用性，为企业的业务发展提供强有力的保障。

除了上述策略外，我们还应注重对员工的信息安全培训。员工是企业信息安全的第一道防线，他们的安全意识和行为习惯直接影响着平台的安全性。通过定期的培训和教育，我们可以提高员工的安全意识，使他们养成良好的安全习惯，从而进一步增强平台的安全性。

我们还应积极采用先进的技术手段来增强平台的安全性。例如：采用多因素身份认证技术可以提高用户身份的安全性；使用安全套接层（SSL）技术可以对数据传输进行加密保护；应用入侵检测和防御系统（IDS/IPS）可以实时监测和防御网络攻击。这些技术手段的应用能够使我们在应对复杂多变的安全威胁时更加从容不迫。

在云计算平台的安全与管理中，我们还应注重与合作伙伴的安全协同。云计算平台往往涉及多个合作伙伴的共同参与，与合作伙伴之间的安全协同显得尤为重要。我们应建立起完善的安全合作机制，明确各方的安全责任和义务，共同维护云计算平台的安全性和稳定性。

云计算平台的安全管理是一个持续不断的过程，随着技术的不断发展和安全威胁的不断演变，我们应时刻保持警惕，不断更新和完善安全管理策略和技术手段，如此才能确保云计算平台的安全性和稳定性得到长期的保障。

云计算平台的安全与管理是一项复杂而艰巨的任务。但只要我们从多个维度出发，制定出一系列严密的安全管理策略，并注重员工培训、技术应用和合作伙伴协同等方面的工作，就能够确保云计算平台的安全性和稳定性得到充分的保障。

四、云计算在旅游资源整合与服务创新中的应用

一）云计算助力旅游资源整合

云计算在当今旅游资源的整合中扮演着越来越重要的角色，它的应用不仅仅局限于单一的功能，而是涉及旅游资源整合的多个方面，为整个旅游业带来了巨大的变革和发展潜力。

在旅游资源的整合中，数据的存储和管理是至关重要的。随着旅游业的不断发展，涉及的旅游资源数据呈现出爆炸式的增长。这些数据包括景点信息、酒店信息、交通线路、游客评论等各个方面，它们对于旅游机构来说具有巨大的商业价值。如何高效地存储和管理这些分散的、大量的旅游资源数据，一直是困扰着旅游机构的一个难题。云计算技术的出现为解决这个问题提供了一种全新的思路。

云计算具备大规模的存储能力，可以实现对分散旅游资源数据的集中存储。这意味着旅游机构不再需要在各个地方分别设立存储设备，而是可以将所有数据都上传到云端，由云计算平台进行统一管理和维护。这不仅可以降低存储设备的购置和维护成本，更重要的是可以大大提高数据管理的效率和可靠性。因为云计算平台采用了先进的数据存储技术和管理机制，可以确保数据的安全、完整和可访问性。云端的数据存储也便于旅游机构之间的数据共享和交换，从而进一步促进旅游资源的整合和优化。

除了大规模存储能力外，云计算的弹性可扩展特性也是其在旅游资源整合中的一大优势。旅游业具有明显的季节性和周期性特点，这意味着在不同的时间段内，旅游机构对计算资源的需求会有很大的差异。比如，在旅游旺季时，旅游网站和在线预订系统的访问量会急剧增加，这时就需要更多的计算资源来应对高峰期的需求；而在旅游淡季时，访问量相对较少，如果仍然维持大量的计算资源，就会造成资源的浪费。

而云计算的弹性可扩展特性，正好可以适应这种变化的需求。

通过云计算平台，旅游机构可以根据业务需求动态地调整计算资源。在业务高峰期，可以增加计算资源以提升系统的处理能力和稳定性；而在业务低谷期，则可以减少计算资源以降低成本。这种弹性的计算资源调整不仅可以确保旅游机构在任何时候都能获得足够的计算支持，同时还可以避免资源的浪费和不必要的投入。

在旅游资源整合中，不同地区之间的旅游机构往往需要进行跨地域的协同工作。由于地域的限制和传统 IT 架构的束缚，这种协同工作往往面临着重重困难。云计算平台为解决这个问题提供了一种全新的方案。通过云计算平台，不同地区之间的旅游机构可以实现实时的数据共享和信息交换，无论这些机构分布在世界的哪个角落，都可以轻松地进行沟通和协作。这不仅可以提高工作效率，同时也可以促进不同机构之间的资源互补和业务合作，从而推动整个旅游资源的整合和优化。

云计算结合大数据分析技术，更可以为旅游资源的整合带来前所未有的价值。旅游资源数据是一种典型的大数据类型，它们包含着丰富的信息和潜在的市场机会。通过云计算平台对旅游资源数据进行深度挖掘和分析，可以揭示出游客的旅游偏好、消费行为、市场趋势等重要信息。这些信息对于旅游机构来说具有巨大的商业价值，它们可以帮助机构更好地了解游客需求、优化产品设计、提升服务质量、拓展新的市场机会等。通过对这种大数据分析技术的应用，云计算为旅游资源整合带来了巨大的发展机遇。

云计算在旅游资源整合中扮演着重要的角色，它的大规模存储能力、弹性可扩展特性以及跨地域协同工作能力等优势为旅游业的发展带来了巨大的便利。结合大数据分析技术，云计算更能够深度挖掘旅游资源数据中的潜在价值，为旅游业的发展注入新的动力。

二) 云计算推动旅游服务创新

在深入探讨云计算对旅游服务领域的革新性影响时，我们不得不提及它在个性化旅游服务、移动旅游服务、智慧旅游导览以及虚拟旅游体验等方面的显著应用。这些应用不仅彻底改变了传统旅游服务的面貌，更为游客带来了前所未有的便捷和愉悦体验。

云计算的出色计算能力使得旅游服务提供者能够针对每位游客的独特偏好和需求，提供高度个性化的服务。无论是对于目的地的选择、行程的规划，还是住宿和餐饮的安排，云计算都能确保每位游客获得量身定制的推荐和服务。这不仅大大提升了游客的满意度，也使得游客的旅游体验变得更加丰富多彩。

随着移动互联网的普及，云计算的移动性特点使得旅游服务无处不在、无时无刻地陪伴在游客身边。通过云计算技术，旅游服务提供者能够将各种实用功能和信息实时推送到游客的移动设备上，如智能手机、平板电脑等。这意味着游客无论身处景区、酒店还是交通工具上，都能随时获取所需的旅游信息和服务，如景点介绍、导航指引、票务预订、餐饮推荐等。这种便捷高效的旅游服务方式不仅节省了游客的时间和精力，也极大地提高了旅游的舒适度和愉悦感。

当云计算遇上人工智能技术，智慧旅游导览系统的诞生便成为可能。这一系统利用云计算的强大计算能力和人工智能的智能算法，为游客提供精准、实时的景点导览和解说服务。通过智慧旅游导览系统，游客可以轻松地获取景点的详细信息、历史文化背景、最佳游览路线等，同时还能享受语音导览、智能问答等互动式服务。这不仅让游客在游览过程中更加轻松自在，也大大提升了游客对于景点文化和历史的了解与认识。

云计算与虚拟现实技术的结合则为游客打开了一扇通往虚拟旅游世界的大门。通过佩戴虚拟现实设备，游客可以身临其境地体验各种旅游场景，如飞越山川河流、漫步历史古迹、探秘未知世界等。这种全新的旅游体验方式不仅让游客在虚拟空间中尽情享受旅游的乐趣，也为那些因时间、身体或其他原因无法亲身前往旅游目的地的人提供了独特的旅游体验机会。

这些云计算在旅游服务领域的创新应用不仅展示了技术的巨大潜力，也为旅游业的未来发展指明了方向。随着云计算技术的不断进步和普及，未来的旅游服务将更加智能化、个性化和虚拟化，为游客带来更加美好的旅游体验。

五、智慧旅游与云计算的融合实践

一）智慧旅游云计算平台的建设

智慧旅游与云计算的融合是当下旅游业技术革新的重要方向。在这一进程中，智慧旅游云计算平台的建设显得尤为重要。为了确保平台的稳定、高效运行，基础设施的构建不容忽视。其中包括了高性能的服务器集群、大容量存储设备，以及高速网络设施的配置。这些基础设施不仅为平台提供了强大的运算能力，还确保了数据的快速传输和存储。

在基础设施的坚实基础上，数据中心的建设是智慧旅游云计算平台的又一核心环节。通过构建大规模的数据中心，实现旅游数据的集中存储、高效管理和深入分析。

这些数据包括了游客行为、景区流量、消费习惯等多维度信息，为智慧旅游提供了全面、精准的数据支持。基于这些数据，旅游企业可以更加精准地洞察市场需求，优化产品设计，提升服务质量。

当然，一个优秀的平台离不开先进的架构设计。在智慧旅游云计算平台的建设中，我们采用了云计算的最新架构技术，实现了旅游资源的虚拟化、动态调度和弹性扩展。这意味着平台可以根据实际需求灵活调整资源分配，确保在高峰时段依然能够保持流畅的用户体验。这种架构设计也大大提高了平台的可靠性和性能表现，为智慧旅游的长远发展奠定了坚实基础。

在追求技术进步的同时不能忽视安全保障的重要性。智慧旅游云计算平台涉及大量的敏感数据和用户隐私信息，因此必须采取严格的安全保障措施。通过数据加密、访问控制、安全审计等多重手段确保平台数据的安全性和完整性。这些措施构成了一道坚不可摧的安全屏障，让用户在享受智慧旅游带来的便捷和愉悦时，无须担忧个人信息的泄露和滥用。

智慧旅游云计算平台的建设是一个系统工程，需要综合考虑基础设施、数据中心、架构设计和安全保障等，才能打造出一个既强大又安全的平台，为智慧旅游的发展提供有力支撑。随着技术的不断进步和应用场景的不断拓展，我们有理由相信，智慧旅游与云计算的融合将为旅游业带来更加美好的未来。

在这个充满挑战与机遇的时代，智慧旅游云计算平台的建设无疑是一项具有战略意义的举措。它不仅能够提升旅游业的运营效率和服务质量，还能够为旅游企业带来新的商业模式和增长点。这一平台的建设对于推动旅游业的数字化转型和升级也具有重要意义。

通过智慧旅游云计算平台，可以实现旅游资源的全面整合和共享，打破信息孤岛，提高资源利用效率。这不仅可以为游客提供更加便捷、个性化的旅游体验，还可以为旅游企业带来更大的商业价值和社会效益。智慧旅游云计算平台的建设是旅游业发展的重要里程碑，它将为我们带来更加高效、便捷、安全的旅游体验，同时也将为旅游业的创新发展提供强大的技术支撑。

二）云计算在智慧旅游中的应用案例

在深入探讨智慧旅游与云计算的紧密结合时，我们不得不被云计算技术为旅游领域所带来的翻天覆地的变化所震撼。这种融合不仅提升了旅游行业的服务效率，更为游客带来了前所未有的便捷和体验。

旅游信息服务平台如今已经能够借助云计算的强大能力，实现各类旅游信息的快速集成和广泛共享。无论是景点介绍、交通指南，还是酒店预订、餐饮推荐，游客只需通过平台就能轻松获取全面而准确的信息，无须再费心于琐碎的查询和确认工作。这种信息的高效流通不仅为游客节省了时间和精力，也为旅游服务提供者带来了更多的展示和合作机会。

当我们谈论智慧旅游时，智慧导游系统无疑是一个亮点。这一系统巧妙地结合了云计算和大数据技术，能够根据游客的兴趣、偏好和历史行为，为他们提供量身定制旅游推荐。无论是喜欢历史文化的游客，还是热爱自然风光的游客，都能在系统中找到最适合自己的旅游路线和活动建议。这种个性化的服务不仅让游客的旅途更加丰富多彩，也让他们感受到旅游行业的温暖和关怀。

当然，旅游市场的健康发展离不开有效的监管。在这方面，云计算平台也发挥了重要作用。通过实时监控和数据分析，旅游监管系统能够及时发现市场中的异常情况和潜在风险，为政府决策提供有力支持。这种监管方式的引入不仅提高了旅游市场的透明度和公平性，也为游客提供了更加安全、可靠的旅游环境。

旅游电子商务平台的发展也为旅游产业带来了新的活力。借助云计算技术，这些平台不仅能够实现高效、安全的在线交易，还能为游客提供更加丰富、便捷的旅游产品和服务。无论是机票预订、酒店入住，还是景点门票、旅游套餐，游客都能在这些平台上找到最满意的选项。平台还能通过数据分析和用户反馈，不断优化产品和服务质量，提高游客的满意度和忠诚度。

值得一提的是，云计算在智慧旅游中的应用还远不止于此。例如，在虚拟现实和增强现实技术的支持下，游客可以通过云计算平台体验到更加沉浸式的旅游体验；在物联网技术的助力下，旅游服务将更加智能化和自动化；在人工智能技术的引领下，旅游行业的服务水平和效率将达到新的高度。

三）智慧旅游云计算平台的未来发展趋势

移动互联网的普及为智慧旅游云计算平台的发展带来了新的机遇。在移动互联网的助力下，智慧旅游云计算平台开始更加注重移动化应用和服务。这意味着，未来的智慧旅游将更加贴近游客的实际需求，无论是在线预订、导航导览，还是智能推荐、社交分享，都将通过移动设备实现，为游客提供随时随地、便捷高效的旅游服务。

在追求发展的我们也不能忽视环境保护的重要性。智慧旅游云计算平台在发展过程中，必须始终坚持可持续发展的理念，注重环境保护，推动绿色、低碳旅游的发展，如此才能确保旅游产业的长期可持续发展，为子孙后代留下一片绿水青山。

为了实现这一目标，我们需要从多个方面入手。在平台的建设和运营过程中，应充分利用云计算的资源整合和能效优化优势，降低能耗和排放，提高资源利用效率。在旅游产品的设计和推广上，应注重环保理念的传播和实践，引导游客树立绿色旅游的意识，鼓励他们选择低碳、环保的旅游方式。在与其他产业的融合发展中，也应积极寻求与环保、新能源等产业的合作机会，共同推动旅游业向绿色产业的方向发展。

智慧旅游云计算平台作为科技与旅游结合的产物，不仅提升了旅游行业的服务水平和效率，还为旅游行业带来了新的商业模式和盈利点。平台通过收集和分析游客的行为数据能够更准确地把握游客的需求和偏好，从而为游客提供更加精准、个性化的服务。同时，平台还可以利用大数据技术进行市场预测和风险评估，为旅游企业的决策提供有力的数据支持。

在未来，智慧旅游云计算平台还有望成为连接旅游与其他产业的桥梁和纽带。通过平台的资源整合和共享，旅游行业可以与其他产业进行更加紧密的合作，形成互利共赢的生态圈。例如平台可以与交通、餐饮、零售等行业进行合作打造一站式的旅游服务链为游客提供全方位、无缝衔接的旅游体验。此外，平台还可以与文化、教育、体育等产业进行跨界融合，推出更加丰富多样的旅游产品，满足游客多元化、个性化的需求。

六、云计算平台的优化与技术创新

一）云计算平台的性能优化

在深入探讨云计算平台的进步与革新之时，性能优化无疑是其中的核心议题。负载均衡策略的实施是优化云计算平台性能的重要手段之一。通过智能的负载均衡算法，能够确保进入系统的请求被合理、均匀地分配到各个服务器上。这样一来，每台服务器都能够在其承载范围内处理请求，避免了因请求过于集中而导致的服务器过载问题。这种均衡的负载分配方式不仅提升了单台服务器的处理效率，更在整体上增强了系统的并发处理能力和稳定性，使得云计算平台在面对高并发场景时依然能够保持流畅、高效的运行。

在存储性能方面也进行了针对性的优化。随着数据量的爆炸式增长，传统的存储设备和架构已经难以满足日益增长的数据处理和分析需求。通过采用高性能的存储设备和先进的存储架构，以显著提升数据的读写速度和并发处理能力。这些高性能存储设备具备更快的响应速度和更高的数据传输速率，能够迅速完成数据的读取和写入操作，从而大幅减少用户的等待时间。通过优化存储架构，还能够实现数据的分布式存储和高效管理，进一步提升了数据存储的可靠性和扩展性。

虚拟化技术的优化也是我们关注的焦点之一。虚拟机作为云计算平台的重要组成部分，其资源利用率和性能表现直接影响着整个系统的运行效率。通过优化虚拟机的配置和管理策略，提高了虚拟机的资源利用率和性能表现。根据实际需求对虚拟机进行了合理的资源分配，避免了资源的浪费和争用。同时还采用了高效的虚拟化技术和管理工具，减少了虚拟机运行过程中的性能损耗并降低了其管理复杂度。这些优化措施使得虚拟机能够更加高效、稳定地运行，为各类应用提供了强大的支持。

自动化运维工具和技术的引入为云计算平台的持续优化提供了有力保障。在传统的运维模式中，大量的重复性劳动和手动操作不仅效率低下，而且容易出错。通过引入自动化运维工具和技术，能够实现云计算平台的自动化部署、监控和管理，从而显著提升了运维效率和质量。这些自动化工具能够自动完成系统的部署和配置工作，实时监控系统的运行状态和性能指标，并在发现问题时及时进行预警和处理。这种智能化的运维方式不仅减轻了运维人员的工作负担，更提升了系统的可靠性和稳定性，确保了云计算平台的持续稳定运行。

通过实施负载均衡策略、优化存储性能、提升虚拟化技术及引入自动化运维工具和技术等一系列措施，对云计算平台进行全面的优化和升级。这些优化措施不仅提升了云计算平台的性能表现和稳定性，更满足了日益增长的业务需求和应用场景。

二）云计算平台的技术创新

在当今数字化浪潮中，云计算平台已成为推动企业创新与转型的核心引擎。随着市场需求的不断升级，云计算平台所面临的挑战也日益严峻。在这样的背景下，技术创新显得尤为重要。

在云计算平台的优化升级中，四大关键技术如同四根强大的支柱，共同支撑起平台向更高台阶迈进。首先是人工智能的集成，它让云计算平台拥有了更高的智能化水平，不仅能够自动化完成复杂的数据分析任务，还能够根据用户的需求和行为进行智能推荐和优化。通过深度学习和机器学习算法，云计算平台在数据处理方面展现出前所未有的速度和精度。

紧随其后的是边缘计算的支持，它将计算能力从中心向边缘延伸，大大提高了云计算平台的响应速度和数据处理效率。在过去，由于数据传输的延迟和带宽限制，云计算在处理实时数据方面往往力不从心。而有了边缘计算的加持，云计算平台可以在数据产生的源头进行即时处理和分析，极大地减少了数据传输的延迟，让响应变得更加迅捷。

　　再来看区块链技术的集成，它为云计算平台带来了更高的数据安全性和可信度。在传统的云计算模式中，数据的集中存储和处理往往伴随着较高的安全风险。而引入的区块链技术，其去中心化、不可篡改的特性，为云计算平台提供了一层坚实的信任编织。用户可以放心地将数据存储在云端，不用担心数据被篡改或泄露。

　　5G 网络的支持则为云计算平台带来了更快的网络连接速度和更广阔的应用场景。随着 5G 网络的成熟和普及，云计算平台在移动互联网领域的应用将更加广泛。用户可以随时随地通过 5G 网络连接到云计算平台，享受高速、低延迟的服务。5G 网络还为大数据、物联网等新兴技术提供了强大的支撑，使得云计算平台在处理海量数据和连接众多设备时更加得心应手。

　　这四大技术的集成与应用不仅是对云计算平台的一次全面升级，更是对未来市场需求的一次深刻洞察。它们相互协同、互为补充，共同推动着云计算平台向更加高效、安全、可靠的方向发展。在这样的趋势下，我们有理由相信，未来的云计算将不再是一个简单的计算工具，而是一个充满智慧、能够感知和响应用户需求的智能生态系统。

　　我们还看到，在技术创新的推动下，云计算平台的服务模式也正在发生深刻的变化。从最初的基础设施即服务（IaaS），到现在的平台即服务（PaaS）和软件即服务（SaaS），云计算正在逐步渗透到企业的各个业务层面。它不仅为企业提供了强大的计算和存储能力，还通过人工智能技术为企业提供了智能化的决策支持。在这样的背景下，企业对于云计算平台的依赖程度日益加深，云计算平台也逐渐成为企业数字化转型的核心支撑。

　　总的来说，技术创新是推动云计算平台发展的根本动力，只有不断地引入新技术、优化升级旧有技术，才能让云计算平台在激烈的市场竞争中立于不败之地。

七、云计算在旅游行业的挑战与机遇

一）云计算在旅游行业面临的挑战

　　在深入探讨云计算对旅游行业所带来的深远影响时，我们不难发现这一技术革新的确为该领域带来了前所未有的机遇与挑战。旅游行业，作为一个高度依赖信息流通与处理的产业，其日常运营、客户管理、服务提供等方面均离不开大量数据的支持。而云计算，作为一种基于互联网的计算方式，通过软硬件资源和信息共享，能够按需提供给计算机和其他设备，其强大的数据处理与存储能力无疑为旅游行业带来了翻天覆地的变化。

正如任何技术的广泛应用都会伴随着一系列问题一样，云计算在旅游行业的应用过程中也暴露出了一些亟待解决的难题。其中，数据安全与隐私保护问题尤为突出。在云计算模式下，用户的数据不再存储在本地，而是被迁移到了远程的数据中心。虽然这为用户带来了便利，但同时也引发了关于数据安全和隐私泄露的担忧。特别是在旅游行业，客户的个人信息、行程安排、消费记录等敏感信息一旦泄露，不仅会对用户造成损失，还可能对旅游企业的声誉和经营产生严重影响。

除了数据安全与隐私保护外，云计算在旅游行业的应用还面临着技术标准与接口不统一的挑战。由于市场上存在着众多的云计算服务提供商，它们各自采用不同的技术标准和接口，这就导致了旅游企业在选择云计算服务时面临着数据迁移和系统集成的困难。一旦旅游企业决定更换云计算服务提供商，就可能需要花费大量的时间和成本来进行数据迁移和系统适配，这无疑增加了企业的经营风险。

当然，网络带宽与稳定性也是影响云计算在旅游行业应用的关键因素。旅游行业对数据传输和实时性的要求极高，无论是在线预订、移动支付还是实时导航等场景，都需要稳定、高速的网络支持。在现实中，网络带宽的限制和不稳定性往往会影响到云计算服务的正常提供，从而影响到旅游企业的服务质量和客户满意度。

法规政策与合规性也是旅游企业在应用云计算时需要面对的重要问题。随着云计算的广泛应用，各国政府都在加强对这一领域的监管，出台了一系列的法规和政策。旅游企业在应用云计算时，必须确保自身的行为符合法律法规的要求，避免因违反规定而引发的法律风险。

尽管云计算在旅游行业的应用过程中面临着诸多挑战，但我们不能否认的是这一技术革新也为该领域带来了巨大的机遇。通过云计算，旅游企业可以实现数据的集中存储和处理，提高运营效率和管理水平，可以利用云计算强大的计算能力，进行大数据分析和挖掘，为客户提供更加精准和个性化的服务，还可以借助云计算的灵活性和可扩展性，快速响应市场变化和业务需求。

为了充分抓住云计算带来的机遇并应对挑战，旅游企业需要采取一系列的措施：在选择云计算服务提供商时，要进行充分的调研和评估，确保其能够提供安全、稳定、高效的云计算服务；要加强与云计算服务提供商的沟通和协作，共同制定数据安全和隐私保护方案，确保客户数据的安全；此外，还要关注法规政策的变化，及时调整自身的经营策略和行为规范，确保合规经营；要不断提升自身的技术水平和创新能力，充分利用云计算的优势来推动旅游行业的持续发展和进步。

云计算在旅游行业的应用虽然面临着数据安全与隐私保护、技术标准与接口不统一、网络带宽与稳定性以及法规政策与合规性等诸多挑战，但只要旅游企业能够采取有效的措施来应对这些挑战并充分利用云计算的优势，就一定能够在这场技术革新的浪潮中立于不败之地，实现更加美好的未来。

二）云计算为旅游行业带来的机遇

云计算在旅游行业面临挑战的同时，也为旅游行业的发展提供了机遇。这些机遇紧密关联于旅游业务的运营特点和市场动态，体现了云计算技术在应对行业变革中的巨大潜力。

云计算的弹性资源扩展能力对于旅游行业而言极为关键。由于旅游需求常常受到季节性、节假日和促销活动等多重因素的影响，旅游企业面临着资源配置上的巨大挑战。而云计算平台允许企业根据实时业务需求，灵活调整计算、存储和网络资源，确保在需求高峰时能够快速扩展资源以满足用户需求，同时在需求低谷时能够缩减资源以降低成本。这种按需付费的模式不仅提高了资源的利用效率，也帮助旅游企业实现了更加精细化的资源管理。

云计算在降低旅游企业运营成本方面也发挥着显著作用。传统的旅游企业往往需要在基础设施的购置和维护上投入大量资金，这不仅造成了沉重的财务负担，也限制了企业的创新发展。而云计算将基础设施转变为可共享、按需使用的服务，使得旅游企业能够以更低的成本获得高质量的计算和存储能力。云计算服务提供商还承担着硬件升级、系统维护和安全管理等重任，进一步减轻了企业的运营压力。

更为重要的是，云计算技术为旅游行业带来了丰富的创新应用场景。在线预订系统利用云计算的高效数据处理能力，为游客提供了便捷、个性化的预订服务；智能推荐系统则通过分析用户行为和喜好，为游客推送符合其需求的旅游产品和服务；虚拟现实旅游则利用云计算的强大计算能力，为游客带来了沉浸式的旅游体验。这些新兴业务模式不仅提升了旅游企业的服务水平，也为其开辟了新的收入来源。

云计算还能促进旅游行业与其他产业如交通、餐饮、娱乐等的深度融合。通过云计算平台，旅游企业可以与其他行业的企业实现信息共享和业务协同，打破行业间的信息壁垒，提供更加全面、一体化的服务。例如，旅游企业可以与交通企业合作，利用云计算技术分析游客的出行数据和交通状况，为游客提供更加精准的出行建议；可以与餐饮和娱乐企业合作，为游客推荐符合其口味和需求的餐饮和娱乐服务。这种跨行业的合作模式不仅提升了旅游企业的市场竞争力，还推动了整个旅游产业的升级和发展。

通过深入剖析云计算在旅游行业所带来的机遇并探讨如何抓住这些机遇，我们可以看到云计算技术正在推动旅游行业的持续发展与创新。在这个过程中，旅游企业需要紧密结合自身的业务特点和市场需求，积极拥抱云计算技术，不断探索和实践新的应用场景和合作模式。

三）云计算在旅游行业的未来发展前景

随着科技的飞速进步，云计算技术在全球范围内得到了广泛的关注与应用。旅游行业作为一个服务密集型和信息依赖性极强的产业，正处于这场技术革命的前沿。我们不难看出，云计算正在并将继续深刻地影响着旅游行业的方方面面，展现出充满希望的未来发展前景。

我们想象一下，当游客在规划旅程时，能够得到实时、精准且个性化的服务推荐，这无疑是提升用户体验的关键所在。云计算正是这一愿景的强有力支持者，它通过强大的计算能力和数据存储功能，为旅游行业带来了更为高效和智能化的服务。其中，智能客服系统的出现让旅游服务的提供者与消费者之间的沟通变得更加顺畅和即时。无论游客身在何处，只要通过智能手机或其他智能设备就能够随时随地获得所需的信息和帮助。

智能推荐系统的应用也在旅游行业中崭露头角。这些系统通过对游客的过往行为、偏好和需求进行深入的数据挖掘和分析，能够为每一位游客量身定制专属的旅游方案。这不仅可以最大限度地满足游客的个性化需求，同时也为旅游企业带来了新的市场营销手段和收入增长点。

云计算不仅为旅游行业提供了智能化服务的技术支撑，更为旅游数据的处理和应用开创了新的天地。在传统的旅游服务模式下，大量的数据往往难以得到有效的利用和分析。而在云计算的帮助下，旅游企业能够轻松地对海量的用户行为数据进行整合、处理和挖掘，从而洞察市场动态，把握消费者心理，优化产品设计和服务流程。

更值得一提的是，云计算正在推动旅游行业与其他产业之间的跨界合作与创新。例如，通过云计算平台，旅游企业可以与交通、餐饮、零售等行业进行数据共享和资源整合，开发出更为丰富和多样化的旅游产品和服务。这种跨界融合的模式不仅为旅游行业带来了新的发展动力和竞争优势，也为整个社会创造了更为广泛和深入的经济价值。

在全球可持续发展的大背景下，云计算同样在助力旅游行业实现绿色和可持续的发展目标。在传统的旅游服务模式中，信息不对称和资源利用效率低下，往往造成了大量的资源浪费和环境压力。而云计算通过其高效的资源共享和节能减排的特性，能够有效地降低旅游经营活动对环境的影响。这不仅体现了旅游行业对社会和环境的高度责任感，也为其未来的可持续发展赢得了更多的机遇和空间。

第五章　物联网技术

本章主要介绍物联网技术在旅游安全与监控领域的重要应用及其对旅游行业的多方面影响。首先强调旅游安全与监控的重要性，并指出物联网技术的引入能够极大地提升旅游景区的安全监控能力，确保游客安全，提升旅游体验，并推动旅游业的发展；同时还分析了物联网技术在旅游安全与监控中的具体应用实例，如智能监控系统、游客定位与追踪、智能门禁系统及紧急救援系统等，展示了物联网技术在该领域的广泛应用前景。此外，本章还探讨了智慧旅游的发展趋势，指出智慧旅游与物联网技术的融合是当下旅游业发展的重要方向。这种融合将为游客带来更加智能化、便捷化的旅游服务，提升旅游的品质和满意度，并推动旅游产业的升级和转型。

一、物联网技术的基本原理

一）物联网技术概述

物联网技术正以其独特的方式逐渐渗透并改变着我们生活和工作的方方面面。这项技术不再是遥不可及的高科技概念，而是成为现实生活中的一部分，影响着我们的日常决策和行为。

想象一下，身边的各种设备不再孤立存在，而是通过网络相互连接，形成了一个庞大而复杂的设备网络。在这个网络中，设备之间可以自由地进行信息交换，协同工作，共同完成任务。这种设备间的互联互通正是物联网技术的魅力所在。它不仅打破了设备之间的信息孤岛，还使得我们可以更加方便地获取各种信息。无论是想要了解智能家居设备的运行状态，还是需要实时掌握工业生产线的生产数据，物联网技术都能帮助我们轻松实现。

物联网技术的出现不仅让设备之间的连接变得更加紧密，还为我们带来了智能化控制的可能性。通过对设备的数据进行采集和分析，我们可以更加深入地了解设备的运行情况和需求。基于这些数据，我们可以实现对设备的智能控制和管理，从而提高设备的运行效率并延长其使用寿命。例如：在智能家居领域，物联网技术可以帮助我们实现对家电设备的远程控制，让我们在外出时也能随时掌握家中的情况；在工业自动化领域，物联网技术则可以帮助我们实现对生产设备的实时监控和调度，提高生产效率和产品质量。

除了设备互联和智能化控制外，物联网技术的另一个核心特点是数据共享。在物联网技术的支持下，设备之间可以共享数据，使得数据的利用更加高效和便捷。这种数据共享不仅可以帮助我们更好地了解设备的运行情况，还可以为我们提供更加全面的视角，帮助我们作出更加明智的决策。例如：在城市管理领域，物联网技术可以帮助各个部门实现数据共享，提高城市管理效率和公共服务水平；在医疗健康领域，物联网技术可以帮助医疗机构实现患者数据的共享，提高医疗质量和效率。

物联网技术的发展并非一蹴而就，而是经历了漫长的历程。从最初的概念提出到逐步成熟，物联网技术在不断地进步和发展中逐渐展现出巨大的潜力和价值。随着技术的不断进步和应用领域的不断拓展，物联网技术已经在智慧城市建设、工业自动化、智能家居等领域得到了广泛应用，成为推动社会进步和发展的重要力量。

在智慧城市建设中，物联网技术发挥着举足轻重的作用。通过将各种城市基础设施和公共服务设施连接到网络中，物联网技术可以实现对城市的全面感知和智能化管理。无论是交通管理、环境监测还是公共安全，物联网技术都能提供强大的支持。例如：在交通管理领域，物联网技术可以帮助交通管理部门实时掌握交通流量和路况信息，从而制定合理的交通管理方案；在环境监测领域，物联网技术则可以帮助环保部门实时监测环境质量，及时发现并处理环境问题。

在工业自动化领域，物联网技术也发挥着重要的作用。通过将生产设备连接到网络中，物联网技术可以实现对生产设备的实时监控和智能化管理。这不仅可以提高生产设备的运行效率、延长其使用寿命，还可以降低生产成本和能耗。物联网技术还可以帮助工业企业实现生产过程的自动化和智能化，提高生产效率和产品质量。

在智能家居领域，物联网技术更是为我们带来了全新的生活体验。通过将各种家居设备连接到网络中，我们可以实现对家居设备的远程控制、定时控制和语音控制等多种控制。这不仅可以提高我们的生活便利性，还可以帮助我们节省能源和资源。智能家居系统还可以根据我们的生活习惯和需求进行智能化推荐和服务，让我们的生活更加舒适和便捷。

物联网技术正在以其独特的魅力改变着我们的生活和工作方式。它不仅实现了设备间的互联互通和智能化控制，还为我们带来了数据共享的可能性。

二）物联网技术的工作原理

物联网技术，这个激荡在科技浪潮之巅的先锋，已然成为当今社会不容忽视的力量。它并非单纯的技术概念，而是一座能够将众多设备紧密相连、使数据流通无碍的桥梁，正在以前所未有的方式改变着我们的生活。

在这个由物联网技术编织的巨大网络里，每一件设备都不再是孤立的存在。无论是家用电器、智能手机，还是工业设备、交通工具，它们都通过 Wi-Fi、蓝牙、ZigBee 等无线通信技术与周围的设备建立起千丝万缕的联系。这些设备间不再是单向的、僵化的联系，而是一种高效、稳定且可以相互交换信息的动态网络。

当这些设备连接起来后，信息的流通变得前所未有的自由。在物联网的语境下，数据不再是锁在某个设备或系统内部的"孤岛"，而是在整个网络中自由穿梭的"使者"。它们带着各种各样的信息，在家庭、办公室、工厂、城市间来回穿梭，让原本孤立的各个系统得以共享和交换数据。

物联网技术所带来的变革远不止于此。通过对这些海量数据的捕捉和分析，物联网结合云计算、大数据等尖端科技，进一步提升了自身对信息的处理能力。这意味着物联网不仅仅能够收集和传输数据，还能够根据这些数据作出智能的决策和判断。这种智能化的趋势正在使物联网从一种简单的网络连接工具，蜕变成为可以自我学习、自我优化的复杂系统。

这种智能化给生活带来了深刻的变化。例如：智能家居系统能够根据居住者的习惯自动调整室内的温度和湿度；智能交通系统能够实时监测道路状况，为驾驶员提供最优的行车路线；工业物联网能够提升生产效率，减少能源浪费。这些都是物联网技术给我们带来的实实在在的便利和益处。

更难能可贵的是，物联网技术的发展仍在进行。随着 5G 通信、人工智能等新兴技术的加入，物联网的能力将得到进一步提升。可以预见，在不远的将来，物联网将会成为一个无处不在、无所不能的庞大网络。在这个网络中，设备间的联系将更加紧密，数据的流动将更加自由，智能化的应用将更加广泛，我们的生活和工作方式，也将随着物联网技术的发展而发生深刻的改变。

这些变化不仅仅是技术层面上的升级换代，更是对社会生产方式、生活模式的重塑。在物联网的赋能下，我们有可能迎来一个更加智能、高效、环保的新时代。在这个新时代里，我们将更加依赖于由无数智能设备构成的这个巨大网络，而这个网络也将在我们的生产、生活乃至社会发展中扮演着越来越重要的角色。

需求，为你调节房间的温度、光线和湿度等环境参数，让你拥有更加舒适的住宿体验。

当然，物联网技术在智慧旅游中的应用远不止于此。随着技术的不断进步和应用场景的不断拓展，物联网技术将为旅游产业带来更多的革命性变革。例如：物联网技术可以与虚拟现实技术相结合，为游客提供更加沉浸式的旅游体验；物联网技术可以与区块链技术相结合，为旅游交易提供更加安全和透明的保障；物联网技术还可以与人工智能技术相结合，为旅游服务提供更加智能和高效的技术支持。

二）物联网技术在智慧旅游中的应用实例

如今，物联网技术的迅猛发展正日益渗透到我们生活的方方面面，而智慧旅游作为其中的一个重要领域更是深受其益。物联网技术以其独特的魅力和无限的潜力，在智慧旅游中开辟了四大应用场景，为游客提供了更加便捷、安全和丰富的旅游体验。

在你为停车问题而烦恼时，智慧停车系统已经利用物联网技术为你解决了这一难题。通过安装在停车场内的传感器和智能设备，智慧停车系统能够实时监控停车场的空位情况，并将这些信息实时传递到你的智能设备上。你可以提前预约停车位，或者根据系统的指引迅速找到空位停放车辆。智慧停车系统还能实现自动计费、无感支付等功能，让你在享受便捷停车的同时也能避免因为停车费用而产生的纠纷和不便。

让我们来看看智慧旅游营销系统如何利用物联网技术为旅游企业带来更大的商业价值。通过收集和分析游客在旅游过程中的各种数据，智慧旅游营销系统能够洞察游客的需求和偏好，为旅游企业提供精准的市场营销策略。比如：根据游客的游览轨迹和消费行为，系统可以推送个性化的旅游产品和服务推荐；根据游客的反馈和评价，系统可以优化景区的服务质量和游客体验。这些精准的市场营销策略不仅能够提升旅游企业的营销效果，还能为游客提供更加贴心和个性化的旅游服务。

这些场景只是物联网技术应用在智慧旅游中的冰山一角。随着技术的不断进步和应用场景的不断拓展，物联网技术将在智慧旅游中发挥更加重要的作用。它将为游客提供更加便捷、安全和丰富的旅游体验，为旅游企业带来更多的商业价值和市场机遇。

三、旅游物联网的架构与关键技术

一）旅游物联网的架构

随着科技的发展，旅游行业正经历着一场由物联网技术引领的深刻变革。物联网技术的广泛应用为旅游业注入了新的生机与活力，使得旅游服务更加智能化、高效化。

在这一背景下，深入了解旅游物联网的架构显得尤为重要。

旅游物联网的架构是一个多层次、多维度的复合体系，它涵盖了感知层、网络层和应用层三个关键组成部分。这三个层次相互渗透、相互支撑，共同构建了一个庞大而精密的物联网生态系统。

在感知层，各种传感器、RFID 标签、GPS 定位设备等如同物联网的"神经末梢"，它们遍布于旅游景区的各个角落，实时地监测和采集着各种数据。无论是景区内的温度、湿度、光照等环境信息，还是游客的流量、行为轨迹等动态数据，都能通过这些感知设备被实时捕捉并转化为数字信号。这些数字信号就如同物联网的"语言"，它们承载着丰富的信息，为后续的数据处理和应用提供了原始素材。

在网络层，各种无线通信技术发挥着至关重要的作用。Wi-Fi、ZigBee、LoRa 等无线通信技术如同物联网的"血脉"，它们负责将感知层采集到的数据实时传输到数据中心或云端平台。在这个过程中，网络通信技术需要确保数据的准确性、完整性和安全性，以应对复杂的网络环境和数据传输需求。为了实现这一目标，旅游物联网的网络层通常采用了多种通信协议和技术手段，以构建一个稳定、可靠、高效的数据传输网络。

在应用层，云计算、大数据等先进技术为旅游物联网提供了强大的数据处理和应用能力。通过云计算平台，旅游景区可以实现对海量数据的存储、计算和分析，从而挖掘出数据背后的价值。例如：通过对游客流量和行为数据的分析，景区可以预测未来的游客需求和行为趋势，从而提前进行资源调配和服务优化；借助大数据技术，旅游景区还可以对游客进行更加精准的画像和个性化推荐，提升游客的旅游体验和满意度。

旅游物联网架构的三个层次相互依存、相互促进，共同构成了一个完整的物联网生态系统。在这个生态系统中，感知层是基础和前提，它提供了丰富的数据资源；网络层是保障和支撑，它确保了数据的实时传输和交换；应用层是核心和目的，它实现了对数据的深入分析和精细处理。这三个层次的协同工作使得旅游物联网能够充分发挥其智能化、高效化的优势，为旅游业的创新发展提供了强大的技术支撑。

二）旅游物联网的关键技术

旅游物联网技术的迅猛发展正为智慧旅游描绘出一幅全新的画卷。这一技术的力量源于五大核心支柱：传感器技术、无线通信技术、大数据技术、云计算技术以及人工智能技术。它们相互交织，共同构建了一个能够全面感知、智能管理旅游资源的系统网络，为旅游业的转型升级注入了强劲的动力。

传感器技术作为旅游物联网的"感官"，能够实时捕捉旅游环境中的各种信息，如温度、湿度、光照、人流等。这些传感器如同智慧的触角，将收集到的数据传输到网络中心，为我们提供了一幅实时、动态的旅游全景图。无论是景区管理者还是游客，都能通过这些数据更加精准地了解旅游资源的状态，从而作出更加明智的决策。

无线通信技术则是旅游物联网的"神经系统"，它负责将传感器收集到的数据快速、准确地传输到各个节点。这种技术打破了传统有线通信的束缚，实现了旅游信息的无缝连接和高效流通，无论是偏远山区的景点还是人潮汹涌的城市广场，无线通信技术都能确保旅游数据的实时传输和共享。

大数据技术为旅游物联网提供了强大的"大脑"。在这个数据爆炸的时代，旅游物联网每天都会产生海量的数据。大数据技术能够对这些数据进行高效存储、处理和分析，挖掘出其中隐藏的价值和规律。通过这些数据，我们可以更加深入地了解游客的行为习惯、旅游市场的变化趋势以及旅游资源的利用情况，为旅游业的科学决策提供有力支撑。

云计算技术则为旅游物联网提供了弹性的计算和存储空间。它可以根据实际需求灵活调配资源，实现计算和存储能力的高效利用。这意味着无论是旅游旺季还是淡季，旅游物联网都能保持高效、稳定的运行状态。云计算技术还能降低旅游物联网的建设和运营成本，推动其更加广泛地应用于各个领域。

人工智能技术是旅游物联网实现智能化决策的关键。通过模拟人类的思维和行为，人工智能技术能够对旅游数据进行深度学习和智能分析，从而预测未来趋势、优化资源配置、提升服务质量。例如：智能导游系统可以根据游客的兴趣和需求为其量身定制旅游路线；智能安防系统则能够实时监测旅游景区的安全状况，预防意外事件的发生。

在旅游物联网的实际应用中，这些技术并不是孤立存在的，而是相互融合、协同工作。例如：在智慧景区建设中，传感器技术可以实时监测景区的环境质量和游客流量；无线通信技术将这些数据实时传输到数据中心；大数据技术对数据进行存储、处理和分析；云计算技术提供强大的计算和存储能力；而人工智能技术则根据数据分析结果对景区管理进行智能优化。这样的智慧景区不仅能为游客提供更好的旅游体验，还具有更高的管理效率和服务水平。

随着科技的不断进步和创新，旅游物联网的技术体系也在不断完善和扩展。未来，我们可以期待更加先进的传感器技术、更高效的无线通信技术、更强大的大数据和云计算技术，以及更智能的人工智能技术应用于旅游物联网中。这些技术的发展将推动智慧旅游事业迈向新的高度，为游客提供更加便捷、个性化和智能化的旅游服务。

四、物联网技术在旅游安全与监控中的应用

一）旅游安全与监控的重要性

物联网技术以其独特的魅力和广泛的应用领域正逐渐渗透到我们生活的方方面面。其中，旅游安全与监控领域便是物联网技术大展身手的舞台之一。在这一领域中，物联网技术的深入应用不仅为旅游景区带来了更为高效、智能的安全监控手段，还为游客营造了更加舒适、安全的旅游环境，进一步提升了游客的旅游体验。

随着旅游业的蓬勃发展，游客对于旅游安全的需求也日益增长。传统的安全监控手段已经难以满足现代旅游景区对于安全保障的高要求。物联网技术的出现恰如一场"及时雨"，为旅游景区的安全监控带来了革命性变革。通过物联网技术，旅游景区能够实现对游客的实时定位、行为监控以及紧急救援等，从而确保游客在旅行过程中的人身安全。例如，当游客进入景区时，可以通过佩戴物联网设备，如智能手环、胸牌等，实现与景区监控系统的实时连接。一旦游客发生意外或偏离游览路线，监控系统便能够第一时间发现并采取相应措施，确保游客的安全。

物联网技术还能够显著提升游客的旅游体验。在旅游过程中，游客往往希望能够更加便捷地获取旅游信息，享受智能化服务，物联网技术正是实现这一愿景的关键。通过物联网技术，游客可以实时了解景区的天气状况、人流密度、景点介绍等信息，从而合理安排游览计划，避免不必要的等待和拥挤。物联网技术还能够为游客提供智能化的导游服务、语音讲解等，使游客在舒适、安全的环境中更好地享受旅行的乐趣。

值得一提的是，物联网技术对于促进旅游业的发展也起到了至关重要的作用。随着物联网技术的不断普及和应用，旅游景区的安全管理水平得到了显著提升，游客对景区的信任度也随之增强。这无疑为旅游景区吸引了更多游客，推动了旅游业的持续繁荣。物联网技术还为旅游景区带来了更多商业化的可能性。例如，通过与电商平台、线下商家等合作，物联网技术可以实现景区内的智能购物、智能支付等功能，为游客提供更为便捷、个性化的消费体验。这不仅提升了游客的满意度，还为旅游景区带来了可观的收益。

当然，物联网技术在旅游安全与监控领域的应用还远不止于此。在未来的发展中，随着物联网技术的不断创新和突破，其在旅游领域的应用将会更加广泛、深入。例如，物联网技术可以与虚拟现实、增强现实等技术相结合，为游客打造更加沉浸式的旅游体验；还可以与大数据分析、人工智能等技术相结合，实现对游客行为的深度挖掘和

精准推荐，进一步提升旅游景区的服务水平和盈利能力。

二）物联网技术在旅游安全与监控中的应用实例

物联网技术在旅游行业的应用已经日渐增多，尤其是在旅游安全与监控方面，其所扮演的角色日益重要。我们可以观察到，这一先进的技术正悄无声息地渗透并改变着旅游景区的管理方式和游客的旅行体验。

一个旅游景区，无论大小，其各个角落都被一套智能监控系统所覆盖。这套系统不仅能够对景区的各个部分进行无死角的实时监控，还能通过先进的图像处理技术，自动识别出异常行为，甚至提前预警潜在的安全隐患。对于管理者而言，这意味着他们可以更加从容地应对各种突发状况，确保游客的安全；对于游客来说，这是一种隐形的保障，让他们可以更加放心地享受旅行的乐趣。

物联网技术的魅力还远不止于此。当我们将其与 GPS、RFID 等定位技术相结合时，便能实现对游客的精准定位和追踪。这意味着，无论是在茫茫的人海中寻找一个走失的孩子，还是在复杂的景区环境中确保每一位游客的安全，都变得更加简单和高效。应用这样的技术无疑为旅游景区的管理带来了革命性的变化。

再来看智能门禁系统。在过去，我们可能需要排长队、出示各种证件才能进入某些景区。但现在，借助物联网技术，这一切都变得简单。只需一次身份验证，智能门禁系统就能记住我们的信息，并在之后的每一次进入时自动识别、快速通行。这不仅大大提升了景区的出入效率，还极大改善了游客的旅行体验。

当然，无论我们如何提升景区的安全管理水平，紧急情况总是难以完全避免。但幸运的是，物联网技术同样为我们提供了紧急救援系统这一有力支持。通过安装在景区的各种传感器和报警器，紧急救援系统能够在第一时间发现并响应各种紧急情况，如火灾、游客突发疾病等。这样，不仅可以在最短的时间内调动救援力量，还能确保救援行动的精准和高效。

物联网技术在旅游安全与监控领域的广泛应用，不仅为我们提供了一个全新的视角来审视和思考旅游安全问题，还为我们提供了一套有效的解决方案。从智能监控到游客定位追踪，再到智能门禁和紧急救援系统，每一个应用都充分展示了物联网技术的巨大潜力和价值。

而且，这些应用之间相互联系、相互配合，共同构成了一个全方位、多层次的旅游安全管理体系。这样的体系不仅能够应对各种已知的安全风险和挑战，还能随着技术的发展和数据的积累，不断学习和进化，应对未来可能出现的新的安全问题。

五、智慧旅游与物联网技术的融合

一）智慧旅游的发展趋势

在当下的旅游行业发展中，智慧旅游与物联网技术的融合已成为一种鲜明的趋势。这一融合并非偶然，而是随着科技进步和消费者需求的不断提升而逐渐显现的。智慧旅游的理念，即是借助先进的技术手段，提供更加个性化、高效便捷的服务，让每一位游客都能享受到专属的、前所未有的旅游体验。物联网技术的出现和蓬勃发展无疑为这一理念的实现提供了强有力的支持。

我们的生活充满了数字，每一次点击、每一次搜索、每一次定位，都为我们勾勒出一个更加丰富多彩的数字世界。在旅游业中，这种数字化转型的趋势尤为明显。过去，我们可能会为了一张地图、一个攻略而煞费苦心；现在，只需一部手机，便能轻松掌握目的地的全方位信息。而在这背后，正是物联网技术在默默发力。通过连接各种传感器、设备和网络，物联网能够实时收集和传输海量数据，让旅游服务的提供者对游客的需求有更深入、更全面的了解。

基于这种了解，智慧旅游便能够更加精准地提供服务。例如：通过对游客的位置信息进行实时分析，可以推荐附近的餐厅、景点、交通等；通过对游客的浏览和搜索记录进行数据挖掘，可以预测其潜在的兴趣和需求，进而制定个性化的旅游路线和游玩方案。这些服务的提供不仅大大提升了旅游的便利性和舒适度，也让游客有了更多的参与感和自主权。

但智慧旅游与物联网技术的融合所带来的变革远不止于此。在更宏观的层面，这一融合正在推动旅游行业向数字化、智能化、网络化的全面升级。这种升级不仅仅是技术上的更新换代，更是一种思维方式的转变。过去，旅游或许更多是一种"走马观花"式的消费体验；现在，借助智慧旅游的力量，我们可以更加深入地了解目的地的历史、文化、风俗等，让每一次旅行都成为一次心灵的洗礼和成长的历程。

在这一升级过程中，物联网技术扮演了关键角色。如果说互联网让我们跨越了时间和空间的障碍，那么物联网则让这种跨越变得更为深入和全面。在旅游领域中，物联网技术的应用范围正在不断拓展。例如：在景区管理上，通过物联网技术对游客流量、气象数据等进行实时监控和分析，可以实现对景区资源的合理分配和管理，提升游客的游览体验和满意度；在酒店服务上，通过物联网技术实现对客房设备的远程控制和管理，可以为客人提供更加智能、个性化的服务；在交通出行上，物联网技术则可以实时提供道路交通信息、车辆位置等数据，帮助游客规划出最佳出行路线。

随着物联网技术的不断进步和对其应用的不断深化，我们可以预见智慧旅游的未来将更加璀璨夺目。个性化的旅游定制、虚拟现实与增强现实技术的结合、智能导游系统的普及、无人机在旅游摄影中的广泛应用……这些都将不再是遥不可及的梦想，而将变成触手可及的现实。

智慧旅游与物联网技术的融合是一场科技与人文的美丽邂逅。它让旅游不再是简单地从一个点到另一个点的移动，而是一种全新的生活方式和文化体验。在这种体验中我们不仅享受到了技术带来的便捷和高效，更重要的是我们在其中找到了与世界、与他人、与自我更加紧密的联系。

二） 物联网技术在智慧旅游中的未来发展

随着科技的迅猛发展，物联网技术与智慧旅游的紧密结合已成为旅游行业的一大创新趋势。这种融合不仅使旅游服务体验更加智能化和便捷，而且深刻地改变着游客与旅游目的地之间的互动方式。

物联网技术的广泛应用正悄然改变着我们的旅游习惯。从踏入目的地的那一刻起，游客便能深切地感受到物联网技术带来的变革。无论是通过智能手机应用获取即时的旅游信息，还是借助智能导览系统畅游景区，抑或是享受定制化的旅游服务，物联网技术都扮演着不可或缺的角色。它不仅帮助游客更加轻松地规划行程，还让他们在旅途中能随时随地获取所需信息，使旅游过程更加顺畅、愉悦。

对于智慧旅游平台而言，物联网技术的不断升级和完善也为其提供了更强大的支持。通过这些先进技术，平台能够实时收集和分析大量数据，从而更准确地洞察游客需求和旅游市场动态。这使得平台能够迅速响应市场变化，优化服务流程，为游客提供更为精准、个性化的服务。例如，通过分析游客的浏览历史和偏好，平台可以推送符合他们兴趣的旅游产品和服务，从而提高游客对智慧旅游平台的满意度和忠诚度。

物联网技术在智慧旅游中的应用远不止于此。随着技术的不断进步和旅游行业的创新发展，我们看到了更多的可能性。物联网技术正推动着智慧旅游与相关行业之间的跨界融合。与科技、文化、娱乐等产业的深度合作，为智慧旅游注入了新的活力和创意。这种融合不仅催生了新的旅游产品和服务模式，还为游客带来了更加丰富多元的旅游体验。比如：通过增强现实技术，游客可以在游览历史文化遗址时看到虚拟的重现场景，这种沉浸式的体验让历史变得栩栩如生；而智能穿戴设备的应用，则让游客在享受运动的同时也能实时监测健康数据，确保旅游过程的安全与舒适。

另外，智慧旅游的不断发展也在推动着整个旅游产业的升级和转型。传统的旅游服务模式正逐步被智能化的旅游服务所取代，而旅游行业的竞争格局也在随之改变。在这个过程中，那些能够紧跟时代步伐、不断创新求变的旅游企业将更具竞争优势。它们通过引入物联网技术和其他先进技术，不断优化服务流程、提升服务品质，从而吸引更多的游客并获得市场份额。

当然，物联网技术在智慧旅游中的应用还面临着一些挑战和问题。例如，数据安全与隐私保护、技术标准与互操作性等问题都需要得到妥善解决。但无论如何，我们都能看到物联网技术在智慧旅游中的巨大潜力和广阔前景。随着技术的不断成熟和行业的持续发展，我们有理由相信，未来的智慧旅游将更加智能化、便捷化、个性化，为游客带来更加美好的旅游体验。

随着智慧旅游的深入推进，旅游目的地的管理也将变得更加智能化和高效。通过物联网技术，旅游目的地可以实时监测和管理游客流量、交通状况、环境质量等各项指标，从而更加科学地规划和调度资源，提高旅游服务的质量和效率。这不仅有助于提升游客对旅游目的地的满意度和忠诚度，还能为旅游目的地带来更大的经济效益和社会效益。

物联网技术的广泛应用还将促进旅游行业与其他行业之间的深度融合。通过与交通、零售、餐饮等行业的紧密合作，智慧旅游可以打造更加完整的旅游产业链和生态圈，为游客提供全方位、一站式的旅游服务。这种深度融合不仅可以提升旅游服务的品质和效率，还能推动相关行业的发展和创新，形成良性互动和共赢的局面。

三）智慧旅游与物联网技术的融合发展

智慧旅游与物联网技术的紧密结合已成为旅游业创新发展的必然趋势。这种融合不仅极大地提升了旅游服务体验，还为游客带来了前所未有的便捷。

物联网技术如同一座桥梁，将各种智能化设备与应用紧密连接在一起，为游客打造了一个无缝衔接的旅游环境。无论是酒店的自助入住系统、景区的智能导览服务，还是博物馆的虚拟现实体验，物联网技术都在背后默默发挥着作用，让每一次旅行都变得更加精彩纷呈。

与此同时，智慧旅游的蓬勃发展也为物联网技术提供了广阔的应用舞台。作为物联网技术应用的重要领域之一，智慧旅游正推动着物联网技术在旅游行业的深入应用和创新发展。从最初的 RFID 技术到现在的 NB-IoT、LoRa 等低功耗广域网技术，物联网技术在旅游行业的应用不断升级换代，为游客带来更加智能化、个性化的服务体验。

这种融合与发展不仅仅局限于提升服务体验，更重要的是它正在推动着旅游行业的转型升级。在数字化、智能化、网络化的浪潮下，旅游行业正面临着前所未有的机遇与挑战。智慧旅游与物联网技术的融合发展为旅游行业提供了全新的思路和方向，助力其向更高层次、更广领域迈进。

在这种趋势下，我们可以预见未来的旅游行业将更加注重游客的个性化需求和体验。通过物联网技术收集的大数据，旅游企业可以更加精准地了解游客的喜好和行为习惯，从而为其提供更加贴心、周到的服务。物联网技术还将促进旅游行业与其他行业的跨界融合，如与文化、体育、农业等领域的结合，打造出更加丰富多样的旅游产品和服务。

智慧旅游与物联网技术的融合发展还将对旅游目的地的管理和运营产生深远影响。通过物联网技术，旅游目的地可以实现对游客的实时监测和管理，提高应急响应能力和安全管理水平。物联网技术还可以帮助旅游目的地更好地了解游客的需求和反馈，优化旅游资源的配置和开发，提升旅游目的地的吸引力和竞争力。

随着物联网技术的不断发展和普及，智慧旅游的应用场景也将不断拓宽。从城市到乡村，从国内到国外，越来越多的旅游目的地将加入到智慧旅游的行列中来。在这个过程中，我们不仅需要关注技术的应用和创新，更需要关注如何保障游客的隐私和数据安全，确保智慧旅游的健康、可持续发展。

第六章　移动互联网

　　本章主要介绍了移动互联网与智慧旅游的结合所带来的机遇、挑战以及实践案例。首先，强调了智慧旅游在提升旅游体验、推动行业创新发展和促进相关产业协同进步方面的重要作用。通过移动互联网技术，智慧旅游为游客提供了更加便捷、个性化的服务，极大地丰富了旅游的内涵和形式。其次，分析了在智慧旅游的发展过程中，如何有效应对数据安全、隐私保护及基础设施建设等挑战。制定统一的技术标准、加强数据保护和完善基础设施是推动智慧旅游健康发展的关键策略。再次，通过分享国内外智慧旅游的成功案例，展示了移动互联网在智慧旅游领域的广泛应用和深远影响。这些案例不仅为旅游业的创新发展提供了宝贵的经验和启示，也为未来的旅游业发展指明了方向。最后，探讨了从实践案例中提炼出的经验与启示，强调了技术创新、资源整合和用户体验在智慧旅游发展中的核心地位。只有不断推动技术创新，高效整合资源，并始终关注用户体验，才能实现智慧旅游的可持续发展，为广大游客提供更加优质的旅游体验。

一、移动互联网的发展与特点

一）移动互联网的定义与演变

　　移动互联网已成为我们生活的一部分，其影响之深远，几乎触及了社会的每个角落。它不是突如其来的现象，而是经历了逐步的演变与发展，从最初的 2G 时代摸索前行，到 3G 时代的显著进步，再到 4G 时代的广泛普及和深度融入。如今，随着 5G 时代的到来，移动互联网正迈向一个全新的高度。

　　回想移动互联网的起点，那时的它还只是让人们通过移动设备如智能手机、平板电脑等简单接入互联网。但即便如此，也为人们获取信息、交流思想及进行商务活动开辟了新的途径。这种便捷性迅速赢得了大众的青睐，为移动互联网的后续发展奠定了坚实的基础。

随着时间的推移，移动互联网不断发展，其功能和应用范围也日益扩大。从基本的通信和信息获取，到复杂的社交互动和在线交易，再到现在的云计算、大数据和人工智能的集成应用，移动互联网始终站在科技创新的前沿，引领着社会的进步。

在这个过程中，移动互联网展现出了其独特的优势。首先是便携性，人们可以随时随地通过手机或其他移动设备接入互联网，无论身处何地，都能保持与世界的连接。这种无时无刻的在线状态，不仅改变了人们的生活方式，也重塑了人们的工作模式。其次是实时性，移动互联网使得信息的传播速度达到了前所未有的高度。无论是新闻事件、社交动态还是商业资讯，都能在瞬间传遍全球。这种实时性不仅加强了人与人之间的联系，也加快了社会的运行节奏。再者是个性化，移动互联网为每个人提供了定制化的服务。通过分析用户的行为和偏好，移动互联网能够精准地推送符合个人需求的内容和服务。这种个性化不仅提升了用户体验，也催生了新的商业模式和机遇。

正是由于这些特点，移动互联网在各个领域都取得了显著的成就。在社交娱乐方面，人们通过移动互联网结交朋友、分享生活、观看视频和玩游戏，享受丰富多彩的娱乐体验。在电子商务方面，移动互联网使得在线购物变得更加便捷和高效，无论是日用品还是奢侈品，都能通过手机轻松购买。在在线教育方面，移动互联网打破了时间和空间的限制，让每个人都能平等地获取优质的教育资源。

除了上述领域外，移动互联网还在金融、医疗、交通等众多领域发挥着重要作用。它不仅提高了这些行业的运行效率，也降低了运营成本，为社会的进步和发展作出了巨大贡献。

二）移动互联网的主要特点

移动互联网作为现代科技与社会发展的交汇点，已经融入了我们的日常生活和工作之中。它不再是一个遥不可及的高科技概念，而是触手可及，与我们的生活息息相关。移动互联网的独特魅力正在于它那无所不在、无所不能的特性，彻底改变了我们与世界的连接方式。

通过移动互联网，我们不再受限于固定的空间和时间。移动性成为这个时代最鲜明的标签之一。无论是行走在熙熙攘攘的街头巷尾，还是坐在舒适的家中，我们都能随时随地通过手中的移动设备接入互联网。这种前所未有的自由度和便捷性让我们可以随时随地获取信息、交流沟通、娱乐休闲或处理工作事务。移动互联网就像是一个随身携带的魔法盒子，满足了我们的无限好奇和即时需求。

由此，移动互联网的个性化特点也日益凸显。它不再是一个冷冰冰的技术工具，而是一个越来越懂得我们的喜好和需求的"知心朋友"。通过智能算法和大数据分析，移动互联网能够精准地为我们推荐感兴趣的内容、提供定制化的服务。无论是音乐、电影、新闻还是购物，我们都能享受到量身定制的体验。这种个性化的服务不仅提升了我们的使用体验，更让我们感受到了科技带来的温暖和关怀。

交互性是移动互联网另一个不可或缺的特点。它打破了传统单向传播的模式，构建了一个双向互动、多人参与的新型社交平台。在这个平台上，我们可以与亲朋好友保持即时的联系，分享生活的点滴；我们也可以与陌生人交流思想、碰撞火花，拓展社交的边界。移动互联网让社交变得更加轻松、便捷和多元化，满足了我们对人际交流和归属感的渴望。

当然，移动互联网的便捷性也是其备受青睐的重要原因之一。它集成了众多实用的功能和应用，让我们的生活变得更加简单高效。在线支付让我们告别了钱包的束缚，轻松完成各种交易；在线预订让我们省去了排队等待的烦恼，提前规划好行程；导航定位则让我们在陌生的城市中也能找到准确的方向……这些便捷的功能不仅节省了我们的时间和精力，更提高了我们生活的质量和效率。

移动互联网的这些特点不仅深刻地影响着我们的个人生活，也在推动着各行各业的创新发展。在商业领域，移动互联网为企业提供了全新的营销渠道和服务模式，助力企业实现数字化转型和升级；在教育领域，移动互联网打破了地域和时间的限制，让优质的教育资源得以共享和传播；在医疗领域，移动互联网为远程医疗、健康管理等提供了新的可能性和便利。可以说，移动互联网正在以其强大的渗透力和影响力改变着整个社会的运行方式和发展轨迹。

三）移动互联网的发展趋势与挑战

移动互联网如同一股势不可挡的潮流，深刻地影响着社会生活的各个层面。它的迅速发展得益于5G技术的推广与应用，正是5G带来了网速质的飞跃、极低时延的体验及无所不在的网络覆盖，让移动互联网步入了新的纪元。在此背景下，移动互联网与旅游业的结合孕育了智慧旅游的新概念，使得人们的旅行体验变得更加智能与便捷。

不仅如此，物联网和人工智能等新兴科技的融合也为移动互联网注入了新的活力。物联网通过将万物互联创造了一个庞大的数据交换与服务平台，而人工智能的加入则为这一平台提供了智能分析与决策支持，二者的结合极大地拓展了移动互联网的应用范围和商业价值。无论是智能家居的实现，还是工业自动化、智慧城市的构建，移动互联网都在其中发挥着不可或缺的作用。

正所谓挑战与机遇并存。在移动互联网风光无限的背后也潜藏着一些不容忽视的问题。网络安全、隐私保护及数据治理等问题成为行业发展道路上的拦路虎。网络攻击的日益频繁和用户数据的不断泄露，使得人们对于网络安全和隐私保护的意识愈发增强，这无疑给移动互联网的发展提出了更高的要求。在海量数据的产生和应用中，如何进行有效治理以确保数据的合法性和准确性，也成为业界必须面对的难题。

除此之外，移动互联网行业还面临着市场竞争和用户需求多样化所带来的双重压力。随着市场上玩家的增多和竞争的加剧，如何在众多的服务中脱颖而出，成为每一家企业必须思考的问题。与此同时，用户的需求也在不断地变化和升级，他们不仅要求服务的速度和质量，还要求服务能够提供更加个性化和创新性的体验。这就需要移动互联网企业在不断完善自身技术的同时更加注重市场调研和用户体验的优化，以应对这一挑战。

总体来看，移动互联网作为信息化时代的重要产物，其发展速度和影响力度都是空前的。它在给我们带来便利和智能体验的同时也伴随着一系列的挑战和问题。但正如历史的车轮总是向前滚动一样，我们相信通过业界的不断努力和创新，这些问题和挑战终将得到妥善的解决。在这个过程中，每一个身处移动互联网行业的人都有责任也有义务为其健康发展贡献自己的力量。无论是作为企业的管理者、研发人员，还是普通的用户，我们都应该时刻关注移动互联网的发展趋势和挑战，保持敏锐的市场洞察力和技术创新能力，共同推动这个行业的繁荣与进步。

更为值得关注的是，移动互联网在未来的发展中还有可能与更多的前沿科技进行跨界融合，创造出更加丰富的应用场景和商业模式。比如：虚拟现实技术可以为用户提供更加沉浸式的体验；区块链技术则可以确保数据的安全和不可篡改性。这些新兴科技与移动互联网的结合将会催生出哪些新的商业机会和发展方向，无疑是值得我们期待和关注的焦点。

二、移动互联网与智慧旅游的融合

一）移动互联网在智慧旅游中的核心作用

移动互联网与智慧旅游的紧密融合已经成为旅游业发展的一大趋势，这种融合不仅极大地丰富了旅游体验，还为游客和旅游企业带来了前所未有的便利。通过移动互联网，游客可以轻松地获取各种旅游信息，无论是目的地的天气、交通状况，还是景点的人流量、门票价格等，都能在短时间内一一掌握。这种信息获取的便捷性让游客在旅行过程中能够更加游刃有余，更好地规划自己的行程。

更为重要的是，移动互联网还为游客提供了一个分享旅行体验的平台。游客可以通过社交媒体、旅游 App 等渠道，将自己的所见所闻、所感所想实时分享给朋友和家人，甚至与全球的旅游爱好者交流互动。这种分享不仅让游客的旅行体验更加丰富多彩，也为旅游目的地带来了更多的曝光机会，促进旅游业的繁荣发展。

对于旅游企业来说，移动互联网更是一个不可或缺的重要工具。通过移动互联网技术，旅游企业可以精确地分析游客的需求和行为，从而为他们提供个性化的旅游服务。比如：根据游客的浏览记录和搜索历史，推荐符合他们兴趣的旅游线路和景点；或者根据游客的实时位置信息，提供周边的餐饮、住宿等配套服务推荐。这种个性化的服务不仅让游客感受到了更高的关注度和尊重，也极大地提升了他们的满意度和忠诚度。

移动互联网还为旅游企业带来了新的发展机遇。借助移动互联网平台，旅游企业可以轻松地拓展市场、推广产品，实现线上线下的无缝对接。比如：通过在线预订系统，游客可以提前规划好自己的行程并预订门票、酒店等服务；而到了目的地后，他们只需出示手机上的电子凭证即可享受相应的服务。这种线上线下的融合不仅提高了旅游企业的运营效率和服务质量，也为游客带来了更加便捷、高效的旅游体验。

当然，移动互联网在智慧旅游中的作用还远不止于此。随着技术的不断进步和创新应用的不断涌现，移动互联网将在智慧旅游中发挥更加核心、更加广泛的作用。比如：基于移动互联网的虚拟现实技术可以为游客提供沉浸式的旅游体验；大数据分析技术可以帮助旅游企业更准确地把握市场动态和游客需求；人工智能技术则可以为游客提供智能化的导游服务和旅游咨询等。这些新兴技术的应用将为智慧旅游带来更多的可能性和创新空间。

移动互联网与智慧旅游的融合已经成为时代发展的必然趋势。这种融合不仅为游客带来了更加便捷、丰富、个性化的旅游体验，也为旅游企业提供了更加高效、精准、创新的服务手段。在未来的发展中，我们有理由相信，移动互联网将继续在智慧旅游领域发挥更加核心、更加关键的作用，推动旅游业不断迈向新的高度。

二）移动互联网技术助力智慧旅游发展的案例分析

移动互联网技术与智慧旅游的紧密结合不仅催生了一系列新颖的旅游服务模式，还为游客带来了前所未有的便捷和愉悦体验。下面将通过实际案例，深入剖析移动互联网技术在智慧旅游中的具体应用及其产生的显著成效。

首先值得关注的是，某知名旅游 App 如何利用移动互联网技术，尤其是大数据分析，对游客行为进行精准捕捉和深度挖掘。该旅游 App 通过收集用户的浏览记录、搜索关键词、消费习惯等数据，构建起庞大的用户画像体系。基于这些画像，该旅游 App

能够准确判断游客的兴趣偏好、消费能力和旅游需求，进而为其推送高度个性化的旅游推荐。例如：对于喜欢历史文化的游客，该旅游 App 会推荐他们参观博物馆、古迹等富有历史底蕴的景点；对于热爱自然的游客，则会引导他们前往风光秀丽的山水之间。

不仅如此，该旅游 App 还引入了 AR 技术，为游客提供了极具沉浸感的虚拟导览和实景导航服务。游客只需打开手机摄像头，便能看到虚拟导游在屏幕上为自己指引方向、讲解景点。这种新颖的旅游体验不仅让游客感受到了科技带来的惊喜，也极大地提升了他们的游览兴趣和参与度。

再来看一个智慧旅游城市的案例：这座城市通过建设智慧旅游云平台，成功整合了各类旅游资源和服务。游客只需在平台上进行简单操作，就能预订酒店、购买门票、租赁车辆等，实现了真正意义上的一站式旅游服务管理。云平台的建立不仅提高了旅游行业的整体效率，还为游客提供了更加便捷、高效的服务体验，进而提升了游客的满意度和忠诚度。

该平台还引入了智能客服系统，能够 24 小时不间断地为游客提供在线咨询和帮助。无论是旅游路线规划、景点推荐还是紧急救援，智能客服都能迅速响应并给出满意答复。这种贴心的服务让游客感受到如家般的温暖，也为智慧旅游城市赢得了良好口碑。

某著名景区通过引入物联网技术，实现了景区内各类设施的智能化管理。例如：智能停车系统能够实时监测车位使用情况，为游客提供空闲车位信息并引导其快速停车；智能照明系统则能根据天气和时间自动调节灯光亮度和色温，为游客营造舒适、浪漫的游览氛围。

物联网技术的应用不仅提升了景区的管理水平和运营效率，也为游客带来了更加便捷和舒适的游览体验。游客在享受美景的同时也能感受到科技带来的便利和愉悦。这种自然与科技的完美结合，让人们对智慧旅游的未来充满期待。

移动互联网技术在智慧旅游领域中的广泛应用和重要作用已经日益凸显。从个性化旅游推荐到虚拟导览、实景导航，再到一站式旅游服务管理和景区智能化管理，移动互联网技术正在深刻改变着旅游业的面貌和游客的旅游体验。

三、智慧旅游 App 的开发与推广

一）智慧旅游 App 的功能与设计

智慧旅游 App 作为现代科技与旅游业的完美结合，已经成为越来越多游客出行的

必备神器。这款 App 不仅拥有精美的界面设计，更在功能上做到了极致的贴心与便捷，让每一次旅行都能变得轻松愉快。

在景点导览方面，智慧旅游 App 为游客提供了详尽无遗的景点信息。无论是历史悠久的博物馆，还是风景如画的自然景区，游客都能在这里找到最全面、最准确的介绍。每一个景点的独特之处都通过文字、图片、视频等多种形式展现出来，让游客在出发前就能对目的地有一个深入的了解。这样，当游客真正踏足目的地时，会有一种似曾相识的亲切感，仿佛已经与那片风景建立了某种难以言说的联系。

路线规划功能则是智慧旅游 App 的另一大亮点。它不再让游客为了制定行程而头疼不已。它能根据游客的喜好、时间、交通方式等多种因素，智能生成最合适的旅游路线。无论是喜欢文化探秘的游客，还是钟爱自然风光的旅行者，都能在这里找到属于自己的完美行程。App 还配备了实时导航服务，确保游客在旅行过程中不会迷路、不会错过任何一个重要的景点。这样，每一次出行都能变得井井有条，充满乐趣。

在票务预订方面，智慧旅游 App 同样展现出了强大的实力。游客无须再排队购票，也无须担心门票售罄的问题。只要打开 App，就能随时随地在线购买、退改门票，轻松搞定一切，而且，App 还与多家景区、旅行社建立了合作关系，为游客提供了更多优惠和便利。这样，不仅节省了游客的时间和精力，还节省了游客的旅游开支。

当然，智慧旅游 App 最吸引人的还是它的个性化推荐功能。这款 App 仿佛能够读懂游客的心思，根据他们的浏览记录和兴趣偏好，为他们推送相关的景点、美食、住宿等信息。当游客在浏览某个景点时，App 会智能地推荐附近的餐厅和酒店，让游客的旅行更加顺畅无阻。App 还会根据游客的历史行程和喜好，为他们打造独一无二的旅游体验。比如：对于喜欢户外运动的游客，App 会推荐一些适合徒步、露营的景点和路线；对于热爱美食的游客，App 则会推荐当地的特色餐厅和美食攻略。这样，每一次旅行都能成为一次全新的探索和发现。

除了以上这些核心功能外，智慧旅游 App 还注重用户体验的优化。它的界面简洁明了，操作便捷易懂，即使是不太擅长使用智能手机的老年人也能轻松上手。App 还支持多种语言切换，满足不同国家和地区游客的需求。这样一款贴心、便捷、智能的旅游神器，自然会受到越来越多游客的青睐。

总的来说，智慧旅游 App 以其强大的功能和人性化的设计，为广大游客带来了更加便捷、个性化的旅游服务。它让每一次旅行都能变得更加轻松愉快，让每一个游客都能享受到属于自己的完美旅程。

二）智慧旅游 App 的用户体验优化

智慧旅游 App 在当下的旅游市场中扮演着越来越重要的角色，其用户体验的优化成为提升市场竞争力和用户黏性的关键所在。为了实现这一目标，开发团队在界面设计、交互设计、响应速度及反馈机制等多个方面进行了深入研究和精心打磨。

在界面设计方面，简洁明了和易操作性成为核心原则。通过去除冗余元素，优化布局和采用直观的图标，用户能够更加快速地找到所需功能，提高使用效率。界面色彩的搭配和字体的选择也注重了舒适性和易读性，使得用户在长时间使用过程中不会感到疲劳。

交互设计的丰富性则为用户带来了更为沉浸式的体验。语音导览功能的引入使得用户在游览过程中可以解放双手，通过语音交互获取景点信息、历史故事等丰富内容。AR 虚拟实景技术的运用更是将用户带入了一个全新的世界。用户可以通过手机或平板电脑的屏幕看到虚拟的导游形象在实景中指引路线、讲解景点，这种身临其境的感觉大大增强了旅游的趣味性和互动性。

响应速度的优化也是提升用户体验的关键环节。开发团队通过优化代码、压缩图片和视频资源、采用高效的服务器架构等措施大幅提高了 App 的加载速度和运行流畅度。用户无论是在打开 App、浏览景点信息还是进行交互操作时，都能有快速且流畅的体验，减少了因等待而产生的焦虑感。

用户反馈机制的建立则为 App 的持续优化提供了动力。开发团队通过设置反馈入口、定期收集用户意见和建议、建立用户社区等方式，与用户保持紧密的沟通。用户的每一条反馈都能得到及时的回应和处理，这种被重视的感觉大大提高了用户的满意度和忠诚度。用户反馈也为开发团队提供了宝贵的改进方向和优化思路，使得 App 的功能和服务能够不断迭代升级，更好地满足用户需求。

除了以上提到的方面外，智慧旅游 App 在用户体验优化上还注重个性化推荐和定制化服务的提供。通过收集用户的浏览历史、喜好偏好和行为数据，App 能够为用户推荐符合其需求的旅游路线、景点、餐厅等。这种个性化的服务让用户感受到了被关注和被理解，提高了用户的满意度和黏性。用户还可以根据自己的需求定制旅游计划，选择喜欢的导游、交通方式和住宿等，使得旅游更加灵活和自由。

在安全性方面，智慧旅游 App 也采取了多种措施保障用户的信息安全和交易安全。通过采用先进的加密技术和安全认证机制，用户的个人信息和支付密码等敏感信息得到了有效保护。App 还建立了完善的风险防控体系，实时监测和防范各种网络攻击和欺诈行为，为用户提供了一个安全可靠的 App 使用环境。

智慧旅游 App 还积极拓展了与其他旅游相关服务提供者的合作与对接。比如：与酒店、航空公司、景区等合作，为用户提供一站式的旅游预订服务；与地图导航软件合作，为用户提供准确的路线导航和实时交通信息；与社交媒体平台对接，方便用户分享旅游经历和心得等。这些合作与对接不仅丰富了 App 的功能和服务，还提高了用户的使用便利性和满意度。

　　智慧旅游 App 通过界面设计、交互设计、响应速度及反馈机制等多个方面的综合优化，实现了用户体验的全面提升。这种以用户为中心的设计理念和服务理念使得智慧旅游 App 在激烈的市场竞争中脱颖而出，赢得了用户的青睐和信任。随着技术的不断发展和用户需求的不断变化，智慧旅游 App 将继续在用户体验优化上不断创新和突破，为用户提供更加便捷、丰富和个性化的旅游服务。

三）智慧旅游 App 的市场推广策略

　　在智慧旅游日益兴盛的当下，智慧旅游 App 的开发与推广已然成为业界瞩目的焦点。一款优秀的智慧旅游 App 不仅需要具有出色的功能和用户体验，更需要一套行之有效的市场推广策略来扩大其影响力。针对这一目标，我们将通过多维度的市场推广手段，全面提升智慧旅游 App 的知名度与用户黏性。

　　社交媒体作为当今信息传播的重要渠道，拥有庞大的用户群体和极高的活跃度。对于智慧旅游 App 的市场推广，可以首先瞄准微博、微信、抖音等主流社交媒体平台，精心策划一系列与智慧旅游 App 紧密相关的内容推广活动。通过发布精美的旅游风光照片、实用的旅游攻略、用户的使用心得分享等，激发潜在用户的旅游热情，引发他们对智慧旅游 App 的好奇心和探索欲。此外，还可以积极与旅游达人、网红博主等合作，利用他们的影响力和粉丝基础，为智慧旅游 App 带来更多曝光和关注。

　　除了社交媒体推广外，与旅游相关企业的合作也是推广智慧旅游 App 的重要途径，可主动寻求与旅游景区、酒店、航空公司等企业的合作机会，通过资源整合和互利共赢的合作模式，实现智慧旅游 App 的快速推广。例如：与旅游景区合作，在景区内设立智慧旅游 App 的下载和使用提示牌，为游客提供便捷的导览和讲解服务；与酒店合作，在酒店客房内放置智慧旅游 App 的宣传资料，引导住客使用 App 预订门票、餐饮等旅游服务；与航空公司合作，在航班上推广智慧旅游 App，让乘客在旅途中就能更加完善地规划好目的地的旅游行程。

　　在推广过程中，优惠活动往往能够直接刺激用户的下载和使用意愿，可以结合市场需求和用户心理，推出一系列具有吸引力的优惠活动。例如，限时免费下载、新用户注册即送旅游积分、邀请好友使用可获额外奖励等。这些活动不仅能够降低用户的使用门槛，还能通过用户的口碑传播吸引更多新用户加入智慧旅游的行列。

　　当然，无论推广手段如何多样，最终都要回归到产品和服务本身。口碑营销作为一种低成本、高效率的推广方式，其核心在于提供优质的产品和服务，让用户自发地成为品牌的传播者。我们要注重智慧旅游 App 的功能完善、用户体验优化以及客户服务质量的提升。只有真正站在用户的角度，满足他们的需求，才能够赢得用户的信任和口碑，从而实现智慧旅游 App 的可持续发展。

此外，还可以充分利用大数据分析技术，对智慧旅游 App 的用户行为、使用习惯、消费偏好等进行深入挖掘和分析，通过精准的用户画像和个性化的推荐算法，为用户提供更加贴心、便捷的旅游服务。开发者应根据用户的反馈和建议，不断调整和优化市场推广策略，确保每一项推广活动都能精准触达目标用户群体，实现最大化的推广效果。

在全球化背景下，智慧旅游 App 的推广还应具备国际化视野，要积极探索海外市场推广的可能性，通过与国际旅游机构、海外合作伙伴等建立广泛联系，推动智慧旅游 App 在国际市场上的应用与普及。这不仅能够为智慧旅游 App 带来更广阔的发展空间，还能为我国智慧旅游产业的国际化进程贡献力量。

市场推广策略在智慧旅游 App 的开发与推广中扮演着举足轻重的角色，要通过社交媒体推广、企业合作、优惠活动、口碑营销以及大数据分析等多种手段的综合运用，全面提升智慧旅游 App 的知名度和用户规模。

四、移动互联网时代的旅游营销与服务创新

一）移动互联网时代的旅游营销策略

在移动互联网的浪潮之下，旅游业的营销与服务创新已然成为行业发展的核心动力。现代科技的迅猛发展，特别是大数据与人工智能技术的日新月异，为旅游企业提供了前所未有的机遇。这些技术使得旅游企业能够深入挖掘游客的行为模式和兴趣偏好，从而实现精准营销和个性化服务。

想象这样一个场景：当你打开手机，各种旅游推荐不再是千篇一律的景点介绍，而是基于你过去的浏览记录、旅行历史和喜好为你量身定做的旅游方案。这样的体验无疑让每一位游客都感受到了被重视和尊重。而背后支撑这一切的正是旅游企业利用大数据和人工智能技术所构建的精准营销体系。

社交媒体作为现代人生活中不可或缺的一部分，也为旅游营销开辟了新的天地。微博、微信、抖音等平台上，精美的图片、引人入胜的视频、详尽的旅游攻略和游记，都在无声地讲述着一个个关于旅行的故事。这些故事激发了潜在游客的好奇心，引发了他们的共鸣，进而促使他们踏上探索的旅程。社交媒体营销就这样在不经意间扩大

了旅游市场的影响力，为旅游业的繁荣注入了新的活力。

当然，现代科技对旅游业的影响远不止于此。移动支付和电商服务的普及让旅游预订和支付变得更加便捷。无论是在家中还是在旅途中，只需轻轻一点，就能完成酒店预订、机票购买、景点门票购买等一系列操作。这样的便利不仅极大地提升了旅游体验，也让更多的游客愿意选择在线预订和服务。对于旅游企业来说，这无疑是一个双赢的局面：既提高了客户满意度，又增加了销售额。

值得注意的是，这些旅游营销策略并不是孤立存在的，它们之间相互联系、相互促进，共同构成了一个完整的旅游营销体系。精准营销让旅游企业更好地了解游客，社交媒体营销扩大了市场影响力，便捷的移动支付和电商服务提升了旅游体验。这三者相辅相成，共同推动着旅游业的持续发展。

在这个移动互联网时代，旅游业的变革正在悄然发生。那些能够紧跟时代步伐、不断创新求变的旅游企业将在这场变革中脱颖而出，成为行业的佼佼者，而那些故步自封、墨守成规的企业则可能被时代所淘汰。对于旅游企业来说，拥抱现代科技、创新营销策略和服务模式，已经成为生存和发展的必然选择。

二）基于移动互联网的旅游服务创新

在移动互联网的浪潮之下，旅游行业正迎来前所未有的服务创新潮流。如今，游客对于旅行的期待已经远超单纯的景点参观，他们更追求一种全方位、深层次且个性化的旅游体验。基于移动互联网的旅游服务创新，正是在这样的背景下应运而生，旨在为广大游客提供更为便捷、丰富和个性化的服务，同时也助力旅游企业在激烈的市场竞争中脱颖而出。

在众多的创新服务中，智慧导览无疑是一项引领潮流的先锋技术。借助先进的AR/VR技术，智慧导览能够为游客带来一种身临其境的参观体验。想象一下，当你通过一副AR眼镜，那些沉寂的历史古迹、艺术作品便仿佛重新焕发生机，以动态、立体的方式呈现在你眼前，你不仅可以看到它们在不同历史时期的模样，甚至可以"穿越"到过去，体验那些重要的历史事件。这样的导览方式无疑让游客对景点的了解更加深入，也让旅游体验更加丰富多彩。

除了智慧导览，个性化推荐也是移动互联网时代旅游服务创新的一大亮点。过去，游客往往需要根据自己的兴趣和喜好，从海量的旅游信息中筛选出合适的景点、酒店和餐厅，而如今，借助个性化推荐技术，这一切都变得轻而易举。旅游企业可以通过收集和分析游客的历史行为数据、偏好信息以及实时位置等，为他们精准地推荐符合需求的旅游线路和服务。例如：如果你是一位历史爱好者，系统便会为你推荐那些充满历史韵味的景点和博物馆；如果你是一位美食家，那么当地的特色美食和人气餐厅自然不会错过。这样的个性化推荐不仅提升了游客的满意度和忠诚度，也为旅游企业带来了更多的收益和更好的口碑。

当然，智能客服也是移动互联网时代旅游服务创新中不可或缺的一环。在传统的旅游服务中，游客往往需要在遇到问题时寻找工作人员或拨打客服电话寻求帮助，这种方式不仅效率低下，还可能因为语言沟通等问题带来不便，智能客服则彻底改变了这一状况。借助人工智能技术，智能客服能够 24 小时在线为游客提供及时、准确的咨询和帮助。无论是景点信息、酒店预订还是行程规划，游客都可以随时随地通过智能客服得到满意的答复。这种服务模式不仅提高了游客的满意度和忠诚度，也为旅游企业节省了大量的人力成本和时间成本。

基于移动互联网的旅游服务创新正以前所未有的速度和力度改变着旅游行业的面貌。智慧导览、个性化推荐和智能客服这三大亮点技术为游客带来了更加便捷、丰富和个性化的旅游体验，同时也为旅游企业提供了全新的发展机遇和竞争优势。

三）移动互联网在旅游行业中的未来展望

在移动互联网的浪潮下，旅游行业正经历着前所未有的变革。在这场变革中，5G技术的广泛应用被视为一股强大的推动力，预示着旅游服务将迈向一个更快速、更稳定、更智能化的新时代。游客通过 5G 网络的高速传输，实时分享旅途中的精彩瞬间，而无需担心网络延迟或信号不稳定的问题。随着 5G 技术与旅游服务的深度融合，各种创新应用也将层出不穷，为游客带来更加丰富多样的旅游体验。

物联网技术的崛起则为智慧旅游的实现提供了有力支持。通过物联网技术，旅游景区能够实现智能化管理，提升服务效率和质量。例如：利用物联网传感器对景区环境进行实时监测，可以确保游客的安全和舒适；通过智能导览系统，游客可以更加便捷地获取旅游信息，规划行程；而物联网技术还支持旅游产品的个性化定制，满足游客的多样化需求。这些智能化服务和管理的应用将极大地提升旅游行业的整体效率和竞争力。

移动互联网的跨界融合特性也为旅游行业带来了无限可能。在移动互联网的联结下，旅游与文化、体育、教育等领域的界限逐渐模糊，跨界合作和创新成为行业发展的新趋势。例如：旅游与文化的结合可以催生出更多具有地域特色的旅游产品，让游客在旅行中深入体验当地的文化魅力；旅游与体育的结合则可以打造出更多运动休闲的旅游项目，满足游客对健康生活的追求；而旅游与教育的结合则可以为青少年提供寓教于乐的旅行体验，拓宽他们的视野和知识面。这些跨界融合的创新举措不仅丰富了旅游产品的内涵，也为旅游行业注入了新的活力。

在移动互联网时代，旅游行业的变革还将受到更多因素的影响。随着移动支付、大数据、人工智能等技术的普及和应用，旅游服务将更加便捷、智能和个性化。例如：移动支付将简化旅游交易流程，提升支付效率；大数据则可以帮助旅游企业更精准地了解游客需求，优化产品设计和市场策略；人工智能则可以为游客提供 24 小时不间断的在线客服服务，解决旅游过程中的各种问题和需求。这些技术的应用将为旅游行业的发展带来更为有效的支撑。

五、移动互联网与智慧旅游的挑战与机遇

一）移动互联网与智慧旅游面临的主要挑战

移动互联网与智慧旅游的发展如同一场跨越时代的舞蹈，既展现了优雅的步伐，也面临着种种挑战。在这个日新月异的领域里，挑战与机遇并存，而理解这些挑战并寻求解决方案正是推动这一行业不断前行的关键。

我们不得不正视技术标准的不统一问题。移动互联网与智慧旅游涉及众多领域和技术的融合，从移动设备、网络通信到旅游服务平台的整合，每一个环节都有其独特的技术标准和要求。这种多样性虽然带来了丰富的选择和可能性，但同时也导致了系统间的兼容性和互通性成为一大难题。不同系统、不同平台之间的信息交流和数据共享往往受到限制，这不仅影响了用户体验的流畅性，也增加了技术开发和维护的难度。制定统一的技术标准，促进不同系统之间的互操作性，成为行业发展的迫切需求。

随着移动互联网在智慧旅游中的广泛应用，数据安全和隐私保护问题也日益凸显。在享受便捷服务的用户不得不将个人信息、行程安排等敏感数据上传到网络平台。网络环境的复杂性和不安全性使得这些数据面临着被泄露、被滥用的风险。一旦用户数据落入不法分子之手，不仅会对个人隐私造成侵犯，还可能引发更严重的安全问题。因此，加强数据安全管理、完善隐私保护措施成为智慧旅游发展中不可忽视的任务。这需要行业内外共同努力，从技术加密、法规制定到用户教育等多个层面入手，构建全方位的数据安全保障体系。

基础设施建设的不足也是制约智慧旅游发展的重要因素之一。特别是在偏远地区或新兴旅游目的地，基础设施的薄弱直接影响了智慧旅游服务的提供和游客的体验。缺乏稳定的网络环境、高效的交通系统、完善的旅游服务设施等，都会使得智慧旅游的优势无法充分发挥。加大基础设施建设投入、提升旅游目的地的整体服务水平是推

动智慧旅游发展的必要条件。这需要政府、企业和社会各界的共同参与和支持，通过合理规划、科学布局和有效投入，逐步改善和提升旅游基础设施条件。

尽管面临着诸多挑战，但移动互联网与智慧旅游的发展前景依然充满希望。每一次挑战都孕育着新的机遇。技术标准的不统一问题将促使行业内外加强合作与交流，共同探索制定更加统一、更加开放的技术标准体系；数据安全和隐私保护问题将推动相关技术和法规的不断完善与创新；基础设施建设的不足将吸引更多的投资与关注，加速旅游目的地的整体升级与改造。

二）应对挑战的策略与建议

在深入探讨移动互联网与智慧旅游所交织的挑战与机遇时，我们不难发现，这一领域的进步与发展需要多方策略的协同作用。为了确保智慧旅游能够稳健前行，技术标准的统一性成为首当其冲的议题。毕竟，在多元化的技术背景下，实现不同系统间的兼容与互通，是确保信息流畅、服务无缝衔接的关键。这种标准化的推动，不仅能够为智慧旅游的技术革新提供稳固的支撑，更能够在激烈的市场竞争中为行业树立一个明确、统一的发展方向。

技术的迅猛发展往往伴随着数据安全与隐私保护的隐患。在移动互联网的广阔天地里，用户数据的每一次传输、每一次交换，都可能成为不法分子窥探的目标。因此，构建一个健全的数据安全保护机制就显得尤为重要。这不仅仅是对技术的挑战，更是对企业管理理念和社会责任的考验。通过采用业界领先的加密技术，结合严格的数据管理流程，我们能够确保每一位用户的数据安全与隐私权益得到充分的尊重和保护。

当然，任何行业的发展都离不开基础设施的支撑。在智慧旅游的大潮中，移动互联网基础设施的完善程度直接决定了服务的品质和效率。特别是在那些偏远地区或是热门的旅游目的地，网络覆盖的广度和深度往往影响着游客的整体体验。为此，政府和相关企业应当携手合作，加大在这一领域的投入力度。无论是通过增加基站数量、优化网络布局，还是采用更先进的网络技术，目的都是为了给广大游客提供一个更加稳定、高效的网络环境，让每一次旅行都能成为一次美好的记忆。

随着移动互联网技术的不断进步，智慧旅游的应用场景也在持续拓展。从最初的导航、导览，到如今的虚拟现实体验、智能客服等，每一项创新都在为游客带来更加丰富多彩的旅游体验。这些应用的推广和普及同样需要强有力的技术支持和基础设施建设。这就意味着，行业内的各方参与者需要保持高度的敏感性和前瞻性，紧跟技术发展的步伐，不断推陈出新，以满足市场和消费者日益增长的需求。

在这个过程中，我们也不能忽视智慧旅游对于传统旅游业的冲击和改变。传统的旅行社、酒店、景区等，都需要在移动互联网的大潮中找到自己的定位和发展方向。通过与科技企业的深度合作，引入先进的技术和管理理念，传统旅游业有望实现转型升级，焕发新的生机和活力。这种跨界的合作与融合也将为智慧旅游的发展注入更多的可能性和创新动力。

我们还应看到，智慧旅游的发展不仅仅是技术和基础设施的竞赛，更是一场关于服务理念和消费体验的革命。在移动互联网的助力下，旅游行业有望实现更加个性化、定制化的服务，让每一位游客都能享受到专属的、高品质的旅游体验。而这也正是智慧旅游最大的魅力和价值所在。

移动互联网与智慧旅游所面临的挑战与机遇并存。通过制定统一的技术标准、加强数据安全和隐私保护、完善基础设施建设及推动跨界合作与创新，有望构建一个更加完善、高效、安全的智慧旅游生态系统。在这个系统中，每一位游客都能享受到科技带来的便捷与乐趣，每一次旅行都能成为一次难忘的体验。而这也正是我们不断探索、不懈努力的目标和追求。

三）移动互联网与智慧旅游带来的机遇与前景

在当下的技术浪潮中，移动互联网与智慧旅游的交汇融合，不仅为游客勾画出了更加丰富多彩的旅行体验，同时也为旅游业的整体格局注入了新的活力。智慧旅游作为一种以信息技术为支撑，以游客需求为导向的旅游服务模式正日益显现出对行业的深刻影响力。

移动互联网技术的普及和成熟为智慧旅游的实现提供了坚实的技术基石。游客通过智能手机、平板电脑等移动终端设备，可以随时随地获取旅游信息、预订服务、分享旅行体验。这种便捷的信息获取方式极大地提高了旅游的自主性和灵活性。无论是查找目的地的天气状况、交通信息，还是预订酒店、景区门票，甚至是寻找当地的特色美食，移动互联网都能迅速满足游客的需求。

更为重要的是，智慧旅游借助移动互联网技术，能够实现更加精细化的服务。通过对游客行为的实时跟踪和大数据分析，旅游服务提供商可以准确把握游客的需求和偏好，从而提供更加个性化的服务。比如：根据游客的浏览历史和搜索记录，推送符合其兴趣的旅游线路和景点推荐；通过定位技术，为游客提供实时的导航和导游服务；利用移动支付技术，简化支付流程，提高交易效率。这些智能化的服务手段不仅提升了游客的满意度，也增强了旅游业的竞争力。

智慧旅游的发展对旅游业的创新转型起到了积极的推动作用。传统的旅游业以线下服务为主，存在着信息不对称、服务效率低等问题。而智慧旅游通过信息技术的运用，实现了线上线下的无缝对接，优化了服务流程，提高了服务效率。智慧旅游还催生了一系列新的商业模式和业态，如在线旅游平台、共享经济模式下的住宿服务、虚拟现实技术在旅游体验中的应用等，这些新兴业态为旅游业的发展注入了新的活力。

智慧旅游的发展对相关产业也产生了积极的带动作用。移动互联网技术、大数据分析、云计算等领域的进步为智慧旅游的实现提供了强大的技术支撑。智慧旅游的发展也反过来促进了这些领域的进一步发展。比如：为了满足智慧旅游对数据处理和分析的需求，大数据分析技术不断取得新的突破；云计算则为智慧旅游提供了更加灵活、高效的信息化解决方案。这种产业间的相互促进和协同发展形成了更加紧密的产业链和生态圈，为整个经济社会的发展注入了新的动力。

六、移动互联网与智慧旅游的实践案例

一）国内外智慧旅游成功案例分享

在探讨移动互联网与智慧旅游的实践融合之时，我们不得不提及那些在国内外引起广泛关注的成功案例。这些案例不仅充分展现了移动互联网技术在智慧旅游领域的深度应用，更是智慧旅游前行路上的灯塔，照亮了智慧旅游发展的方向。

新加坡，以其前瞻性的科技应用和创新精神闻名于世。在智慧旅游方面，新加坡同样走在了前列。其"智慧国家2025"计划并非空谈，而是一项扎实推进的宏伟工程。该计划在智慧旅游发展方面通过引入移动支付、智能导游和虚拟实景等尖端技术，极大地丰富了游客的旅游体验。想象一下，当游客漫步在新加坡的街头巷尾，不再需要为现金不足或语言不通而烦恼，只需轻点手机，便能轻松完成支付、获取导游信息或欣赏虚拟实景，这样的旅游体验无疑是便捷且愉悦的。

再将视线转向国内，杭州这座历史悠久而又充满活力的城市，同样在智慧旅游领域大放异彩。其"城市大脑"智慧旅游项目堪称国内智慧旅游的典范。该项目通过高效整合各类旅游资源和服务，为游客打造了一个全方位、一站式的旅游服务平台。在这里，游客可以享受到个性化的旅游推荐、智能导航的无缝对接以及在线预订的便捷服务。这些贴心的服务不仅提升了游客的满意度，也为杭州的智慧旅游发展赢得了口碑。

这些成功案例的背后是无数科技工作者和旅游从业者的辛勤付出和智慧结晶。他们深知，移动互联网与智慧旅游的融合，不仅仅是技术的叠加，更是服务理念和消费模式的革新。他们在实践中不断探索、创新，力求为游客提供更加优质、便捷的旅游

服务。

当然，这些成功案例也为我们提供了宝贵的经验和启示。在智慧旅游的发展过程中，政府的引导和支持至关重要。无论是新加坡还是我国的杭州，政府在智慧旅游项目中都发挥了举足轻重的作用。他们通过制定政策、提供资金支持和推动技术研发等措施，为智慧旅游的发展创造了良好的环境。科技创新是智慧旅游发展的核心驱动力。移动支付、智能导游、虚拟实景等技术的应用不仅提升了旅游服务的效率和质量，也为游客带来了全新的旅游体验。以人为本的服务理念是智慧旅游发展的灵魂。无论是新加坡的"智慧国家2025"计划还是杭州的"城市大脑"智慧旅游项目，都将游客的需求和体验放在首位，力求为游客提供更加便捷、舒适、个性化的旅游服务。

在总结这些成功案例的经验和启示之余，我们也不禁对智慧旅游的未来充满了期待。随着移动互联网技术的不断发展和普及，智慧旅游的应用场景和服务模式将更加丰富多样。未来，我们或许可以通过虚拟现实技术在家中就能体验到世界各地的风景名胜；或许可以通过智能设备实时了解旅游目的地更准确的天气、交通等信息；或许可以通过大数据分析为游客提供更加精准、个性化的旅游推荐。这些美好的愿景并非遥不可及，而是正在逐步变为现实。

移动互联网与智慧旅游的结合为旅游业的发展注入了新的活力和动力。通过学习和借鉴国内外成功案例的经验和启示，我们可以更好地把握智慧旅游的发展趋势和方向，为未来的旅游业创新和发展提供有力的支持。我们也应该清醒地认识到，智慧旅游的发展还面临着诸多挑战和问题，需要不断探索、创新和实践，共同推动智慧旅游事业的繁荣发展。

二）移动互联网在智慧旅游中的实际应用案例

在智慧旅游的浪潮中，移动互联网以其独特的优势和广泛的应用场景为游客带来了前所未有的便捷体验。我们不难发现，诸如携程、去哪儿等旅游平台已然成为我们出行时不可或缺的"智慧助手"。它们通过深度整合各类旅游资源，为游客提供了一站式的旅游解决方案。无论是详尽的目的地信息，还是各类酒店、机票的预订服务，都只需轻点手指，便能轻松搞定。这种线上线下的高效对接不仅极大地提升了游客的出行效率，更让每一次旅行都充满了期待和惊喜。

不仅如此，移动互联网在智慧旅游中的应用还远不止于此。以备受游客瞩目的故宫博物院为例，其推出的智能导览系统无疑为游客打开了一扇通往历史文化深处的大门。通过手机App，游客可以随时随地获取丰富的展品介绍，聆听生动的语音导览，甚至还能根据个人兴趣定制个性化的参观路线。这样的服务设计不仅让游客的参观过程更加轻松愉快，更重要的是它深化了游客对文化的理解和感知，让每一次参观都成为一次难忘的文化之旅。

当然，移动互联网在智慧旅游中的应用还体现在许多其他方面。比如：通过大数据分析，旅游平台可以精准地把握游客的需求和偏好，从而为其推荐更加合适的旅游产品和服务；通过移动支付技术，游客可以更加方便快捷地完成各类旅游消费；通过社交媒体平台，游客还可以实时分享旅行见闻和心得，与亲朋好友共同感受旅行的乐趣。这些应用场景的拓展和深化无疑为智慧旅游的发展注入了强大的动力。

值得一提的是，移动互联网在智慧旅游中的应用不仅提升了游客的体验，也为旅游业的创新发展提供了新的思路和方向。在传统的旅游模式下，游客往往需要花费大量的时间和精力去处理各种琐碎的事务，如信息查询、行程规划、票务预订等。移动互联网的出现则将这些事务变得更加简单高效。这不仅降低了游客的旅行成本，还提高了旅游业的运营效率。移动互联网还为旅游业带来了更加丰富的营销手段和盈利模式。通过线上推广和精准营销，旅游企业可以更加有效地吸引目标客户群体，提高品牌知名度和市场份额。通过线上销售和增值服务旅游企业也可以获得更多的收入来源和盈利空间。

移动互联网在智慧旅游中的应用还对旅游目的地的形象塑造和推广产生了积极的影响。通过各类旅游平台和社交媒体平台，游客可以更加方便地获取目的地的相关信息和旅游攻略。这不仅提高了游客对目的地的认知度和感兴趣程度，也为目的地的推广和宣传提供了有力的支持。通过游客的口碑传播和分享，目的地的形象和知名度也可以得到进一步的提升和扩大。这无疑为旅游目的地的长期发展奠定了坚实的基础。

三）从案例中提炼的经验与启示

如今，移动互联网与智慧旅游的结合已成为旅游业创新发展的重要方向。这种结合不仅催生了众多实践案例，更为我们提供了宝贵的经验和启示。智慧旅游的发展离不开技术创新的推动，而移动互联网技术正是这一创新的核心驱动力。通过移动互联网技术，我们能够更加高效地整合旅游资源，提供更加优质的服务，从而满足游客日益多样化的需求和期望。

移动互联网技术在智慧旅游领域的应用广泛且深入。从游客的角度出发，移动互联网技术为他们提供了更加便捷、个性化的旅游体验。游客可以通过手机等移动设备随时随地获取旅游信息、预订旅游产品、分享旅游心得，实现了真正意义上的"掌上旅游"。移动互联网技术也为旅游从业者提供了更加精准、高效的市场营销和服务手段，帮助他们更好地了解游客需求，提升服务质量，增强市场竞争力。

在智慧旅游的发展过程中，资源整合的作用不可忽视。通过移动互联网技术，我们可以将各类旅游资源进行有机整合，实现资源的高效利用和共享。例如：通过旅游平台，游客可以一站式预订机票、酒店、景区门票等旅游产品，避免了在不同平台之间反复比较、选择的烦琐过程。旅游平台还可以根据游客的浏览记录和购买行为，为他们推荐更加符合需求的旅游产品，提高游客的满意度和忠诚度。

当然，无论技术如何发展，用户体验始终是智慧旅游发展的根本，只有真正站在游客的角度，了解他们的需求和期望，才能提供真正符合他们心意的产品和服务。在移动互联网时代，用户体验的重要性更加显著。一个小小的操作失误、一次不愉快的购物经历，都可能让游客对旅游产品和服务失去信心。我们必须始终坚持用户至上的原则，不断优化产品设计和服务流程，提升用户体验，才能实现智慧旅游的可持续发展。

除了上述方面外，移动互联网技术在智慧旅游领域还有诸多其他应用。例如：通过大数据分析技术，我们可以对游客的旅游行为和消费习惯进行深入挖掘和分析，为旅游产品的开发和营销提供更加精准的数据支持。通过虚拟现实技术，我们可以为游客提供更加真实、生动的旅游体验，让他们足不出户就能领略世界各地的美景并感受其文化魅力。这些技术的应用不仅丰富了智慧旅游的内涵和外延，更为旅游业的创新发展提供了源源不断的动力。

第七章 人工智能在智慧旅游中的应用

　　本章主要介绍了人工智能在智慧旅游中的广泛应用及其带来的显著优势。通过分析人工智能与智慧旅游的结合点，详细阐述了其在个性化旅游体验、景区运营效率提升、旅游需求预测及旅游安全性提升等方面的优势。同时，本章也深入探讨了这一结合过程中所面临的挑战，包括数据安全与隐私保护、技术成熟度与应用成本、人员培训及法律法规等问题。

　　此外，本章还展望了智慧旅游的未来发展趋势，重点关注了人工智能技术在智慧旅游中的持续创新，以及智慧旅游与其他产业如交通、文化、商业的融合发展。这些创新应用和融合发展将为旅游业带来更加美好、便捷的未来，并引领旅游业的变革与创新。最后，本章还探讨了人工智能如何助力旅游业实现可持续发展，阐述了其通过环保监测与管理、能源管理和节能技术等的应用，为旅游业的绿色发展提供强大支持。

一、人工智能基本原理与分类

一）人工智能定义与核心技术

　　人工智能作为当今科技领域的璀璨明星，正以其独特魅力和无限潜力逐渐渗透到我们生活的方方面面。它不仅代表着科技的尖端成果，更是引领未来发展的重要驱动力。在这一领域，我们深入探索了人工智能的基本原理与分类，以期更好地理解和应用这一变革性技术。

　　人工智能，顾名思义旨在研究和开发能够模拟、延伸和扩展人类智能的理论、方法、技术及应用系统。它追求的是一个崇高的目标：让机器能够胜任那些通常需要人类才能完成的复杂工作。想象一下，当机器能够像人类一样思考、学习、决策，甚至在某些方面超越人类，那将是一个多么令人振奋的场景。

　　要实现这一目标，离不开人工智能的核心技术支撑。这些技术宛如人工智能系统的骨骼和血液，为其赋予了生命和活力。机器学习便是其中之一，它让机器具备了从海量数据中汲取知识、不断提升自身性能的能力。通过机器学习，机器可以自动识别数据中的模式、趋势和关联，从而作出更加精准的预测和决策。

深度学习则更进一步，它借鉴了人脑的学习机制，通过构建深度神经网络来模拟人类的学习过程。深度学习使得机器能够处理更加复杂、抽象的任务，如图像识别、语音识别、自然语言处理等。这一技术的突破性进展为人工智能的发展奠定了坚实基础。

自然语言处理是人工智能领域的另一大核心技术。它让机器能够理解和生成人类语言，从而实现与人类的无缝交流。通过自然语言处理技术，我们可以轻松地与智能助手对话、查询信息、撰写文章等。这一技术的广泛应用，不仅提高了我们的工作效率，还丰富了我们的娱乐生活。

计算机视觉则赋予了机器"看"的能力。通过计算机视觉技术，机器能够捕捉、分析和理解图像和视频中的信息。这使得机器能够在无人驾驶、智能安防、医疗诊断等领域发挥巨大作用。计算机视觉技术的发展为我们开启了一个全新的视觉时代。

这些核心技术的融合与互补，使得人工智能系统在各种应用场景中大放异彩。无论是智能家居、智慧医疗，还是自动驾驶、智能制造，人工智能都在为我们创造更加便捷、高效、智能的生活方式。

在探索人工智能的过程中，我们也不得不提及它的分类。根据智能程度和应用场景的不同，人工智能可分为弱人工智能、强人工智能和超人工智能。弱人工智能专注于特定领域的问题解决，如语音识别、图像识别等；强人工智能则具备全局性的智能，能够在各种场景中展现出与人类相当的智能水平；而超人工智能则超越了人类的智能水平，成为我们发展人工智能的未来目标。

不同类型的人工智能系统在各领域的应用也呈现出百花齐放的态势。在医疗领域，人工智能可以帮助医生进行疾病诊断、制订治疗方案，甚至辅助手术操作；在交通领域，人工智能可以实现智能交通调度、自动驾驶等，提高交通安全性和通行效率；在教育领域，人工智能可以为学生提供个性化学习方案、智能辅导等服务，提升教育质量和效果。

人工智能的蓬勃发展离不开科技界的努力。从最初的符号学习到如今的深度学习，从简单的模式识别到复杂的自然语言处理，人工智能在短短几十年间取得了令人瞩目的成就。

二）人工智能分类

人工智能作为当今科技领域的热门话题，涵盖的原理及其分类极为丰富。在日常生活中，我们或许已经不知不觉地体验到了人工智能带来的便利。从手机中的语音助手，到自动驾驶汽车的技术探索，再到旅游网站上为我们量身定制的行程推荐，人工智能正逐渐渗透到生活的方方面面。

谈及人工智能的分类，我们不得不提及弱人工智能。弱人工智能专注于特定领域的问题解决，它并不追求全面的智能表现，而是在某一领域达到了与人类专家相当甚至更高的水平。例如：在语音识别领域，弱人工智能已经能够实现高精度的语音转文字功能，让机器能够听懂我们的语言；在图像识别领域，弱人工智能则能够帮助我们快速准确地识别出图片中的物体，为安全监控、医疗诊断等领域提供了强有力的支持。

弱人工智能只是人工智能发展道路上的一个起点。随着科技的进步，强人工智能逐渐进入了我们的视野。强人工智能不再局限于某一特定领域，而是追求全面的认知能力。它试图通过像人类一样进行推理、学习和创新，成为真正意义上的智能体。虽然目前强人工智能的实现还面临着诸多挑战，但科学家们已经在多个领域取得了突破性进展，让我们看到了强人工智能的巨大潜力。

除了弱人工智能和强人工智能之外，还有一种更为激进的概念——超人工智能。超人工智能是一种在几乎所有领域都比最聪明的人类大脑更聪明的智能形态。它不再仅仅是模仿人类的智能表现，而是要超越人类的智力极限。虽然目前超人工智能还只是科幻小说中的设想，但它代表了人工智能发展的终极目标。科学家们正在通过不断地研究和探索，努力将这一设想变为现实。

在人工智能的实际应用中，旅游领域是一个极具代表性的例子。随着人们生活水平的提高和旅游需求的增加，智慧旅游已经成为旅游业发展的新趋势。人工智能在旅游领域的应用已经越来越广泛，为游客带来了更加便捷和个性化的旅游体验。

例如，通过机器学习技术，旅游网站可以根据游客的浏览历史和偏好推荐合适的旅游目的地和行程。这样一来，游客无须自己费心规划行程，就能够享受到量身定制的旅游服务。机器学习技术还能够帮助旅游企业更准确地预测市场需求和游客行为，从而制定更加精准的营销策略。

自然语言处理技术在智慧旅游中也发挥着重要作用。通过自然语言处理技术，智能客服机器人可以 24 小时不间断地为游客提供咨询服务，解答他们在旅游过程中遇到的问题。这不仅提高了客服服务效率，还降低了人工客服的成本。自然语言处理技术还可以帮助旅游企业分析游客的反馈和评价，及时了解游客的需求和意见，为企业改进产品和服务提供有力支持。

计算机视觉技术也为智慧旅游带来了诸多便利。通过计算机视觉技术，景区可以实现人流量统计和安全监控等功能。例如，在景区入口安装摄像头，通过计算机视觉技术对进入景区的人数进行实时统计,当人数达到限定上限时及时发出预警信号,避免发生拥挤和其他安全事故。计算机视觉技术还可以帮助景区实现智能化管理,例如自动识别游客的行为和习惯,为他们提供更加个性化的服务。

二、人工智能在智慧旅游中的应用场景

一)旅游推荐系统

在智慧旅游日益受到关注的当下,人工智能的应用已经成为推动旅游业创新和发展的关键力量。其中,旅游推荐系统作为智慧旅游的重要组成部分,正在以其高效、智能的推荐能力,深刻影响着人们的旅游体验。在这个系统中,个性化推荐、实时推荐以及社交推荐三种方式相辅相成,共同打造了一个全方位、多层次的旅游推荐体系。

在个性化推荐方面,旅游推荐系统借助了机器学习等先进技术,深入挖掘用户的历史行为、偏好和兴趣,从而为用户提供了极具针对性的旅游建议。这种推荐方式充分考虑了用户的个性化需求,无论是在目的地选择、景点游览,还是在住宿和餐饮等方面,都能够为用户提供贴心、周到的推荐服务。比如:对于喜欢自然风光的用户,系统会更多地推荐风景优美的景区和户外活动;而对于热衷于历史文化的用户,则会更倾向于推荐博物馆、古迹等文化景点。

实时推荐则充分利用了地理位置信息和用户的即时行为数据,为用户提供了即时、准确的推荐服务。在旅行过程中,用户往往需要获取附近的景点、餐厅、交通方式等信息,而实时推荐正好满足了这一需求。它能够帮助用户在第一时间内获取到最新的旅游信息,从而做出更加明智的决策。实时推荐还能够根据用户的实时行为和位置变化,动态地调整推荐内容,使得推荐结果更加符合用户的当前需求。

社交推荐则是旅游推荐系统中的又一亮点。在当今社交媒体盛行的时代,用户在旅游过程中的分享、评价等行为已经成为重要的数据来源。旅游推荐系统通过分析社交网络平台上的用户评价和分享信息,能够发现广受欢迎的旅游项目和景点,进而为用户推荐具有社交认可度的旅游内容。这种推荐方式不仅增加了用户对推荐内容的信任度,还让旅游体验变得更加社交化和多元化。用户在享受推荐内容的同时也能够参与到社交互动中,分享自己的旅游心得和体验。

综合来看,旅游推荐系统通过个性化推荐、实时推荐及社交推荐三种方式的有机结合,为用户带来了更加全面、优质的旅游体验。它不仅能够满足用户的个性化需求,还能够在实时性和社交性方面做出积极的响应。这种全方位、多层次的推荐体系使得旅游过程变得更加智能化和便捷化，让人们在享受美好风景的同时也能够感受到科技带来的无限可能。

值得一提的是，旅游推荐系统在推动旅游业发展的同时也对相关产业产生了积极的带动作用。比如：在住宿方面，旅游推荐系统能够为酒店、民宿等提供住宿推荐服务，从而帮助其扩大市场份额和提升品牌影响力；在餐饮方面，旅游推荐系统则能够为餐厅提供精准的客流引导服务，帮助其提高客户黏性和满意度；在交通方面，旅游推荐系统能够为用户提供便捷的交通方式推荐服务，从而缓解交通拥堵并提高出行效率。

随着技术的不断进步和创新应用的出现，旅游推荐系统将会在未来发挥更加重要的作用。它不仅会成为连接用户和旅游资源的重要桥梁，还会成为推动旅游业持续创新和发展的关键力量。

二）旅游智能客服与导览系统

人工智能作为一种生活工具已经渗透到了我们生活的方方面面，智慧旅游作为其重要应用领域之一，正在逐步改变着人们的旅游方式。在智慧旅游中，人工智能的应用场景丰富多样，其中智能客服系统与语音导览服务的创新应用尤为引人注目。

智能客服系统作为人工智能在智慧旅游中的一大应用，通过自然语言处理技术，实现了与游客的智能交互。这种系统不仅能够迅速、准确地理解游客的问题，还能提供及时、有效的解答，从而极大地提升了旅游咨询服务的便捷性和高效性。无论是关于旅游目的地的天气、交通、住宿等基本信息，还是关于景点介绍、游玩路线等详细攻略，智能客服系统都能为游客提供全面、准确的解答，帮助他们更好地规划和安排行程。

语音导览服务则是人工智能在智慧旅游中的又一创新应用。通过结合语音识别和语音合成技术，语音导览服务能够为游客提供个性化的讲解服务。游客只需说出自己感兴趣的景点或展品，系统便能根据游客的需求生成生动、详细的讲解内容。这种服务方式不仅让每一位游客都能在游览过程中享受到专属的讲解服务，还能帮助游客更加深入地了解旅游目的地的历史、文化和风土人情，从而丰富他们的旅游体验。

更为引人注目的是，虚拟现实技术的引入为智慧旅游带来了全新的沉浸式体验。利用虚拟现实技术可以创建虚拟导游角色，让游客在虚拟世界中与导游进行互动。这种创新应用不仅打破了传统旅游方式的限制，还能为游客提供更加自由、灵活的旅游体验。游客可以在虚拟世界中随意穿梭于各个景点之间，全方位地感受旅游目的地的魅力。虚拟导游角色还能根据游客的需求和兴趣提供个性化的讲解和服务，进一步增强游客的参与感和代入感。

除了以上应用场景外，人工智能在智慧旅游中还有许多其他创新应用。例如：通过大数据分析技术，人工智能可以对游客的旅游行为和偏好进行深入挖掘和分析，从而为旅游目的地提供更加精准的市场定位和产品开发策略。人工智能还可以应用于旅游安全领域，通过智能监控和预警系统，及时发现和应对各种安全隐患和风险，保障游客的人身和财产安全。

人工智能在智慧旅游中的应用正在逐步改变着人们的旅游方式和体验。它不仅能够提供便捷、高效的旅游咨询服务，还能为游客打造个性化的语音导览服务和沉浸式的虚拟旅游体验。这些创新应用不仅提升了旅游业的智能化水平，还为游客带来了更加智能、便捷、个性化的旅游体验。

随着人工智能技术的不断发展和完善，其在智慧旅游中的应用也将更加广泛和深入。未来，我们可以期待更多创新性的应用场景和服务方式的出现，为游客带来更加丰富、多样的旅游体验。人工智能与旅游业的深度融合也将为旅游业的转型升级和可持续发展提供新的动力和路径。

三）智能旅游管理与监控系统

智能旅游管理与监控系统作为人工智能在智慧旅游中的重要应用场景，正在以其独特的方式引领着旅游行业迈向一个提供更加高效、安全、优质服务的新时代。

智能旅游管理与监控系统如同智慧旅游的大脑和神经中枢，它通过综合运用大数据分析、预测技术、视频监控、人脸识别等多种先进技术，实现了对旅游景区全方位、立体化的智能管理。在旅游流量监控方面，该系统能够实时收集并分析景区内的游客流量和交通状况数据，为景区管理者提供科学、准确的决策依据。这意味着，景区管理者可以根据系统的反馈及时调整资源配置，优化游览路线，从而确保游客在高峰时段依然能够享受到顺畅、舒适的游览体验。

在旅游安全管理方面，智能旅游管理与监控系统更是发挥着不可替代的作用。通过视频监控和人脸识别技术，系统能够实时监控景区内的安全状况，及时发现并处理各种潜在的安全隐患。一旦发生突发事件，系统还能迅速启动应急响应机制，协助景区管理者第一时间做出反应，最大限度地保障游客的人身安全。这种高效、智能的安全管理方式不仅让游客在景区内充满安全感，也为景区赢得了良好的口碑和信誉。

当然，旅游服务质量的提升也是智能旅游管理与监控系统关注的重点之一。在游客游览过程中，系统会收集他们的反馈和评价，对景区的服务质量进行持续、动态地评估。这些宝贵的用户反馈数据为景区改进、提升服务质量提供了有力的支持。通过不断地优化和改进，景区能够逐渐打造出更加符合游客需求、更加个性化的旅游服务，从而在激烈的市场竞争中脱颖而出。

智能旅游管理与监控系统的广泛应用不仅提升了旅游景区的管理水平和服务质量，也为游客带来了更加便捷、舒适、安全的旅游体验。这种以游客为中心、以科技为支撑的智慧旅游新模式正在逐步改变着传统旅游行业的格局和面貌。

三、人工智能与智慧旅游的结合优势与挑战

一）结合优势

通过人工智能技术的深入应用，旅游行业得以更加精准地洞察游客的需求和偏好。基于大数据和机器学习的分析，人工智能能够迅速识别出游客的兴趣点、消费习惯以及行为模式，从而为每位游客量身打造独一无二的旅游方案。无论是对于喜欢历史文化的游客，还是对于钟爱自然风光的游客，人工智能都能根据他们的喜好为他们推荐最合适的景点、餐厅和娱乐活动。这种个性化的服务不仅提升了游客的满意度，还使得其旅游体验更加丰富多彩。

在提升旅游景区运营效率方面，人工智能同样展现出了强大的能力。通过智能化的导览系统，游客可以更加便捷地获取景区的地图、景点介绍及实时导航信息，从而无需再为迷路或错过重要景点而烦恼。智能客服则能够 24 小时不间断地为游客提供咨询和帮助，解决他们在旅行过程中遇到的各种问题。智能停车系统也能够有效缓解景区停车难的问题，通过实时监测车位使用情况，为游客提供更加便捷的停车体验。这些智能化的应用不仅提升了景区的服务质量，还为景区节省了大量的人力成本。

人工智能在旅游需求预测和趋势分析方面也发挥着越来越重要的作用。基于对历史数据和实时数据的深度挖掘，人工智能能够准确预测出未来一段时间内的旅游需求和趋势变化。这使得旅游景区能够提前做好准备，制定出更加合理的运营策略。例如：在旅游旺季到来之前，景区可以通过增加人手、提升服务质量等措施来应对即将到来的客流高峰。而在旅游淡季时，景区则可以推出各种优惠活动，吸引更多的游客前来游玩。这种基于数据驱动的决策方式不仅提高了景区的运营效率，还为其带来了更加可观的收益。

当然，人工智能在增强旅游安全方面同样发挥着不可替代的作用。通过智能化的监控系统，景区能够实时监控各个区域的游客流量和分布情况，及时发现并处理各种安全隐患。智能预警系统则能够在第一时间内向游客发出安全提示和预警信息，提醒

他们注意自身安全。这些智能化的安全措施不仅有效减少了旅游事故的发生，还为游客营造了一个更加安全、舒适的旅游环境。

人工智能与智慧旅游的结合为旅游业带来了前所未有的变革和机遇。这种结合不仅提升了游客的旅游体验，还为旅游景区的运营和管理带来了更加高效、智能的方案。随着人工智能技术的不断发展和普及，我们有理由相信，智慧旅游将会成为旅游业的主流趋势，为更多的人带来更加优质、便捷的旅游体验。这也将推动旅游业不断创新发展，为全球经济的繁荣做出更大的贡献。

人工智能在旅游业的应用还有巨大的拓展空间。例如，在虚拟现实和增强现实技术的支持下，人工智能可以为游客打造更加沉浸式的旅游体验，让他们足不出户就能游览世界各地的名胜古迹。在智能穿戴设备的辅助下，人工智能还能够实时监测游客的健康状况，为他们提供更加贴心的健康管理和旅游建议。这些创新应用将进一步丰富智慧旅游的内涵，满足游客日益多样化的需求。

二）面临的挑战

尽管智慧旅游与人工智能的结合带来了无限的可能性，但也面临着一系列挑战。这些挑战多维且复杂，涉及数据安全、技术成熟度、人员培训、法律法规等多个层面，每一个环节都至关重要，直接关乎智慧旅游能否健康、稳步地向前发展。

关于数据安全和隐私保护的问题不容小觑。在智慧旅游的推进过程中，人工智能系统需要不断地收集、处理和分析各类数据，其中不乏涉及个人隐私的敏感信息。这些信息一旦泄露或被滥用，将可能对个人权益造成严重侵害。如何确保数据安全地存储、传输和处理，以及如何设置合理的隐私保护机制，成为亟待解决的问题。这不仅需要技术上的持续创新和完善，更需要在制度和管理层面进行全方位的考量和规划。

技术的成熟度和应用成本同样是摆在智慧旅游面前的现实难题。虽然人工智能技术在全球范围内得到了迅猛发展，但在某些具体应用场景中仍存在技术不够成熟、稳定性不足等问题。高昂的技术应用成本也制约了智慧旅游的大规模推广。尤其是在一些经济基础相对薄弱的地区，如何降低技术应用门槛，让更多的旅游企业和游客享受到智慧旅游带来的便利，成为业界普遍关注的焦点。这需要我们不断加强技术研发和创新，推动技术的快速迭代和优化，同时积极探索多元化的合作模式，降低技术应用成本，提升普及率。

在人员培训和素质提升方面，智慧旅游也提出了新的要求。传统的旅游从业人员在面对智慧旅游的新模式、新工具时，往往感到力不从心。这就要求我们必须加大对从业人员的培训力度，提升他们的专业技能和素质水平，以适应智慧旅游发展的需要。

此外，还要注重引进和培养一批具备创新能力和跨界融合思维的高素质人才，为智慧旅游的持续发展提供有力的人才支撑。这不仅是旅游行业自身的一次深刻变革，也是教育和培训体系的一次挑战和机遇。

法律法规和监管机制的问题同样是智慧旅游发展过程中不可忽视的一环。随着智慧旅游的深入推进，一些新的法律问题和监管漏洞逐渐暴露出来。如何及时完善相关法律法规，建立健全的监管机制，为智慧旅游的健康发展提供必要的法律支持和监管保障，成为政府部门和社会各界共同关注的热点问题。这需要我们在借鉴国际先进经验的基础上，结合本国实际情况制定出一套既符合国际潮流又适合本国国情的法律法规体系，为智慧旅游的持续健康发展保驾护航。

人工智能与智慧旅游的结合虽然前景广阔，但面临的挑战也同样严峻。我们需要从数据安全、技术成熟度、人员培训、法律法规等多个方面入手，加强统筹规划和协同创新，努力突破一系列瓶颈制约，推动智慧旅游实现高质量发展。这不仅是对旅游行业的一次深刻变革，更是对全社会创新能力、治理能力和发展理念的一次全面检验。

四、未来展望与趋势

一）人工智能技术在智慧旅游中的持续创新

人工智能为智慧旅游带来的变革体现在各个方面，从提升游客体验到优化旅游管理，都显现出人工智能的强大潜力。

当你踏入一个陌生的城市，不再需要费心规划行程或寻找导游，因为智慧旅游系统已经根据你的兴趣、偏好和历史行为，为你量身定制了一份完美的旅游方案。无论是历史悠久的博物馆，还是风景如画的自然景观，系统都能准确捕捉你的兴趣点，并为你规划出最佳的游览路线。这一切都得益于人工智能技术的深度分析能力。

不仅如此，人工智能还在改变我们与旅游目的地的互动方式。通过自然语言处理和语音识别技术，智慧旅游系统能够实时理解游客的需求并作出相应的响应。无论是解答疑问、提供建议，还是预订服务，系统都能以智能化的方式与游客进行互动，为他们提供便捷、高效的服务。

在旅游管理方面，人工智能技术的应用同样广泛而深入。从酒店预订到景区管理，再到旅游安全，各个环节都能看到人工智能的身影。例如，通过智能分析游客的预订数据和行为模式，酒店能够更加准确地预测需求变化，并提前做好相应的准备工作。这不仅提高了酒店的运营效率，也提升了游客的住宿体验。

在景区管理方面，人工智能同样大有可为。通过实时监测游客的流量和分布情况，景区能够及时调整资源配置，确保游客的安全和舒适。人工智能还能帮助景区实现智能化导览和讲解服务，让游客在欣赏美景的同时也能深入了解其背后的历史和文化。

旅游安全是旅游活动中至关重要的一环，而人工智能在这方面也发挥着不可替代的作用。通过智能监控和预警系统，旅游目的地能够实时掌握各种安全风险因素，并及时采取应对措施。这不仅保障了游客的人身安全，也为他们提供了一个更加安心、舒适的旅游环境。

随着人工智能技术的不断发展和完善，我们有理由相信，智慧旅游的未来将更加美好、便捷。让我们共同期待人工智能与智慧旅游的完美结合，为我们带来更加丰富多彩的旅游体验。

当然，人工智能在智慧旅游领域的应用并非一蹴而就。为了实现这一愿景，我们需要克服许多技术和社会挑战。例如：如何确保数据的隐私和安全；如何提高系统的智能化水平；如何培养具备相关技能的人才；等等。这些问题都需要我们共同努力去解决。

我们也需要认识到，人工智能并非万能的。在追求技术创新的我们也应关注人文关怀和可持续发展。智慧旅游的发展应以提升游客体验和促进旅游业可持续发展为目标，而不是盲目追求技术的新颖性和先进性。

值得一提的是，人工智能与智慧旅游结合的应用也将对旅游业产生深远的影响。传统的旅游业模式将逐渐被智能化的旅游服务所取代，旅游业的生态链和价值链也将发生重构。在这个过程中，旅游从业者需要不断更新观念、提升技能，以适应这一变革的趋势。

我们也需要关注到人工智能在智慧旅游中的一些潜在风险和挑战。例如：人工智能技术的算法偏见和数据歧视问题可能影响到旅游推荐的公正性和准确性；人工智能系统的复杂性和不透明性可能增加旅游管理的难度和不确定性。在推动智慧旅游发展的同时也需要加强对这些潜在风险和挑战的研究和应对。

二）人工智能助力旅游业实现可持续发展

人工智能技术的迅猛发展正为各行各业带来翻天覆地的变化。在旅游业中，人工智能的介入不仅提升了服务效率，更在环保、节能及社会公益等方面发挥了举足轻重的作用。通过对景区环境的实时监测，人工智能能够为管理者提供精准的环保决策支持，确保旅游活动与自然环境的和谐共生。借助先进的能源管理和节能技术，人工智能正在助力旅游业大幅降低能耗和碳排放，为绿色旅游的发展奠定了坚实基础。

更为值得一提的是，人工智能在关注社会责任和公益事业方面也展现出了独特的优势。例如，通过智能分析和数据挖掘，人工智能能够为弱势群体提供更为贴心和便捷的旅游援助，使得旅游业的发展成果能更为公平和包容地惠及每一个人。这些举措不仅提升了旅游业的整体形象，也为其可持续发展注入了新的活力。

当我们站在历史的长河中审视这一切，不难发现人工智能与旅游业的紧密结合正成为时代发展的必然趋势。在这个过程中，人工智能不仅扮演了技术推动者的角色，更成为旅游业可持续发展的有力保障。从环保监测到节能降耗，再到社会公益事业的推动，人工智能在每一个环节都发挥着不可或缺的作用。

随着技术的不断进步和应用场景的不断拓展，我们有理由相信，人工智能将在未来为旅游业带来更多的惊喜和变革。或许在不久的将来，我们将会看到更多智能化、绿色化、公平化的旅游产品和服务涌现出来，为人们的出行带来更为便捷和愉悦的体验。这一切的实现都离不开人工智能的助力和推动。

在这个充满挑战与机遇的时代背景下，旅游业需要紧紧抓住人工智能这一历史性的发展机遇，不断推动技术创新和应用拓展，才能在激烈的市场竞争中立于不败之地，为可持续发展作出更大的贡献。

我们还应看到，人工智能在旅游业的应用还远未触及天花板。在诸如虚拟现实、增强现实等前沿技术的助力下，人工智能有望为旅游业带来更为沉浸式和个性化的服务体验。例如：通过智能算法和大数据分析，旅游平台可以为游客推荐更加符合其兴趣和需求的旅游线路和活动；借助虚拟现实技术，游客则可以在家中就能提前体验到目的地的风情和文化。这些创新应用不仅将极大地提升旅游业的吸引力，也将为其带来更为广阔的市场空间和发展前景。

第八章　智慧旅游虚拟现实技术

本章主要介绍虚拟现实技术在酒店业和旅游教育领域的创新应用案例。在酒店业方面，本章阐述了如何利用虚拟现实技术为游客打造全新的酒店体验，包括提供虚拟客房以增强预订便捷性和体验感，实现虚拟前台和虚拟导游等服务方式以提升服务质量和效率，以及为商务游客提供虚拟会议室以打造更为真实、高效的远程会议体验。在旅游教育领域，本章聚焦虚拟现实技术的多元化应用，如虚拟实地考察以加深学生对旅游目的地的了解，创新导游培训方式以提升专业素养，以及模拟旅游路线和方案以锻炼学生规划能力和实践能力。

本章还分析了虚拟现实技术在智慧旅游中的创新应用，如打造沉浸式旅游体验、提供虚拟导览与解说服务，以及实现个性化旅游规划，旨在提升旅游的吸引力和趣味性，加深游客对景区文化的理解与感受，并提高每位游客的旅游满意度。

此外，本章探讨了虚拟现实技术与智慧旅游的未来融合方向，包括智能化旅游服务的崛起、交互式旅游体验的重要性和多感官体验的发展趋势，为旅游行业的未来发展指明了方向。最后，本章强调了虚拟现实技术在智慧旅游中的社会与经济影响，认为其应用将推动旅游业向数字化、智能化方向迈进，提升旅游业的竞争力和创新能力，促进旅游业的可持续发展。

一、虚拟现实技术基础

一）虚拟现实技术的原理

在科技的浩瀚海洋中，虚拟现实技术犹如一颗璀璨的明珠，它汇聚了计算机图形学、人机交互、传感器技术等诸多领域的精髓，为我们开启了一扇通往全新世界的大门。这一技术并非凭空产生，而是基于人类对真实感知与交互方式的深入探索，借助先进的硬件设备和软件系统为我们打造出一个又一个栩栩如生的虚拟环境。

当我们谈及虚拟现实技术，不得不提及其背后的两大支柱：实时渲染和物理引擎。

实时渲染，作为虚拟现实的视觉呈现核心，它的作用就如同一位技艺高超的画家，用细腻的笔触在虚拟的画布上勾勒出逼真的场景和物体。每一帧图像的生成都是对真实世界的细致模仿，光影交错、纹理清晰，让人仿佛置身于其中。物理引擎，则是虚拟现实世界的运动法则制定者。它精准地计算着虚拟物体的运动轨迹、碰撞反应，确保虚拟世界的每一次动态变化都符合物理规律，从而为用户带来更加真实、自然的体验。

想象一下，当你戴上虚拟现实头盔，手持操控手柄，你便能够瞬间穿越到一个全新的世界。那里的一切仿佛都触手可及，你可以在其中自由地探索、互动，感受前所未有的沉浸式体验。这不仅是科技的魅力，更是虚拟现实技术为我们带来的无限可能。

虚拟现实技术的应用远不止于此。在教育领域，它为学生们提供了身临其境的学习体验，让枯燥的知识变得生动有趣；在医疗领域，它帮助医生进行手术模拟，提高手术的准确性和安全性；在娱乐领域，它为我们带来了全新的游戏方式和观影体验，让我们仿佛成为电影和游戏中的主角。

当然，虚拟现实技术的发展仍面临着诸多挑战。例如：如何进一步提高图像的渲染质量，减少延迟和卡顿现象，提高用户体验的流畅度；如何降低硬件设备的成本，让更多人能够接触到虚拟现实技术；如何确保虚拟世界的安全性和隐私保护，防止不良信息的传播和滥用。这些问题需要科技界、产业界以及社会各界共同努力，共同推动虚拟现实技术的健康发展。

虚拟现实技术并不是孤立存在的。它与增强现实技术、混合现实技术等都有着紧密的联系和互补性。这些技术的结合将为我们带来更加丰富多彩、更加真实可信的虚拟与现实交融的体验。随着相关技术的不断进步和创新，我们有理由相信，虚拟现实技术将在更多领域发挥更大的作用，为人类的生活带来更加美好的变化。

当我们回首过去，会发现虚拟现实技术已经走过了漫长而曲折的历程。从最初的概念提出，到后来的技术研发、产品问世，再到如今的广泛应用和深入人心，每一步都凝聚着无数科技人的智慧和汗水。展望未来，虚拟现实技术将继续以其独特的魅力和无限的可能吸引我们的目光。它将不断拓展其应用领域，深化其技术内涵。而我们也将继续关注虚拟现实技术的发展动态，期待它为我们带来更多的惊喜和收获。

二）虚拟现实技术的特点

深入探索虚拟现实技术的奇妙世界，我们不难发现其独特魅力的源泉：无与伦比的沉浸感、强大的交互性以及多元化的感知体验。这些核心要素相互交织，共同构建了一个引人入胜的虚拟世界，让用户在其中尽情遨游，感受前所未有的震撼。

当用户戴上虚拟现实头盔，仿佛被传送到了另一个世界。这个世界充满了真实感，无论是视觉、听觉还是触觉，都让人感觉仿佛置身于一个真实的环境中。这种沉浸感是如此深刻，以至于用户常常会忘记自己身处虚拟世界，而完全投入到这个全新的体验中。

不仅如此，虚拟现实技术还赋予了用户与虚拟世界互动的能力。通过手柄操作、声音控制或手势识别等多种方式，用户可以实时地与虚拟世界进行互动，从而影响和改变这个世界。这种交互性不仅增强了用户的沉浸感，还让他们成为虚拟世界的一部分，让他们能够在其中自由地探索和发现。

虚拟现实技术的多感知性也是其独特之处。除了视觉上的呈现，它还通过声音、触觉等多种方式为用户提供全面的感知体验。在这样的环境中，用户可以感受到风的吹拂、水的流淌，甚至可以闻到花香和草地的气息。这种多感知的体验让用户更加深入地融入虚拟世界中，感受其中的每一个细节和变化。

这些特点使得虚拟现实技术在众多领域具有广泛的应用前景。在教育领域，虚拟现实技术可以为学生提供身临其境的学习体验，让他们更加直观地了解抽象的概念和知识。在娱乐领域，虚拟现实游戏和电影为用户带来了前所未有的刺激和乐趣，让他们仿佛成为游戏中的主角。在医疗领域，虚拟现实技术可以用于手术模拟、康复训练等方面，为医生和患者提供更加安全和有效的治疗方案。在军事领域，虚拟现实技术可以用于模拟战斗、战术演练等方面，提高士兵的作战能力和协同作战能力。

虚拟现实技术还具有巨大的商业价值和社会价值。随着技术的不断发展和普及，虚拟现实设备的成本将逐渐降低，更加普及化。这将为更多的用户提供接触和使用虚拟现实技术的机会，进一步推动其在各个领域的应用和发展。虚拟现实技术也将为其创作者和开发者提供更加广阔的创作空间和商业机会，促进文化产业和科技创新的繁荣发展。在虚拟现实技术的推动下，我们的生活将变得更加丰富多彩和便捷高效。

当然，虚拟现实技术的发展也面临着一些挑战和问题。例如：如何保证用户的舒适度和安全性，如何提高虚拟世界的真实感和自然度，等等。但是，随着技术的不断进步和创新，我们相信这些问题将逐渐得到解决，虚拟现实技术将不断完善和发展。

在这个充满无限可能的时代里，虚拟现实技术为我们打开了一扇通往新世界的大门。让我们怀揣着好奇心和探索精神，一起走进这个神奇的虚拟世界吧！在这里，我们将感受到前所未有的震撼，领略到科技的魅力和力量。

三）虚拟现实技术的发展历程

自虚拟现实技术问世以来，其发展历程可谓波澜壮阔，跨越了多个时代和领域。早在 20 世纪 50 年代，这项技术便萌芽，当时的计算机图形学为其奠定了坚实的基础。

此后，随着科技的不断进步，虚拟现实技术逐渐从理论走向实践，并在军事、航空航天等领域大放异彩。

进入 21 世纪，虚拟现实技术迎来了爆炸式的发展。在游戏、娱乐产业中，它为玩家们带来了沉浸式的体验，让人们仿佛置身于一个全新的世界。

近年来，虚拟现实技术的创新步伐愈发加快。与其他前沿技术的融合，如人工智能、物联网等，为虚拟现实技术注入了新的活力。这些创新不仅使得虚拟现实技术在原有领域的应用更加深入，还为其在智慧旅游等新兴领域的发展提供了广阔的空间。

在智慧旅游领域，虚拟现实技术以其独特的优势，为游客带来了前所未有的旅游体验。借助虚拟现实技术，游客可以在家中就能游览世界各地的名胜古迹，感受不同地域的风土人情。这种沉浸式的旅游方式不仅为游客节省了时间和金钱成本，还让游客能够更加深入地了解目的地的文化和历史。

虚拟现实技术还为旅游规划和管理提供了强大的支持。通过构建虚拟旅游场景，相关部门可以更加直观地展示旅游资源和规划方案，提高决策效率和准确性。对于旅游从业者来说，虚拟现实技术也成为一种全新的营销手段，帮助他们吸引更多游客，提升业务水平。

虚拟现实技术在旅游领域的应用远不止于此。随着技术的不断进步和创新，我们有理由相信，在未来的日子里，虚拟现实技术将为旅游业带来更多的惊喜和变革。它可能会改变我们的旅游方式、旅游习惯，甚至重塑整个旅游产业的格局。

除了智慧旅游领域外，虚拟现实技术在其他领域的应用也同样值得期待。在教育领域，虚拟现实技术已经开始广泛应用于课堂教学、实验模拟等方面。它让学生们能够更加直观地理解抽象的知识概念，提高学习效率和兴趣。在医疗领域，虚拟现实技术也被用于治疗恐惧症、焦虑症等心理疾病，以及进行手术模拟和康复训练等。这些应用不仅提高了医疗服务的水平和效率，还为患者带来了更好的治疗效果和体验。

当然，虚拟现实技术的发展也面临着一些挑战和问题。例如：如何确保虚拟现实体验的舒适性和安全性，如何降低设备成本和提高普及率等。然而随着科技的不断进步和社会的不断发展，这些问题都将逐步得到解决。

二、智慧旅游与虚拟现实技术的融合

一）虚拟现实技术在智慧旅游中的应用概述

智慧旅游与虚拟现实技术的交融正在为旅游业描绘出一幅前所未有的未来画卷。

在这个时代，技术的迅猛发展让我们不再局限于传统的旅游方式，而是能够通过虚拟现实技术将世界各地的美景尽收眼底，无须踏出家门，便能感受到各地的风土人情。

想象一下，戴上虚拟现实头盔，瞬间便置身于巴黎的埃菲尔铁塔下，或者是漫步在罗马的古老街道上。这种全新的旅游体验，不仅让游客能够随时随地探索世界的每一个角落，更重要的是，它为那些行动不便或时间有限的人们提供了一个全新的旅游选择。虚拟现实技术的逼真效果让游客仿佛置身于目的地之中，感受着那里的气息，聆听着那里的声音，甚至还能与虚拟环境中的事物进行互动，这种沉浸式的体验无疑让人们对旅游有了全新的认识。

在旅游规划方面，虚拟现实技术也发挥着举足轻重的作用。过去，我们在规划旅行时，往往只能通过查阅大量的资料、观看照片或视频来了解目的地的情况。这种方式所获取的信息往往有限，而且很难让人形成一个直观、全面的认识。现在，有了虚拟现实技术，我们可以在虚拟环境中自由探索目的地的每一个角落，了解那里的地理环境、建筑风格、文化特色等各方面的信息。这种全新的旅游规划方式不仅让游客在出发前就能对目的地有一个深入的了解，更重要的是，它能够帮助游客更好地安排行程，确保每一次旅行都能获得最佳的体验。

虚拟现实技术在旅游导览服务中也展现出了巨大的潜力。传统的导游服务往往受到时间、地点等多种因素的限制，而且导游的讲解内容也很难满足每一个游客的需求。通过虚拟现实技术，我们可以为游客提供一种全新的导览服务。在虚拟环境中，游客可以自由选择想要了解的景点，而虚拟导游则会为他们提供详细、生动的讲解。这种导览方式不仅让游客能够根据自己的兴趣和需求来安排游览路线，更重要的是，它能够让游客在游览过程中获得更加丰富、深入的信息，从而提升他们的整体游览体验。

当然，虚拟现实技术在智慧旅游中的应用还远远不止于此。随着技术的不断进步和创新，虚拟现实技术将为旅游业带来更多的可能性。例如：通过虚拟现实技术，我们可以为游客提供虚拟旅游纪念品，让他们在游览结束后依然能够保留那份美好的回忆；还可以通过虚拟现实技术为游客提供虚拟旅游社交平台，让他们在虚拟环境中结识志同道合的朋友，分享彼此的旅游经历。这些创新的应用方式无疑将为旅游业注入新的活力，推动其不断向前发展。

在这个信息爆炸的时代，虚拟现实技术与智慧旅游的完美结合为我们提供了一个全新的视角来认识世界、探索世界，这种全新的旅游方式让我们的生活变得更加丰富多彩。

二）虚拟现实技术提升旅游体验的方式

在现今时代，科技的发展与人们的生活愈发紧密相连，旅游行业也不例外。当我们谈及旅游，往往首先想到的是那些美轮美奂的风景、丰富的文化遗产和独特的风土人情。但随着智慧旅游概念的兴起，特别是虚拟现实技术的广泛应用，我们对旅游的认识正在发生深刻的变革。

在这个章节中，我们要探索一个问题：当智慧旅游遇上虚拟现实，会产生怎样的化学反应？我们知道，旅游的本质是一种体验，是人们在生活中寻找新鲜感、刺激感和满足感的一种途径。那么，虚拟现实技术能为旅游体验带来怎样的革新呢？

不妨设想一下，当你戴上一副虚拟现实眼镜，瞬间就能被传送到一个完全不同的世界。这个世界的每一处都充满了生机与活力，你仿佛就置身其中，感受着那里的一切，这便是沉浸式体验所带来的魔力。不同于传统的观看图片或视频，沉浸式体验给予游客的是一种身临其境的感受。你不再是一个旁观者，而是一个参与者，深深地融入那个虚拟的世界中去。每一个细节、每一个声音，甚至是风的方向和强度，都被精确地模拟出来，让你的感官得到了前所未有的刺激。

而这种刺激并不仅仅停留在视觉上。交互性体验则让游客进一步成为这个虚拟世界的主宰者。在虚拟现实技术的支持下，游客可以选择自己想去的地方或者想参与的活动。想体验山顶上的风光？只需一个简单的动作，你就能瞬间站在那里，感受着风的吹拂和云的触手可及。想与当地居民进行互动？不再需要担忧语言障碍，虚拟世界里的居民会用你所选择的语言与你进行真实的对话，分享他们的故事和文化。这种交互性不仅极大地提高了旅游的趣味性，还使得每位游客都能获得独一无二的体验。

更进一步的，虚拟现实技术还为我们带来了个性化体验。每个人都有自己独特的喜好和需求，而在虚拟世界中，这些喜好和需求都能得到满足。你是否想过在古老的中国古镇中，品味那独特的茶点？或是在古罗马的斗兽场中，亲身感受那激情四溢的竞技？在虚拟现实的世界里，这些都不再是梦。你不仅能定制自己的游览路线，还能根据自己的喜好选择想要体验的文化和风俗。这种个性化体验不仅使得每位游客都能找到属于自己的乐趣，还为旅游行业带来了新的商业模式和发展方向。

虚拟现实技术为智慧旅游带来了巨大的潜力和机遇。它通过沉浸式体验、交互性体验和个性化体验三种方式彻底改变了我们对旅游的认知和期待。这不仅预示着旅游业未来的创新发展方向，还为我们提供了无限的想象空间。我们有理由相信，在不远的将来，虚拟现实技术将成为旅游业的一张亮丽名片，吸引更多的人投身于这场奇妙的旅程中。

除了以上所述的三种体验方式，虚拟现实技术在旅游行业中的应用还远远不止这些。例如，它还可以被用来进行历史文化的传承和保护。那些因为各种原因而消失的古迹和遗址，在虚拟现实中得到了永恒的保存和重现。游客们无须跋山涉水，就能轻松地感受到那些历史的沧桑和文化瑰宝。这不仅极大地提高了旅游的文化含量，还为文物的保护和研究提供了新的思路和方法。

再如，虚拟现实技术还能被用来进行旅游规划和预览。在过去，游客们在出行前往往只能通过图片和文字来了解目的地的相关信息，但这种方式往往具有很大的局限性，无法真实地展现出目的地的全貌和魅力。虚拟现实技术则能够打破这一限制，为游客们提供一个全面、逼真的预览效果。通过这种方式，游客们可以提前规划好自己的行程和游览路线，避免许多麻烦和浪费。

虚拟现实技术还可以与其他的智慧旅游元素进行深度融合，创造出更加丰富多彩的体验效果。比如：与物联网技术的结合，可以为游客提供实时的导游解说和环境信息；与人工智能的结合，可以为游客提供更加智能化和个性化的服务；与社交媒体的结合，则可以让游客轻松地分享自己的旅行经历和心得感悟。

三）虚拟现实技术在旅游目的地推广中的应用

如今，智慧旅游与虚拟现实技术的融合已经成为旅游行业的一大创新趋势。这种融合不仅为旅游目的地推广带来了全新的视角和手段，更在潜移默化中改变着人们的旅游消费习惯。

通过虚拟现实技术，我们能够将那些遥不可及的旅游目的地带到人们的眼前，让他们身临其境地感受那里的独特风光和文化魅力。这种沉浸式的体验无疑比传统的文字和图片宣传更具吸引力，更能激发潜在游客的出游意愿。

在旅游目的地推广方面，虚拟现实技术的应用可谓是全方位的。通过精心制作的虚拟现实旅游宣传片，我们能够以更加生动、形象的方式展示旅游目的地的美景和特色。这种宣传片不仅可以在各类旅游展会上大放异彩，还可以通过网络平台进行广泛传播，吸引更多人的关注。

虚拟现实技术还可以用于打造虚拟旅游展览。通过将旅游目的地的景点、文化、历史等元素进行数字化处理，我们可以在虚拟空间中重现这些元素的魅力和价值。这样一来不仅可以让更多人了解旅游目的地并产生旅游意愿，还可以为那些无法亲临现场的人提供一种全新的旅游体验方式。

当然，虚拟现实技术与社交媒体平台的结合也是一大亮点。通过社交媒体平台，我们可以将虚拟旅游体验分享给更多的人，让他们在家就能感受到旅游的乐趣。我们还可以设计各种互动游戏和活动，让人们在参与的过程中更加深入地了解旅游目的地，从而进一步提升其知名度和影响力。

不仅如此，虚拟现实技术还可以为旅游目的地提供更加精准的市场营销策略。通过对虚拟旅游体验的数据进行分析，我们可以更加准确地了解潜在游客的兴趣和需求，从而制定出更加符合市场需求的推广策略。这样一来，不仅可以提高旅游目的地的市场竞争力，还可以为其带来更加可观的经济效益。

从更宏观的角度来看，智慧旅游与虚拟现实技术的融合也是时代发展的必然趋势。在这个信息化、智能化的时代，人们对于旅游的需求和期待也在不断升级。他们不再满足于传统的观光游览方式，而是更加追求个性化、体验化的旅游方式。虚拟现实技术正好能够满足这一需求，为人们提供更加自由、更加深入的旅游体验。

这种融合也为旅游行业带来了更加严峻的挑战。虚拟现实技术的应用需要大量的资金和技术支持，这对于一些实力较弱的旅游目的地来说无疑是一个巨大的考验。另外，虚拟现实技术的普及和应用也需要一定的时间和一个市场培育过程，这需要旅游行业各方共同努力和推动。

三、虚拟现实技术在旅游体验创新中的应用

一）虚拟现实技术带来的旅游体验变革

在现代科技的推动下，旅游业的变革已不再是简单的模式升级，而是正经历着一场由虚拟现实技术引领的深刻革命。这种技术不仅重新定义了我们对旅游的认知，更在无形中重塑了我们的旅游期待和体验方式。

虚拟现实技术以其独有的沉浸式体验，将游客带入了一个全新的旅游时代。它打破了传统旅游的界限，使游客无须出家门，便能身临其境地感受世界各地的壮美景色和独特文化。这种体验的真实感，远超过以往的任何旅游形式，让人们在舒适的家中，就能享受到媲美现场的旅游乐趣。

更为重要的是，虚拟现实技术不仅提供了对现实世界的模拟，更在这个基础上进行了创新和提升。通过先进的技术处理，虚拟现实能够为游客呈现出比现实世界更为绚丽、更为震撼的视觉效果。这种超越现实的体验让人们在享受旅游的同时也能感受到科技带来的无限可能。

虚拟现实技术还为旅游带来了前所未有的便捷性。在过去，旅游往往受到时间、空间、经济等多重因素的限制，使得许多人无法随心所欲地畅游世界。而现在，有了虚拟现实技术，这些限制都不再是问题。人们可以在任何时间、任何地点，通过虚拟现实设备，随时开启一段奇妙之旅。这种全新的旅游方式不仅节省了人们的时间和金钱成本，更让旅游变得更为轻松和自在。

　　虚拟现实技术对旅游体验的创新还不止于此。它更为注重满足游客的个性化需求，为每一位游客提供量身定制的旅游体验。无论是喜欢宁静的山水画卷，还是热衷于繁华的都市风光，虚拟现实技术都能根据个人的喜好和需求，提供最为合适的旅游内容。这种个性化的旅游体验不仅提高了游客的满意度和忠诚度，更让每一位游客都能在虚拟的世界中，找到属于自己的旅游乐趣。

　　在这场由虚拟现实技术引领的旅游革命中，我们看到的不仅仅是技术的创新和突破，更是旅游业的未来和希望。随着虚拟现实技术的不断发展和完善，其在旅游行业的应用也将变得更加广泛和深入。从简单的景点展示到复杂的文化体验，从单一的视觉感受到多维度的互动参与，虚拟现实技术正以其强大的功能和无限的潜力为旅游业带来前所未有的变革和发展机遇。

二）虚拟现实技术在旅游产品设计中的应用

　　虚拟现实技术以其独特的魅力逐渐渗透到我们生活的方方面面。其中，旅游行业作为与人们休闲生活紧密相连的领域，自然也不例外。虚拟现实技术的引入为旅游产品设计带来了颠覆性的创新，让人们的旅游体验迈上了一个全新的台阶。

　　当你站在一个充满未来感的设备前，戴上一副特制的虚拟现实眼镜，瞬间就能身临其境地置身于千里之外的旅游胜地。你无须长途跋涉，无须费时费力，就能尽享世界各地的美景。这就是虚拟现实技术在旅游产品设计中所展现的神奇魅力。

　　在虚拟现实技术的助力下，旅游产品设计不再局限于传统的模式。我们可以利用这一先进技术为游客打造一款全新的虚拟旅游导览产品。这款产品能够全方位、多角度地展示旅游目的地的风貌，让游客在出发前就能对目的地有一个全面而深入的了解。景点导览和路线规划等功能也为游客提供了极大的便利，帮助他们更好地规划自己的旅游行程。

　　虚拟现实技术还为旅游纪念品的设计带来了无限可能。传统的旅游纪念品，如明信片、照片等，虽然具有一定的纪念意义，但往往缺乏互动性和新颖性。而利用虚拟现实技术制作的虚拟旅游纪念品则能够让游客在回忆旅途美好时光的同时再次身临其境地感受那份难忘的体验。例如，一款虚拟明信片，不仅能让游客将旅途中的美景分享给亲朋好友，还能让他们在接收明信片的同时感受到那份来自远方的祝福和喜悦。

　　当然，虚拟现实技术在旅游产品设计中的应用远不止于此。我们还可以借助这一技术打造一座充满科技与梦幻色彩的虚拟旅游体验馆。在这座体验馆内，游客可以穿越时空的隧道，领略不同地域、不同文化的旅游景观和风情。无论是古老的埃及金字塔，还是浪漫的法国薰衣草田，抑或是神秘的亚马孙丛林，只要游客愿意，他们都能在这里找到属于自己的梦幻之旅。

　　虚拟旅游体验馆的出现不仅丰富了旅游产品的形式和内容，更提升了旅游产品的吸引力和竞争力。对于旅游行业而言，这无疑是一次划时代的变革。它打破了地域和时间的限制，让更多人有机会接触到世界各地的旅游资源，从而推动了旅游行业的快速发展。

　　虚拟现实技术在旅游产品设计中的应用还具有极高的社会价值。它不仅能够满足人们对旅游体验的多元化需求，还能在一定程度上缓解旅游资源紧张的问题。通过虚拟现实技术，我们可以将那些即将消失或难以到达的景点进行数字化保存和再现，让更多人有机会欣赏到这些珍贵的文化遗产和自然奇观。这无疑对保护和传承人类文明具有深远的意义。

三）虚拟现实技术在旅游互动体验中的应用

　　虚拟现实技术以其独特的魅力正在旅游互动体验领域掀起一场革命。这一技术不仅让游客能够沉浸在丰富多彩的虚拟环境中，还为他们提供了与旅游相关的各种全新互动方式，从而极大地丰富了旅游体验的内涵和外延。

　　在旅游过程中，获取准确、详尽的旅游信息对于游客来说至关重要。传统的导游服务往往受到时间、语言等多种因素的限制，难以满足游客的个性化需求。虚拟导游互动技术的出现，恰如其分地解决了这一问题。借助虚拟现实技术，游客可以随时随地与虚拟导游进行交流、提问，获取自己感兴趣的旅游信息。这种互动方式不仅打破了时间和空间的限制，还让游客在享受旅游乐趣的同时更加深入地了解旅游目的地的历史、文化和风土人情。

　　旅游游戏的兴起为游客提供了另一种全新的旅游互动体验。这些游戏利用虚拟现实技术，将旅游目的地的自然景观、人文景观等元素巧妙地融入游戏中，让游客在游戏中感受旅游的乐趣与刺激。与传统的旅游方式相比，虚拟旅游游戏更加注重游客的参与感和体验感。游客可以通过游戏中的角色扮演、任务挑战等方式，深入了解旅游目的地的文化内涵，同时还可以在游戏中与其他游客互动、交流，分享各自的旅游心得和感受。这种寓教于乐的旅游方式，无疑为旅游增添了更多的趣味性和互动性。

　　社交互动体验是虚拟现实技术在旅游领域的又一重要应用。在虚拟的旅游场景中，游客们可以畅所欲言，分享各自的旅游心得和感受，形成了一种独特的社交氛围。这种社交方式不仅让游客在旅游过程中结识新朋友，还为他们提供了一个展示自我、分享快乐的平台。与此同时，虚拟现实技术还能够根据游客的兴趣爱好和旅游需求，为他们推荐相似的旅游路线和景点，从而帮助他们更好地规划自己的旅游行程。

除了上述三大应用外，虚拟现实技术在旅游领域还有着广阔的应用前景。例如：在旅游规划和设计阶段，虚拟现实技术可以帮助旅游开发者更加直观地展示旅游项目的效果和潜力，从而提高项目的吸引力和成功率。在旅游营销和推广方面，虚拟现实技术可以为旅游目的地打造独具特色的虚拟旅游体验，吸引更多潜在游客的关注和兴趣。虚拟现实技术还可以与增强现实、混合现实等前沿技术相结合，为游客提供更加丰富、多样的旅游互动体验。

虚拟现实技术的广泛应用，正在为旅游体验创新带来革命性的变革。它不仅让旅游变得更加便捷、高效和有趣，还让游客在享受旅游乐趣的同时更加深入地了解旅游目的地的文化内涵和历史底蕴。

四、虚拟现实技术的挑战与未来发展

一）虚拟现实技术面临的挑战

在深入探索虚拟现实技术的各个领域时，我们不能不关注其当前面临的挑战及它所孕育的未来发展潜力。这项技术虽然带来了前所未有的沉浸式体验，但仍然在多个层面上遭遇了限制。其中，技术的成熟度是最为核心的问题。尽管在过去的年月里，虚拟现实技术在诸多方面都取得了显著进展，但分辨率、延迟及交互性等关键技术指标仍存在诸多提升空间。这些问题并非无关紧要的细节，而是直接关系到用户体验的流畅度和真实感。

考虑到虚拟现实技术的目标是为用户创造一个仿若真实的数字世界，那么其视觉呈现的质量就显得尤为重要。当前许多虚拟现实设备在分辨率方面仍未达到令人完全满意的标准。这种分辨率的不足往往导致虚拟世界中的物体显得模糊不清，从而大大降低了用户的沉浸感。延迟问题也是一个不容忽视的技术瓶颈。无论是头部追踪还是手势识别，任何微小的延迟都可能导致用户在虚拟现实环境中的行动与视觉反馈之间出现不同步，进而引发晕动病或不适感。

交互性的欠缺则是另一大技术挑战。虚拟现实技术的魅力在于它能够提供一种全新的、以用户为中心的交互方式。但就目前而言，大多数虚拟现实应用仍然依赖于传统的输入设备，如键盘、鼠标或触控屏，这些设备与虚拟现实环境之间的交互往往显得不够自然和直观。为了实现更加自然的交互方式，未来的虚拟现实技术需要更加精准地捕捉和理解用户的意图，无论是通过声音、手势还是其他生物识别技术。

除了技术层面的挑战外，虚拟现实技术的普及还面临着硬件成本高昂这一难题。

尽管市场上的虚拟现实设备种类繁多，但价格往往不菲。这使得许多潜在的用户，尤其是那些对价格敏感的消费者和企业在选择是否投资虚拟现实技术时感到犹豫不决。高成本不仅限制了虚拟现实技术的市场推广速度，还阻碍了其在诸如智慧旅游等领域的广泛应用。在这些领域中，虚拟现实技术有望为用户带来更加丰富和深刻的体验，但由于成本考量，许多有前景的应用案例至今仍停留在理论或小规模试点阶段。

当然，用户体验方面的问题也是不容忽视的。虚拟现实技术要求用户佩戴特定的头戴设备，并通过这些设备与虚拟世界进行交互。长时间佩戴这些设备往往会带来不适感，如眼睛疲劳、颈部压力等。由于设备本身的限制，用户在虚拟现实环境中的行动也会受到一定程度的限制。这些问题直接影响到用户对虚拟现实技术的接受度和满意度，因此必须在技术发展的过程中得到妥善解决。

虚拟现实技术市场在内容供给方面也存在一定的挑战。虽然市场上不乏优秀的虚拟现实内容，但整体来看，内容质量的参差不齐仍是一个不容忽视的问题。高质量内容的制作成本往往较高，这限制了内容的产出速度和规模；另外由于缺乏统一的内容制作标准和审核机制，大量低质量甚至有害的内容也得以在市场上流通。这不仅损害了用户的利益，也对虚拟现实技术的声誉和市场前景造成了负面影响。

尽管面临诸多挑战，但我们有理由对虚拟现实技术的未来发展保持乐观态度。随着科研投入的持续增加和技术创新的不断推进，虚拟现实技术在分辨率、延迟、交互性等关键技术指标上有望实现重大突破，这将为用户带来更加流畅、真实和自然的沉浸式体验。随着生产工艺的改进和规模效应的发挥，硬件设备的成本也有望逐步降低，从而使更多的用户和企业能够接触并受益于这项技术。在内容供给方面，随着市场的日益成熟和竞争的加剧，我们有理由期待更多高质量、有创意的虚拟现实内容涌现出来，为用户提供更加丰富多彩的选择。

虚拟现实技术虽然在多个层面上都面临挑战，但其未来的发展潜力依然巨大。只要我们能够正视并努力解决这些问题，那么这项技术就有望在不久的将来为我们的生活带来更加深刻和广泛的影响。无论是在娱乐、教育还是医疗、旅游等领域，虚拟现实技术都有望为我们开创一个全新的、充满无限可能的世界。

二）虚拟现实技术的未来发展趋势

虚拟现实，这一引领时代潮流的技术正以其独特的魅力改变着我们的生活方式。特别是在旅游领域，它所带来的沉浸式体验已经让越来越多的人为之倾倒。

随着科技的不断进步，虚拟现实设备在分辨率、延迟和交互性方面取得了显著的提升。这些进步不仅提升了用户的整体体验，还使得虚拟现实场景更加逼真，引人入胜。

硬件成本的降低更是为虚拟现实技术的普及奠定了坚实的基础。过去，高昂的设备价格让许多人望而却步。但现在，随着技术的进步和激烈的市场竞争，虚拟现实设备的价格已经越来越亲民。这意味着更多的旅游目的地和游客都能够轻松接触到这一神奇的技术，沉浸于虚拟现实所带来的新奇体验中。无论是山川河流、古城遗迹，还是现代都市的繁华景象，都可以通过虚拟现实技术呈现在游客面前，让他们感受到前所未有的震撼和愉悦。

当然，虚拟现实技术的发展离不开内容的创新。随着内容制作技术的日益成熟，虚拟现实内容已经不再是单一的场景展示，而是融入了更多的创意和元素。未来的虚拟现实内容将更加丰富多彩、充满想象力，以满足不同游客的个性化需求。游客可以在虚拟现实中参加一场激动人心的演唱会，与偶像零距离互动；或者置身于一部史诗级的电影中，成为主角或亲历者；甚至还可以在虚拟现实中体验极限运动，感受刺激与快感。这些丰富多样的内容将为游客带来更加精彩纷呈的虚拟现实体验。

通过虚拟现实技术，我们可以更加深入地了解旅游目的地的历史文化、风土人情等信息；结合人工智能和物联网技术，我们还可以实现更加智能化的旅游服务和管理。例如，通过虚拟现实技术模拟旅游景点的客流情况，结合人工智能的数据分析能力，我们可以预测未来一段时间内的游客数量，从而合理安排旅游资源和人力物力，提高旅游服务的质量和效率。

三）虚拟现实技术在智慧旅游中的长期影响

在现代科技的浩瀚海洋中，虚拟现实技术以其独特的魅力与无限的潜力，正逐步在旅游领域开启一场深远的革命。智慧旅游，这一新兴概念与虚拟现实技术的完美结合，预示着旅游业将迈入一个全新的发展阶段。

当我们谈论虚拟现实技术在智慧旅游中的应用时，我们不得不提到它为游客带来的那种身临其境的旅游体验。无须踏出家门，游客便能借助虚拟现实设备，瞬间"穿越"到世界的任何一个角落。想象一下，置身于古罗马的斗兽场，感受千年前的历史气息；或是漫步在樱花盛开的日本街头，体验异国的文化韵味。这一切，都无须承受旅途的劳顿与费用的压力，便能轻松实现。

对于那些热爱探索的游客来说，虚拟现实技术提供的沉浸式体验更是一场感官的盛宴。它不仅展现了目的地的自然风光与人文景观，更深入地揭示了其背后的历史故事与文化内涵。游客可以通过虚拟现实设备，与古老的文明进行对话，感受不同文化之间的碰撞与融合。

虚拟现实技术带给旅游业的变革远不止于此。随着技术的不断进步与应用场景的不断拓展，它正在为旅游行业带来更多的商业机遇与创新点。旅行社可以利用虚拟现实技术，为潜在客户提供更为逼真的旅游预览服务，从而提升销售额与客户满意度。景区则可以通过虚拟现实技术，打造出别具一格的数字化旅游体验，吸引更多游客前来观光游玩。甚至，一些前沿的旅游从业者已经开始尝试将虚拟现实技术与在线购物、社交媒体等功能相结合，打造出一个全新的、综合性的旅游服务平台。

在虚拟现实的浪潮下，传统的旅游模式正在被逐步颠覆。游客不再满足于仅仅是观光与拍照留念的旅游方式，他们更追求个性化、深度化的旅游体验。虚拟现实技术正好迎合了这一需求，使得每一位游客都能根据自己的兴趣爱好与需求定制出独一无二的旅游线路与体验。

虚拟现实技术也打破了地域的限制。过去，由于交通、时间等因素的制约，许多偏远或难以抵达的旅游目的地往往令游客望而却步。如今，借助虚拟现实技术，这些目的地也能以全新的方式呈现在游客面前，让更多人有机会去领略它们的魅力。这无疑极大地拓展了旅游市场，使得旅游业成为一个更加开放、多元、充满活力的行业。

当然，虚拟现实技术在智慧旅游中的应用仍然面临着诸多挑战。如何提升虚拟旅游的真实感与互动性，如何保证数据的准确性与及时性，如何确保用户体验的流畅度与舒适度等问题都亟待解决。

五、智慧旅游虚拟现实技术案例研究

［案例一］虚拟现实技术在旅游景区的应用

虚拟现实技术这一技术的崛起，无疑为旅游业注入了新的活力，带来了前所未有的变革。如今，游客不再受限于时间和空间的束缚，只需在家中舒适地戴上虚拟现实头盔，便能瞬间穿越千山万水，领略旅游景区的迷人风光。

当你站在巍峨的山巅，俯瞰着脚下的云海翻腾；当你漫步在古老的街道上，感受着历史的沧桑与厚重；当你潜入深蓝的海底，与五彩斑斓的鱼儿共舞。这些原本需要跋山涉水才能亲身体验的场景，现在却能通过虚拟现实技术轻松实现，让人不禁感叹科技的神奇魅力。

虚拟现实技术的应用不仅让游客在家中就能欣赏到旅游景区的美丽景色，更重要的是，它为游客提供了一种身临其境的旅游体验。通过精细的三维建模和逼真的场景渲染，虚拟现实技术能够将旅游景区的每一处细节都呈现在游客面前。游客可以自由地探索景区的每一个角落，感受每一处风景的独特魅力。这种沉浸式的旅游体验让游客仿佛置身于真实的景区之中，与大自然和历史文化进行亲密的接触。

除了欣赏美景，虚拟现实技术还为游客提供了丰富的互动体验。游客可以与景区内的虚拟元素进行互动，例如与虚拟导游交流、参与虚拟活动、留下虚拟留言等。这种互动方式不仅增强了游客的参与感和乐趣，还让游客在虚拟空间中找到了归属感和社交体验。通过与虚拟元素的互动，游客能够更加深入地了解景区的历史文化和风土人情，从而丰富自己的旅游体验。

虚拟现实技术的另一个令人兴奋的应用是模拟旅游场景。无论是滑雪、潜水还是飞行，游客都能在虚拟空间中尽情体验。通过模拟各种旅游场景，虚拟现实技术让游客能够在安全的环境中尝试各种刺激和有趣的旅游活动。这种模拟旅游场景的体验方式不仅让游客在虚拟空间中获得了愉悦和满足感，还激发了他们对真实旅游活动的兴趣和期待。

虚拟现实技术的应用不仅为游客带来了全新的旅游体验，也为旅游景区的发展带来了新的机遇。通过虚拟现实技术，旅游景区可以打破时间和空间的限制，吸引更多的游客前来体验。虚拟现实技术还可以为旅游景区提供多样化的营销手段和推广渠道，帮助景区扩大知名度和影响力。虚拟现实技术还可以为旅游景区提供智能化的管理和服务手段，提高景区的运营效率和游客满意度。

［案例二］虚拟现实技术在酒店业的应用

在智慧旅游的浪潮中，虚拟现实技术以其独特的魅力正在酒店业中掀起一场革命性的创新。这种技术不仅为游客带来了前所未有的全新体验，更为酒店业注入了智慧化的新活力，使其在未来的竞争中占据了先机。

当你站在酒店的虚拟客房中，四周的环境、布局和设施都栩栩如生地展现在你眼前，仿佛身临其境。这就是虚拟现实技术为游客带来的预订体验。通过这种技术，游客可以在预订前直观地了解客房的每一个细节，从而更加准确地选择符合自己需求的客房。这种体验不仅增强了预订的便捷性，更让游客在预订的过程中感受到了前所未有的乐趣和满足感。

虚拟现实技术在酒店服务方面的应用更是让人眼前一亮。传统的酒店服务方式往往需要游客亲自到前台办理入住手续，或者通过电话与酒店工作人员进行沟通。虚拟现实技术的出现使得这些烦琐的流程变得更加高效和便捷。通过虚拟前台，游客可以在虚拟的环境中完成入住手续的办理，无须等待和排队。虚拟导游则可以为游客提供全天候的导览服务，带领游客领略酒店特色。这种创新的服务方式不仅提升了酒店的服务质量和效率，更让游客在享受服务的过程中感受到了科技带来的惊喜和便利。

对于商务游客而言，虚拟现实技术同样具有巨大的吸引力。在传统的商务会议中，往往需要商务游客亲自到场参加会议，这不仅需要耗费大量的时间和精力，还可能因为各种原因导致会议无法如期举行。通过虚拟现实技术打造的虚拟会议室，商务游客可以在任何时间、任何地点参加会议，不再受到地域和时间的限制。这种高效的远程会议体验不仅提高了商务游客的工作效率，更让他们在繁忙的商务旅行中找到工作与生活的平衡点。

虚拟现实技术在酒店业的应用不仅仅局限于以上几个方面。在未来的发展中，随着技术的不断进步和创新，虚拟现实技术将在酒店业中发挥更加广泛和深入的作用。例如：酒店可以通过虚拟现实技术为游客打造虚拟的娱乐设施和活动场所，让游客在享受酒店服务的同时也能感受到更加丰富和多样的娱乐体验。虚拟现实技术还可以用于酒店的营销和推广活动，通过虚拟的场景和体验吸引更多的潜在客户。

在这场智慧旅游的革命中，虚拟现实技术以其独特的优势和巨大的潜力，正在成为酒店业转型升级的重要推手。通过这种技术，酒店业不仅可以提供更加便捷、高效和个性化的服务，还能在激烈的市场竞争中脱颖而出，赢得更多的市场份额和客户的青睐。虚拟现实技术的应用也为酒店业带来了更加广阔的发展空间和无限的商业机会。

[案例三] 虚拟现实技术在旅游教育中的应用

在探索智慧旅游的前沿技术时，我们不可避免地要谈论到虚拟现实技术的实际应用。这一技术在旅游教育领域中的表现尤为出色，不仅赋予了教育者全新的教学手段，还极大地丰富了学生的学习体验。

当学生们不再局限于传统的课堂，而是能够通过虚拟现实技术，跨越时空的限制，深入到世界各地进行实地考察学习。他们可以身临其境地感受古老文明的魅力，目睹历史的痕迹，甚至可以亲身体验当地的民俗风情。这样的学习方式无疑比传统的文字和图片教学更加生动、直观，也更容易激发学生的学习兴趣和好奇心。

在导游培训方面，虚拟现实技术也展现出了其独特的优势。通过模拟各种真实的旅游场景，包括景点讲解、突发事件处理、游客互动等，该技术为导游提供了一个安全、可控的学习环境，帮助他们在实践中不断提升自己的专业素养和服务水平。这不仅提高了导游培训的效率和质量，也为旅游行业的持续发展注入了新的活力。

虚拟现实技术在旅游规划教学中也发挥了不可替代的作用。学生们可以利用该技术模拟不同的旅游路线和方案，对各种可能的情况进行预先的规划和演练。这种学习方式不仅能够锻炼学生的规划能力和实践能力，还可以帮助他们更好地理解和掌握旅游规划的核心原则和方法。

当我们站在智慧旅游的新起点上，回望虚拟现实技术在旅游教育领域所取得的成就，不禁为其广阔的发展前景而深感振奋。随着技术的不断进步和应用场景的不断拓展，我们有理由相信，虚拟现实技术将为旅游教育带来更加革命性的变革，引领我们共同探索智慧旅游的新篇章。

在这个充满无限可能的新时代里，我们期待着虚拟现实技术在旅游教育领域中能够绽放出更加绚丽的光彩。它不仅是一项技术，更是一种全新的教育理念和学习方式，为我们揭示出旅游教育的未来方向。让我们携手共进，共同见证这个激动人心的时刻，期待虚拟现实技术在旅游教育领域创造更加美好的明天。

当然，虚拟现实技术在旅游教育领域的实际应用还远不止于此。在景区的宣传和推广方面，该技术也展现出了巨大的潜力。通过构建虚拟的景区模型，结合高质量的图像和音效，虚拟现实技术能够为游客提供一个逼真、沉浸式的游览体验，使他们在出发前就能够对目的地有一个全面、深入的了解。这不仅能够激发游客的旅游热情，还可以帮助他们更好地规划行程，提高旅游的满意度和体验感。

虚拟现实技术也为旅游教育的研究和发展开辟了新的路径。通过对虚拟环境中的用户行为和数据进行收集和分析，教育者可以更加深入地了解学生的学习需求和兴趣点，为个性化教学提供有力的支持。虚拟现实技术还可以用于模拟各种复杂的旅游环境和情况，为旅游安全、旅游环境保护等领域的研究提供宝贵的实验数据和模拟场景。

在探讨虚拟现实技术在旅游教育领域的应用时，我们也不得不提到其对教育行业整体的影响和启示。虚拟现实技术的引入不仅改变了旅游教育的教学方式和学习体验，更引发了我们对于教育的本质和未来的深刻思考。它让我们意识到教育的目的不仅仅是传授知识，更重要的是培养学生的综合素质和能力。虚拟现实技术正是提供了一种全新的、更加符合现代教育理念的教学手段和学习平台。

随着虚拟现实技术的不断发展和普及，我们有理由相信它在旅游教育领域的应用将会越来越广泛深入。未来可能会有更多的教育机构和专业人士加入到这个领域中来，共同推动旅游教育的创新与发展。虚拟现实技术在旅游教育领域中的实际应用案例不仅丰富了教学手段和学习体验，更引领着我们走向一个更加智慧、更加美好的未来。

六、智慧旅游虚拟现实技术的创新与展望

一）虚拟现实技术在智慧旅游中的创新应用

在本节中，我们将深入探索虚拟现实技术在智慧旅游领域的创新应用，描绘出一幅引人入胜的未来旅游画卷。

当你戴上虚拟现实头盔，瞬间被传送至千里之外的风景名胜之中。高耸入云的山

峰、波光粼粼的湖面、古色古香的建筑，一切都仿佛触手可及。你甚至能感受到微风轻拂面颊，听到鸟儿的欢唱和潺潺溪水。这不是科幻小说中的情节，而是虚拟现实技术为智慧旅游带来的革命性变革。

通过精心设计的虚拟现实场景，游客可以享受到前所未有的沉浸式旅游体验。无论是想要探寻神秘的古代文明，还是渴望领略异国的风土人情，虚拟现实技术都能将你的梦想变为现实。你可以漫步在古罗马的斗兽场，感受千年前的辉煌与喧嚣，也可以置身于日本的樱花树下，欣赏粉白花瓣随风飘舞的唯美画面。这种跨越时空的旅行方式不仅让游客获得了极致的感官享受，更激发了他们对世界的好奇和探索欲望。

不仅如此，虚拟现实技术还为智慧旅游注入了丰富的文化内涵。通过虚拟导览与解说，游客可以更加深入地了解景区的历史背景和文化内涵。虚拟导览员和解说员以生动的语言和逼真的形象，为游客讲述着一个个动人的故事，揭示出隐藏在景点背后的文化密码。在虚拟现实的引导下，游客仿佛穿越时空的隧道，与古人对话，与历史共舞，从而加深对景区文化的理解与感受。

虚拟现实技术为智慧旅游带来了个性化的新风尚。在传统的旅游模式中，游客往往只能按照固定的路线和行程进行游览，而虚拟现实技术则打破了这一限制。游客可以在虚拟环境中自由探索景点，根据个人兴趣和需求定制独一无二的旅游计划。无论是喜欢历史文化的游客，还是热爱自然风光的游客，都能在虚拟现实的世界中找到属于自己的乐园。

虚拟现实技术在智慧旅游中的应用还将对旅游行业产生深远的影响。它将改变旅游行业的竞争格局，使得那些能够率先掌握虚拟现实技术的旅游企业获得更大的竞争优势。虚拟现实技术还将促进旅游行业与其他行业的跨界融合，催生出更多新的商业模式和业态。例如：虚拟现实技术与游戏产业的结合，将为游客提供更加丰富的娱乐体验；虚拟现实技术与教育产业的融合，将为游客提供寓教于乐的旅游学习方式。

二）虚拟现实技术与智慧旅游的未来融合方向

虚拟现实技术以其独特的沉浸式体验，正在逐渐渗透到旅游的各个环节，预示着旅游行业即将迎来一场前所未有的变革。

在这场变革中，最引人注目的莫过于智能化旅游服务的崭露头角。可以想象一下，当虚拟现实技术与人工智能、大数据等尖端科技相互碰撞，会擦出怎样的火花？这些技术的结合将使得旅游服务更加智能化、个性化。游客不再需要费心规划行程，智能系统会根据他们的喜好、需求以及实时数据，为他们量身定制最佳的旅游方案。从机票预订、酒店安排，到景点推荐、餐饮选择，一切都将变得轻而易举。这种智能化的服务不仅提升了游客的体验，也大大提高了旅游行业的效率。

虚拟现实技术给旅游带来的变革远不止于此。交互式旅游体验作为虚拟现实技术的又一重要应用方向，正逐渐成为旅游行业的新宠。在传统的旅游模式中，游客往往只能作为旁观者，被动地欣赏景点。但在虚拟现实技术的加持下，游客可以化身为参与者，与景点进行深度互动。他们可以在虚拟的环境中，自由探索每一个角落，感受每一处细节。无论是古老的城堡、神秘的丛林，还是遥远的星球、深邃的海洋，都将成为游客可触可感的真实体验。这种交互式的旅游体验不仅丰富了游客的感官享受，也激发了他们对未知世界的好奇心和探索欲。

虚拟现实技术还带来了多感官体验的可能性，这无疑将旅游体验推向了一个新的高度。在传统的旅游中，游客主要通过视觉和听觉来感知环境。但在虚拟现实技术的帮助下，游客可以体验到更加真实、全面的感官刺激。通过模拟声音、气味、触感等多种感官信息，虚拟现实技术为游客打造了一个立体、生动的旅游世界。在这个世界中，游客可以感受到海浪的拍打、微风的轻拂、花香的弥漫……每一个细节都如此逼真，仿佛身临其境。这种多感官的体验不仅让游客更加深入地融入环境，也让他们对旅游目的地有了更加全面和深刻的认识。

随着虚拟现实技术的不断发展和完善，我们可以预见它在旅游领域的应用将越来越广泛。无论是智能化旅游服务、交互式旅游体验还是多感官体验，都将为游客带来更加精彩、难忘的旅游经历。这些创新的应用也将为旅游行业带来新的发展机遇和挑战。但无论如何，我们可以肯定的是，虚拟现实技术与智慧旅游的结合将开启一个全新的旅游时代。在这个全新的旅游时代，虚拟现实技术将成为智慧旅游的重要组成部分，为游客提供更加丰富多彩的旅游体验。游客可以通过虚拟现实技术，在旅游前就对目的地有一个全面、深入的了解，从而更好地规划行程，提高旅游的效率和满意度。在旅游过程中，虚拟现实技术也可以为游客提供各种便捷的服务和帮助，如导航、翻译、讲解等，让游客的旅行更加轻松愉快。

对于旅游行业来说，虚拟现实技术的应用也将带来新的商业模式和盈利点。例如：旅游企业可以通过虚拟现实技术打造虚拟旅游景点，吸引更多游客前来体验；或者利用虚拟现实技术推出线上旅游服务，满足无法实地旅游的游客的需求。这些新的商业模式不仅为旅游企业带来了更多的收入来源，也为整个行业的创新发展注入了新的活力。

三）虚拟现实技术在智慧旅游中的社会与经济影响

在当今时代，智慧旅游的概念日益受到人们的关注，其中虚拟现实技术的运用更是成为这一领域内的焦点。作为一种前沿的科技手段，虚拟现实技术以其独特的沉浸感和交互性，正在为旅游业带来翻天覆地的变化。我们不难发现，这一技术的出现不仅意味着旅游业在技术层面上的巨大飞跃，更预示着整个行业即将迎来一场深刻的变革。

从社会和经济角度来看，虚拟现实技术的应用正在将旅游业推向一个全新的高度。传统的旅游方式往往受到时间、空间等多种因素的限制，而虚拟现实技术则能够打破这些束缚，让游客在不受任何限制的情况下，尽情探索世界各地的风景。这样的体验无疑更加便捷、自由，也更能满足现代人对旅游日益增长的多元化需求。

虚拟现实技术的引入使得旅游业的竞争格局发生了根本性的变化。那些能够率先掌握并熟练运用这一技术的旅游企业，无疑将在激烈的市场竞争中占据先机，从而获得更大的市场份额和更高的利润空间。这也将促使整个行业加快技术创新和转型升级的步伐，以适应日益激烈的市场竞争和不断变化的消费者需求。

虚拟现实技术还为旅游业的可持续发展提供了新的动力。在过去，旅游业的发展往往伴随着对自然环境的破坏和资源的消耗。而虚拟现实技术的应用则能够在一定程度上减少对实体旅游资源的依赖，从而降低旅游活动对环境的负面影响。这不仅符合当前全球可持续发展的主流理念，也为旅游业的长期健康发展奠定了坚实的基础。

除了在经济和环境方面的积极影响外，虚拟现实技术还能够显著提升旅游的品质和水平。通过虚拟现实技术，游客可以更加深入地了解目的地的历史、文化和风土人情，从而获得更加丰富和深刻的旅游体验。虚拟现实技术还能够为游客提供更加个性化、定制化的旅游服务，满足不同游客群体的多样化需求。

虚拟现实技术在旅游领域的应用并不仅限于景点游览。在未来的发展中，这一技术还有望与旅游教育、旅游规划等多个领域实现深度融合，从而进一步拓展其应用范围和影响力。例如：在旅游教育方面，虚拟现实技术可以为学生提供更加真实、生动的实践教学环境，帮助他们更好地掌握相关知识和技能；在旅游规划方面，虚拟现实技术则能够为规划者提供更加直观、科学的决策依据，提高规划的科学性和实效性。

第九章　智慧旅游安全保障技术

　　本章主要介绍了智慧旅游安全保障的多个层面，包括数据加密与存储、访问控制与权限管理、风险监测与防御，以及用户教育与培训等，这些措施共同构成了一个全面的信息安全保障体系，为智慧旅游的发展提供有力的保障。通过实践案例，深入探讨了数据整合与共享、数据脱敏与隐私保护、风险评估与防范，以及应急响应与处置等方面的实际操作和成效。此外，本章分析了智慧旅游安全保障的未来趋势与挑战，重点聚焦新兴技术在智慧旅游安全保障中的应用，如人工智能、机器学习、大数据分析、物联网和区块链等技术，这些技术的应用将为智慧旅游的安全保障带来革命性的变革。本章强调了数据安全与隐私保护在智慧旅游发展中的重要性，同时讨论了技术更新与人才培养、跨部门协同与信息共享等关键议题，为应对未来挑战提供了全面的指导。

一、智慧旅游安全保障概述

一）旅游信息安全的重要性与挑战

　　智慧旅游作为现代信息技术与旅游业深度融合的产物，为游客带来了前所未有的便捷体验。在这一进程中，旅游信息安全问题逐渐凸显，成为制约智慧旅游进一步发展的关键因素。旅游信息安全不仅涉及游客的隐私权和财产安全，更关乎整个旅游产业链的稳定与信誉。

　　在智慧旅游的背景下，信息安全的重要性不言而喻。游客的个人信息、行程安排、支付密码等敏感数据在数字化平台上流转，一旦这些信息被非法获取或滥用，将对游客造成极大的伤害。旅游企业的商业机密和客户数据也是其核心竞争力的重要组成部分，泄露这些信息将给企业带来不可估量的损失。保障旅游信息安全对于维护游客权益，促进旅游行业健康发展具有重要意义。

　　当前旅游信息安全面临的挑战不容忽视。随着网络技术的飞速发展，黑客攻击手段日益翻新，数据泄露事件层出不穷。网络诈骗分子也盯上了旅游行业这块"肥肉"，利用各种手段对游客实施诈骗。这些安全事件不仅给游客带来经济损失，也严重损害了旅游行业的形象。

为了应对这些挑战，旅游行业需要采取一系列有效的技术手段和管理措施来确保旅游信息安全。首先，加强网络安全防护是基础。通过部署防火墙、入侵检测系统等安全设施，可以有效防止外部攻击和数据泄露。其次，数据加密技术也是保护游客信息的重要手段。对敏感数据进行加密处理，即使数据被窃取也无法轻易解密。最后，定期进行安全漏洞扫描和修复也是必不可少的环节。通过及时发现和修复安全漏洞，可以大大降低被攻击的风险。

除了技术手段外，管理措施也同样重要。第一，建立完善的旅游信息安全管理制度是保障信息安全的前提。通过制定明确的安全管理流程和责任划分，可以确保各项安全工作有序开展。第二，加强员工的信息安全培训和教育也是关键。提高员工的安全意识和技能水平，可以有效减少人为因素导致的安全事件。第三，与游客建立良好的沟通机制也很重要。通过及时发布安全提示和预警信息，可以帮助游客提高防范意识，减少安全事件的发生。

在智慧旅游的发展过程中，政府、企业和游客都需要共同努力来保障旅游信息安全。政府需要出台相关法律法规和政策措施，为旅游信息安全提供法律保障和政策支持。企业需要加大投入力度，完善安全设施和管理制度，提高安全防范能力。游客也需要增强自我保护意识，谨慎选择旅游产品和服务，避免陷入安全陷阱。

智慧旅游的发展离不开信息安全的保障。面对日益严峻的旅游信息安全挑战，我们需要采取切实有效的措施来确保旅游信息安全，才能让智慧旅游真正成为造福游客、推动旅游行业可持续发展的利器。

二）安全保障技术在智慧旅游中的应用

在智慧旅游的发展过程中，安全保障始终是一个不容忽视的重要环节。这一环节深度融入了多种关键技术，它们如魔法般相互作用，为游客的信息和交易安全筑起一道坚不可摧的屏障。

信息技术在这场保障大战中扮演了至关重要的角色。想象一下，在庞大的智慧旅游网络中，每一笔交易、每一条个人信息都如同悬浮的粒子，时刻面临着被非法捕获或篡改的风险。信息技术就像是一位守护者，时刻警惕地守护着这些数据，防止任何形式的侵犯。它通过复杂的加密算法和严密的安全协议，确保了数据在传输和存储过程中的绝对安全，为游客创造了一个无忧无虑的交易环境。

物联网技术则如同一个神奇的魔镜，将旅游资源的实时状态尽收眼底。通过安装在各种旅游设施和设备上的传感器，物联网技术能够实时采集各种数据，如游客流量、气象条件、设施状况等。这些数据如同一条条鲜活的脉络，将旅游资源的运行状态实时传递到管理中心。管理者可以根据这些信息及时作出调整，确保旅游服务始终保持在最佳状态，同时有效预防各种潜在的安全风险。

云计算和大数据技术如同两位默契的助手，为智慧旅游提供了强大的后盾支持。在云计算的赋能下，旅游行业可以轻松应对海量的数据存储和处理需求，无须再为数据容量和计算能力而担忧。而大数据技术则像一位深思熟虑的智者，通过对海量数据的深入挖掘和分析，揭示出隐藏在其中的宝贵信息和规律。这些信息对于旅游行业的决策者和管理者来说就如同指引航向的明灯，帮助他们更加精准地把握市场脉动，有效应对各种挑战。

人工智能和机器学习技术的加入则为智慧旅游的安全保障注入了强大的智能化力量。它们如同一位全知全能的先知，能够通过学习和模拟人类的行为和思维模式，实现对各种旅游安全事件的智能预警和应急响应。当某个旅游景点出现异常拥挤、恶劣天气或其他紧急情况时，这些技术能够在第一时间作出反应，通过自动调整旅游线路、发布安全预警或启动应急预案等措施，确保游客的安全和旅游体验不受影响。

在多种关键技术的共同作用下，智慧旅游的安全保障形成了一个无懈可击的防御体系。游客们可以在这个安全、便捷、高效的旅游环境中尽情享受各种旅游服务，无须再为个人信息泄露、交易风险或旅游安全等问题而担忧。对于旅游行业的从业者来说，这些技术的应用不仅提高了他们的工作效率和服务质量，更为他们带来了巨大的商业价值和竞争优势。他们可以利用这些技术深入挖掘游客的需求和偏好，为他们提供更加个性化、高品质的旅游服务；同时也可以通过精准的市场分析和风险评估，实现更加科学合理的资源配置和业务发展。

关键技术在智慧旅游安全保障中的应用如同一场精心编排的交响乐演奏，各个乐章之间相互协调、相互辉映，共同奏响了一曲动人心魄的安全保障之歌。

二、数据安全基础

一）数据安全的定义与重要性

在构建智慧旅游城市的过程中，数据安全的重要性不言而喻，它扮演着举足轻重的角色。数据安全不仅仅是信息技术领域的一个概念，它更直接关系到个人隐私的保护、旅游业的声誉管理，乃至于整个社会信任体系的稳固。在智慧旅游日益盛行的今天，从每一位游客的个人信息，到各类旅游资源的详细数据，无一不需要得到严格的保护，以防范任何形式的未经授权访问、恶意篡改、故意破坏或信息泄露。

数据安全作为智慧旅游城市的根基，其稳固与否直接影响着城市的可持续发展。它不仅是政策制定者和决策者在进行战略规划时的关键考量因素，更是确保旅游业健康、有序发展的必要前提。只有在数据安全得到充分保障的情况下，游客的隐私权益才能得到有效的维护，旅游业的整体声誉才能得到可靠的保障，进而促进对旅游数据的广泛使用和深入分析，为行业的进一步发展提供有力支持。

在智慧旅游城市的构建过程中，数据安全的核心地位不容忽视。这不仅是因为数据安全本身的重要性，更是因为它作为连接智慧旅游各个环节的纽带，其安全与否直接关系到整个系统的稳定运行。无论是智慧旅游的规划设计，还是具体项目的实施推进，都需要以数据安全为前提，确保各类旅游数据在采集、传输、存储和使用的全过程中都能得到有效的保护。

在保护数据安全的同时我们还需要充分认识到数据安全与智慧旅游城市发展之间的内在联系。数据安全是智慧旅游城市发展的必要条件，没有数据安全就没有智慧旅游的健康发展；另外，智慧旅游城市的发展也为数据安全提出了更高的要求和更广阔的应用场景。在推动智慧旅游城市发展的过程中，我们需要将数据安全作为一个重要的切入点，通过加强数据安全管理和技术创新，为智慧旅游城市的可持续发展提供有力保障。

为了确保数据安全在智慧旅游城市中的有效实施，我们需要从多个层面入手，构建全方位的数据安全保障体系。在政策层面，我们需要制定和完善相关的法律法规和政策措施，明确数据安全的责任主体和监管机制，为数据安全提供法律保障。在技术层面，我们需要加强数据安全技术的研发和应用，提高数据加密、数据脱敏、访问控制等关键技术的能力和水平，以应对日益复杂的数据安全挑战。在管理层面，我们还需要建立健全数据安全管理制度和流程规范，确保各类旅游数据在全生命周期内都能得到科学、规范的管理。

除了以上提到的几个方面外，我们还需要充分认识到数据安全教育与培训在智慧旅游城市中的重要性。通过加强数据安全教育和培训，我们可以提高公众和旅游业从业人员的数据安全意识和技能水平，增强他们在面对数据安全风险时的防范能力和应对能力。这不仅有助于提升整个社会的数据安全水平，还能为智慧旅游城市的可持续发展培养一支具备高素质和专业技能的人才队伍。

数据安全在构建智慧旅游城市中发挥着至关重要的作用。它是保护个人隐私、维护旅游业声誉、稳固社会信任体系的基石；它是确保智慧旅游城市可持续发展的必要条件；它是连接智慧旅游各个环节、保障系统稳定运行的纽带。在推动智慧旅游城市发展的过程中，我们必须将数据安全放在首位，通过加强政策引导、技术创新、管理规范和教育培训等多方面的工作，共同构建一个安全、可靠、高效的智慧旅游城市。

二）数据安全的主要挑战与威胁

在数据安全领域，我们面临着多重挑战与威胁，这些风险来自不同的层面，且每一种都可能对数据安全造成不可逆的损害。外部威胁如黑客攻击、网络钓鱼和恶意软件等，它们如同潜伏在暗处的猛兽，时刻准备对疏于防范的数据发动猛烈攻击。这些攻击手段狡猾多变，往往能够绕过传统的安全防线，导致数据的泄露或被篡改，给企业和个人带来难以估量的损失。

与此同时，内部风险同样让人忧心。员工的疏忽大意、内部人员的权限滥用或误操作，都可能成为数据安全的隐患。这些内部风险往往难以被及时发现和防范，因为它们通常隐藏在日常的操作流程中，不易被察觉。一旦发生问题，后果往往十分严重，甚至可能导致整个系统的崩溃。

除了外部和内部风险外，技术漏洞也是数据安全领域的一个重要问题。无论是操作系统、应用软件还是网络设备，都可能存在安全漏洞。这些漏洞如同系统中的"后门"，一旦被不法分子发现并利用，就可能造成数据的泄露或系统的瘫痪。及时修补漏洞、加强系统的安全防护是保障数据安全的重要手段。

法律与合规问题也是数据安全领域不可忽视的一个方面。不同国家和地区对于数据保护的法律法规各不相同，这给跨国企业的数据安全管理带来了极大的挑战。在智慧旅游城市建设中，由于涉及大量的个人信息和敏感数据，因此确保数据安全的合规性至关重要。这不仅关系到企业的声誉和利益，更关系到广大用户的隐私权和信息安全。

为了应对这些挑战与威胁，我们需要采取一系列有效的措施来保障数据安全。第一，要加强外部防御，建立完善的防火墙和入侵检测系统，防止黑客攻击和网络钓鱼等外部威胁。第二，还要定期对系统进行安全扫描和漏洞评估，及时发现并修补可能存在的安全漏洞。第三，要规范内部管理，建立完善的数据安全管理制度和操作流程，明确员工的职责和权限。通过加强培训和教育，提高员工的安全意识和操作技能，减少因疏忽大意或误操作而引发的数据安全问题。第四，要加强技术防范，采用先进的加密技术和数据备份恢复机制，确保数据的机密性、完整性和可用性。通过定期的数据备份和恢复演练，确保在发生意外情况时能够及时恢复数据，减少损失。第五，要遵守法律法规和合规要求，建立完善的数据保护体系。通过了解不同国家和地区的法律法规要求，制定针对性的数据保护政策和措施，确保在全球范围内都能够满足数据保护的要求。

数据安全领域面临着多重挑战与威胁，我们需要从多个层面出发，采取一系列有效的措施来保障数据安全，才能够在智慧旅游城市建设中充分发挥数据的价值，推动旅游业的持续发展，为广大用户提供更加安全、便捷、高效的旅游服务体验，让智慧旅游真正成为人们生活中的一部分。在未来的发展中，我们还需要不断探索和创新，不断完善数据安全保障体系，以应对日益复杂多变的数据安全挑战与威胁。

三）数据安全的管理策略与技术手段

智慧旅游城市的数据安全是确保游客体验顺畅、安心的基石。在这个信息化、数字化的时代，数据如同城市的血脉，贯穿着智慧旅游城市的每一个角落。构建一套完善的数据安全管理体系，运用高效的技术手段来保护数据的安全，显得尤为重要。

为了确保智慧旅游城市的数据安全，我们必须从策略层面出发，制定出一套明确、可行的数据安全政策和流程。这些政策和流程应该涵盖数据的收集、传输、存储、处理、共享和销毁等各个环节，确保数据在全生命周期内都能得到有效的保护。设立专门的数据安全团队，负责监督和执行这些政策和流程是确保数据安全的关键。这个团队应该具备专业的技术知识和丰富的实践经验，能够迅速应对各种数据安全挑战。

当然，仅仅依靠策略和团队是不够的。我们还需要通过定期的数据安全培训和意识提升活动，来增强员工的安全意识。因为员工是数据的直接接触者，他们的行为直接影响到数据的安全。通过培训，我们可以让员工了解数据安全的重要性，掌握基本的数据安全知识和技能，从而在日常工作中自觉地遵守数据安全政策和流程，减少数据泄露的风险。

在技术手段方面，我们可以采用先进的加密技术来保护数据的传输和存储安全。加密技术可以对数据进行有效的保护，即使数据在传输过程中被截获，攻击者也无法轻易解密获取其中的内容。使用入侵检测和预防系统（IDS/IPS）可以实时监测网络流量和系统日志，发现异常行为并及时进行处置，从而防止数据被恶意攻击者窃取或篡改。

部署数据泄露防护（DLP）解决方案也是保护数据安全的重要手段。DLP解决方案可以对敏感数据进行自动识别和分类，并设置相应的访问控制和审计策略。一旦发现有敏感数据被非法访问或外泄，DLP解决方案可以立即进行阻断和报警，防止数据泄露事件的扩大。

为了确保数据安全的持续性和有效性，我们还需要定期进行安全审计和漏洞扫描。安全审计可以对数据安全政策和流程的执行情况进行全面检查，发现存在的问题和不足之处，并及时进行整改。漏洞扫描则可以对系统和应用进行全面的安全检测，发现其中存在的安全漏洞和隐患，并提供相应的修复建议，从而确保系统的安全性。

在智慧旅游城市的建设中，数据安全是不可或缺的一环。通过综合运用上述策略和技术手段，我们可以构建一个完善的数据安全管理体系，确保数据在智慧旅游城市中的安全、可靠、可用。在这个体系下，游客可以享受到更加安全、便捷的旅游体验，无须担心个人信息泄露或财产损失等问题。智慧旅游城市也可以更好地发挥数据的价值，推动城市的智慧化进程，为游客提供更加优质、个性化的服务。

为了实现这一目标，我们需要不断探索和实践，不断完善和优化数据安全管理体系。在这个过程中，我们还需要加强与各方的合作和沟通，共同应对数据安全挑战，分享数据安全经验和成果。我们也要认识到数据安全是一个动态的过程，需要随着技术的发展和威胁的变化而不断调整和完善。我们需要保持敏锐的洞察力和前瞻性思维，及时跟进最新的数据安全技术和发展趋势，为智慧旅游城市的数据安全保驾护航。

三、隐私保护实践

一）隐私保护的原则与框架

在智慧旅游城市的建设进程中，隐私保护的重要性日益凸显。这不仅关乎每一位市民和游客的切身利益，更是智慧旅游城市能否稳健、长远发展的关键所在。以下将从隐私保护的基本原则出发，深入探讨在智慧旅游城市背景下如何有效实施隐私保护，并构建一个综合性的隐私保护框架。

智慧旅游城市作为信息技术与旅游业深度融合的产物，为游客提供了更加便捷、个性化的旅游体验。在这一过程中，大量的个人数据被收集、使用、存储和传输，隐私泄露的风险也随之增加。因此，确立并遵循隐私保护的基本原则显得尤为重要。

合法性、正当性、必要性是数据处理的三大基石。任何个人数据的收集和使用都必须在法律允许的范围内进行，且必须基于正当的目的。数据的收集应限于实现特定目的所必需的最小范围，避免过度收集和所要实现目的无关的数据。同意性和透明性则要求在处理个人数据前，必须获得数据主体的明确同意，并确保数据主体对其数据的处理情况享有充分的知情权。安全性原则强调应采取必要的技术和管理措施，确保个人数据的安全、完整和可用。

在建设智慧旅游城市的背景下，实现上述原则需要构建一个综合性的隐私保护框架。这个框架应贯穿于数据生命周期的各个环节，从数据的收集、存储、处理、传输到销毁，都应有明确的规定和操作流程。

在数据收集环节，应明确收集的目的、范围和使用方式，并获得数据主体的明确同意。应采取加密、匿名化等技术措施，确保数据在收集过程中的安全。在数据存储环节，应选择安全可靠的存储介质和场所，并采取访问控制、数据加密等措施，防止数据被非法访问、篡改或泄露。数据处理环节应遵循最小必要原则，仅在实现特定目的所必需的范围内进行处理，并采取合适的技术措施确保处理过程的安全可控。在数据传输环节，应采用加密传输、安全通道等技术手段，确保数据在传输过程中的安全。应建立数据传输的记录和审计机制，便于对所采集数据的追踪和溯源。在数据销毁环节，应明确销毁的流程和方式，并确保数据被彻底删除且无法恢复。

除了上述技术措施外，隐私保护框架还应包括相应的监管机制和责任追究机制。监管机制应确保隐私保护政策的执行和监督，定期对数据处理情况进行检查和评估，并及时处理发现的问题。责任追究机制则应对违反隐私保护规定的行为进行严厉打击，追究相关责任人的法律责任，确保隐私保护工作的严肃性和权威性。

在构建隐私保护框架的过程中，还应充分考虑智慧旅游城市的特点和需求。例如：可以建立基于区块链的分布式数据存储和验证机制，确保数据的真实性和不可篡改性；可以利用人工智能技术对数据进行智能分析和处理，提高数据处理的效率和准确性；可以建立用户画像和个性化推荐系统，为游客提供更加精准的旅游服务体验。

隐私保护在智慧旅游城市建设中的实践是一项长期而艰巨的任务。只有确立并遵循隐私保护的基本原则，构建一个综合性的隐私保护框架，并充分考虑智慧旅游城市的特点和需求，才能确保个人数据的安全和合法使用，推动智慧旅游城市的健康发展。这也将提升公众对隐私保护的认知度和信任度，为智慧旅游城市的可持续发展奠定坚实的基础。

二）隐私保护技术在智慧旅游中的应用

智慧旅游作为现代技术与旅游业深度融合的产物，为游客带来了前所未有的便捷体验。在这一进程中，个人隐私保护问题也日益凸显。幸运的是，随着隐私保护技术的不断发展，我们现在能够在享受智慧旅游带来的便利的同时更好地守护个人隐私。

在智慧旅游的背后，数据扮演着至关重要的角色。从规划行程到景区导览，再到住宿和交通安排，每一步都离不开数据的支撑。但这也意味着，游客的个人信息在网络世界中不断流动，一旦这些数据被不法分子截获或滥用，后果不堪设想。在智慧旅游的发展中，数据加密技术成为保护个人数据安全的坚实屏障。

数据加密技术通过采用先进的加密算法，确保数据在传输和存储过程中的机密性。这些算法能够将敏感信息转化为看似无意义的代码，只有在掌握正确密钥的情况下才能还原。这样一来，即使数据在传输过程中被截获，攻击者也无法轻易解读其中的内容。同样，在数据存储环节，加密技术也能有效防止未经授权的访问和数据泄露。

除了数据加密技术外，匿名化处理也是智慧旅游中隐私保护的重要手段。匿名化是指去除或替换数据中的个人标识信息，使得处理后的数据无法直接关联到具体个人。例如，在景区人流量统计中，我们可以收集游客的移动设备信号数据，但通过匿名化处理，这些数据仅用于分析人流量分布和流动规律，而不涉及任何个人隐私。

匿名化处理在智慧旅游系统中的应用非常广泛。在旅游推荐系统中，系统可以根据游客的历史行为和偏好为其推荐合适的景点和活动。但在这之前，系统会对游客的个人数据进行匿名化处理，以确保推荐过程不会泄露个人隐私。在旅游评价和分享平台上，游客的评论和照片也会经过匿名化处理，以保护其隐私权益。

当然，仅仅依靠数据加密和匿名化处理还不足以应对所有隐私保护挑战。在智慧旅游中，大量的数据被收集并用于分析，以优化旅游服务和提升游客体验。但这也带来了一个新的问题：如何在保证数据分析准确性的同时降低个人隐私泄露的风险？隐私保护算法的出现为解决这一问题提供了有力支持。

差分隐私是一种在数据分析中保护个人隐私的算法。它通过引入随机噪声或对查询结果进行模糊处理，使得攻击者无法从分析结果中推断出具体的个人信息。例如，在智慧旅游的人流量分析中，差分隐私算法可以在不影响整体分析结果的前提下，为每个人流量数据点添加随机噪声，从而隐藏真实的个人流动轨迹。

联邦学习则是另一种新兴的隐私保护算法。它允许多个数据集在不共享原始数据的情况下进行联合训练，从而打破数据孤岛，提高模型的准确性和泛化能力。在智慧旅游中，各个景区和旅游服务商可以利用联邦学习算法，共同训练旅游推荐模型或人流预测模型，同时确保各自的数据隐私不被泄露。通过这些隐私保护技术的应用，智慧旅游不仅为游客提供了更加便捷和个性化的服务，还有效地保护了游客的个人隐私。

三）隐私保护政策与法规

对于智慧旅游而言，隐私保护政策的制定是一项基础且复杂的工作。这些政策需要细致地规划个人数据从收集到使用、从存储到传输的每一个环节。在这个过程中，数据的合法性和正当性是必须坚守的底线。这意味着，任何数据的收集和使用都必须在法律允许的范围内进行，并且要确保数据主体的知情权和同意权。赋予个人对其数据的控制权也是隐私保护政策的重要一环。个人应当有权查阅、更正、删除其被收集的数据，以及在特定情况下要求数据控制者停止处理其数据。

在智慧旅游的建设过程中，遵循相关的隐私保护法规是不可或缺的。这些法规为隐私保护提供了法律支撑，同时也为数据处理活动划定了红线。例如，《中华人民共和国个人信息保护法》明确规定了个人信息的定义、处理原则、处理规则及个人在个人信息处理活动中的权利等内容，为智慧旅游城市在处理个人信息上提供了明确的指引。而《中华人民共和国网络安全法》则从网络安全的角度对数据处理活动提出了要求，包括数据的加密存储、安全传输及网络安全事件的应急处置等。这些法规的存在，不仅为隐私保护提供了法律依据，也为违法行为的查处提供了参照标准。

法律和政策的制定只是隐私保护实践的第一步，其真正落地还需要依靠有效的监管和执法。监管机构的设立和运作，是确保隐私保护政策得到执行的关键。这些机构需要对智慧旅游城市的数据处理活动进行定期的监督和检查，确保其符合法律和政策的要求。对于发现的违法行为，监管机构还需要依法进行查处和处罚，以维护隐私保护法律的权威性和严肃性。

值得一提的是，隐私保护实践并非一成不变的。随着科技的进步和社会的发展，智慧旅游城市面临的隐私保护挑战也在不断变化。隐私保护实践需要不断地进行更新和完善，以适应新的形势和需求。这包括对新出现的隐私问题的研究和应对、对隐私保护政策和法规的修订和完善，以及对监管和执法方式的创新和改进等。

在这个过程中，公众的参与和监督也是不可或缺的。公众是智慧旅游城市的使用者和受益者，同时也是隐私保护的对象。公众的参与和监督，可以促使智慧旅游城市更加重视隐私保护问题，采取更加积极的措施保护个人隐私。公众也可以通过法律途径维护自己的隐私权益，对于侵犯自己隐私的行为进行投诉和维权。

智慧旅游的隐私保护实践是一项系统工程，需要法律、政策、监管、执法以及公众参与等多方面的共同努力。只有通过全面的隐私保护实践，才能确保智慧旅游城市在带来便捷和高效的同时也能够充分保护个人隐私权益不受侵犯。这对于智慧旅游城市的持续健康发展及社会公众对科技应用的信任和支持都是至关重要的。

四、旅游信息安全保障技术

一）旅游信息系统的安全架构

在旅游行业中，信息安全是至关重要的一环。随着旅游业的蓬勃发展，旅游信息系统所承载的数据量日益庞大，其中包含了大量的个人信息、交易数据以及企业机密，这些信息一旦泄露或被非法篡改，将给个人和企业带来不可估量的损失。构建一套完善的旅游信息安全保障技术体系势在必行。

旅游信息系统的安全架构作为这套技术体系的核心，其设计之精妙、考虑之周全，直接关系到旅游信息的安全性和可靠性。这一架构并非简单的技术堆砌，而是经过精心策划和布局的综合性解决方案，它涵盖了访问控制、数据加密、安全审计与日志记录以及安全漏洞管理等多个关键方面。

访问控制机制的实施，是保障旅游信息安全的第一道防线。通过身份验证和权限管理等多种手段，我们能够确保只有授权用户才能访问敏感数据和执行关键操作。这种严格的访问控制不仅有效防止了未经授权的访问和数据泄露，还保证了系统的稳定性和正常运行。

数据加密技术的运用则为旅游信息的安全提供了又一层坚实的保障。在数据传输和存储过程中，我们采用先进的加密算法对数据进行加密处理，即使数据被非法获取，也难以被解密和篡改。这样一来，旅游信息的机密性和完整性得到了有效维护，用户的隐私和企业的商业利益也得到了充分保障。

当然，仅仅依靠访问控制和数据加密还不足以应对所有的安全威胁。我们还需要借助安全审计与日志记录的功能，对旅游信息系统进行全方位的监控和追溯。通过记录用户操作和系统事件，我们能够及时发现和分析任何潜在的安全问题，从而迅速作出响应并采取有效措施进行处置。这种及时响应和有效处理的能力，不仅提升了系统的安全性和稳定性，还为用户提供了更加可靠和高效的服务体验。

安全漏洞管理也是旅游信息安全保障中不可或缺的一环。我们知道，任何系统都难免存在安全漏洞和隐患，关键在于如何及时发现并修复这些漏洞。我们定期对旅游信息系统进行安全漏洞扫描和评估，以便及时发现潜在的安全风险并采取相应的修复措施。这样一来，我们不仅提升了系统的整体安全性，还降低了因安全漏洞而引发各种风险的可能性。

旅游信息系统的安全架构是一套综合性、多层次的解决方案，它通过访问控制、数据加密、安全审计与日志记录以及安全漏洞管理等多个方面的有机结合，为旅游信息的安全提供了全方位、无死角的保障。这套方案不仅充分考虑了旅游行业的特点和需求，还借鉴了国内外先进的信息安全技术和经验，具有极高的实用性和先进性。

二）旅游网络安全监测与应急响应机制

旅游信息安全作为当今旅游行业稳健发展的基石，其重要性不言而喻。其中，旅游网络安全监测与应急响应机制的构建和完善，对于确保旅游信息的安全与稳定具有举足轻重的作用。

在旅游网络安全监测方面，实时监测技术的运用至关重要。通过网络监控设备和软件的部署，可以对网络流量、异常行为等进行持续、实时的监测。这种监测不仅能够及时发现潜在的安全威胁和漏洞，还能在第一时间对异常情况进行处置，从而确保旅游网络的安全与稳定。为了更好地应对复杂多变的安全威胁，威胁情报的收集与分析也显得尤为重要。通过多种渠道收集和分析威胁情报，可以帮助我们更加全面地了解当前的安全态势，提高对安全威胁的感知和应对能力。

当然，仅有监测手段还远远不够。在应对旅游网络安全事件时，一套完善、高效的应急响应预案同样不可或缺。应急响应预案的制定和执行，需要明确各级人员的职责和操作流程。这样一来，在发生安全事件时，相关人员能够迅速响应、协同处置，最大限度地减少损失。预案的定期演练和更新也是确保其有效性的关键。

建立协同联动机制也是提升旅游网络安全保障能力的重要举措。旅游行业的健康发展离不开相关部门和机构的共同努力。通过与这些部门和机构的协同联动，可以形成合力，共同应对旅游网络安全挑战。这种协同联动不仅有助于提升旅游网络安全的整体防护水平，还能为旅游行业的健康发展提供更为坚实的保障。

在旅游信息安全的保障过程中，我们还需要注重技术创新和人才培养。随着技术的不断发展和安全威胁的不断演变，我们需要不断探索新的技术手段和方法来应对这些挑战。加强人才培养和团队建设也是提升旅游信息安全保障能力的关键。通过培养一支高素质、专业化的技术团队，我们可以更好地应对各种安全威胁和挑战，确保旅游信息的安全与稳定。

总的来说，旅游网络安全监测与应急响应机制的构建和完善对于确保旅游信息的安全与稳定具有重要意义。通过实时监测技术的运用、威胁情报的收集与分析、应急响应预案的制定和执行及协同联动机制的建立等措施的实施，我们可以有效地提升旅游网络安全的保障能力，为旅游行业的健康发展提供坚实保障。我们也应该认识到旅游信息安全保障工作的长期性和复杂性，需要持续投入和不断努力来提升自身的安全保障能力。

在智慧旅游未来的发展中，我们还将面临更多的旅游网络安全挑战。但是，只要我们坚持技术创新、注重人才培养、加强协同联动，就一定能够应对这些挑战，确保旅游信息的安全与稳定。我们也期待更多的行业同仁加入到旅游信息安全保障工作中来，共同为旅游行业的健康发展贡献力量。

值得一提的是，旅游网络安全不仅仅是技术问题，更是一个涉及法律、管理、教育等多方面的综合性问题。在加强技术保障的同时我们还需要注重相关法律法规的完善、管理制度的创新以及安全教育的普及等方面的工作。如此才能构建一个更加安全、稳定、健康的旅游网络环境，为广大游客提供更加优质、便捷的旅游服务。

旅游网络安全监测与应急响应机制在旅游信息安全保障中发挥着举足轻重的作用。通过不断完善这一机制，我们可以有效地应对各种安全威胁和挑战，确保旅游信息的安全与稳定。

五、智慧旅游安全保障实践案例

[案例一] 智慧旅游景区的安全保障实践

在广袤的旅游胜地中，有某个景区独树一帜，以其出色的智慧旅游安全保障措施赢得了游客的广泛赞誉。这片融合了自然风光与现代科技的土地，早已摒弃了传统的安全管理模式，取而代之的是一套全方位、智能化的安全保障体系。

在这片景区的每一个角落，都隐藏着智能监控系统的"眼睛"。这些高清摄像头不仅实时监控着游客的流量和行为，还对景区内的各类设施进行无死角的观察。一旦有异常情况发生，比如某个区域的游客过于密集、某处设施出现故障，系统都会立即发出警报，通知管理人员迅速处理。这种实时的监控与预警机制，大大提升了景区应对突发事件的能力，确保了游客的安全。

该景区的安全保障措施远不止于此。管理人员深知，预防胜于补救，在预警机制的构建上，景区管理人员同样不遗余力。通过收集和分析气象、交通等多源数据，景区建立了一套精准的预警模型。这套模型能够提前预测可能的安全风险，比如恶劣天气、交通拥堵等，并及时发布风险提示，提醒游客和管理人员做好防范准备。这种前瞻性的安全保障措施不仅降低了突发事件的发生概率，也让游客在游览过程中更加安心。

当然，无论预警机制多么完善，都无法完全避免突发事件的发生。该景区还建立了一套快速响应机制，确保在第一时间对突发事件做出有效应对。一旦有游客遇到危险或需要帮助，景区内的应急队伍会迅速出动，提供必要的救援和支持。景区还与当地的医疗、消防等机构建立了紧密的合作关系，确保在必要时能够得到及时的外部支援。这种全方位的应急响应机制为游客提供了一道坚实的安全屏障。

在人流控制方面，该景区同样展现出了智慧旅游的魅力。通过智能调度系统，景区能够实时掌握各个区域的游客密度，并根据实际情况进行合理调度。比如，在高峰时段，系统会自动引导游客前往人流较少的区域游览，避免拥挤和踩踏事件的发生。

景区还通过预约、限流等措施，有效控制了游客的总量，确保了游览的舒适度和安全性。

除了这些"硬核"的安全保障措施外，该景区还注重提升游客的安全意识和自我保护能力。在景区的各个入口和关键节点，都设置有醒目的安全提示和警示标识，提醒游客注意安全。景区还提供智能导览、在线求助等游客自助服务。通过这些服务，游客可以随时获取景区的信息和帮助，提高旅游中的安全感和满意度。

值得一提的是，该景区的安全保障措施并非一成不变。景区会根据实际情况和游客的反馈，不断对措施进行调整和优化。比如，在新冠肺炎疫情期间，景区就加强了消毒和清洁工作，推出了无接触式的游览服务，确保了游客的健康和安全。这种持续改进的精神和灵活应变的能力，让该景区在智慧旅游安全保障方面始终走在前列。

在这片充满智慧与安全的土地上，游客们可以尽情享受大自然的馈赠和人文的魅力。无论是漫步在蜿蜒的小径上，还是徜徉在宽阔的广场上；无论是欣赏古老的建筑，还是体验现代的科技，游客们都能感受到那份由内而外的安心与愉悦。而这正是该智慧旅游景区所追求的最高境界——让每一位游客都能在安全、便捷的环境中，留下最美好的回忆。

[案例二] 在线旅游平台的信息安全保障措施

在智慧旅游日益兴起的今天，信息安全问题成为业界和公众关注的焦点。某知名在线旅游平台深知信息安全对于用户和自身业务的重要性，因此在信息安全保障方面下足了功夫，形成了一套全方位、多层次的安全防护体系。

该平台从数据的源头抓起，采用了业界领先的数据加密技术，确保用户数据在传输和存储过程中始终处于加密状态，有效防止了数据被窃取或篡改的风险。它还选用了高可靠性的存储设备，通过多重备份和容灾机制，确保了数据的完整性和可用性，即使在极端情况下，也能迅速恢复数据，保障业务的连续运行。

在访问控制和权限管理方面，该平台建立了严格的身份认证和授权机制。所有对敏感数据的访问都必须经过严格的身份验证和权限检查，确保只有经过授权的人员才能访问相应的数据。该平台还采用了细粒度的权限管理策略，对不同的数据和功能设置了不同的访问权限，进一步降低了数据泄露的风险。

为了应对日益复杂的网络安全威胁，该平台还建立了实时的风险监测和防御系统。这套系统能够实时监测网络流量和异常行为，及时发现并阻断各种网络攻击和恶意代码。他们还与多家网络安全机构建立了合作关系，共享安全情报和应急响应资源，提升了自身的安全防御能力。

除了技术手段外，该平台还非常注重用户教育和培训。它通过多种形式向用户普及网络安全知识和自我保护技能，帮助用户提高安全意识，降低因用户自身原因导致的安全风险。该平台还建立了用户反馈机制，鼓励用户积极反馈安全问题和建议，以便及时发现并修复潜在的安全漏洞。

这套全面的信息安全保障体系不仅为该平台赢得了用户的信任和好评，也为智慧旅游行业的健康发展提供了有力的保障。在这个信息化、网络化的时代，信息安全已经成为企业和个人不可或缺的重要需求。该平台通过不断创新和完善信息安全保障措施，为用户提供了一个安全、便捷、高效的智慧旅游环境，也为整个行业的发展树立了榜样。

该平台还积极响应国家关于网络安全的法律法规和政策要求，加强了与监管机构的沟通和合作，定期向监管机构报告安全状况和风险评估结果，接受监管机构的检查和指导，确保自身的安全管理工作符合法律法规的要求。

在应对突发安全事件方面，该平台也建立了完善的应急预案和快速响应机制，一旦发生安全事件，能够迅速启动应急预案，组织专业团队进行紧急处置，最大限度地降低安全事件对用户和业务的影响。

该平台还非常注重与用户的互动和沟通，通过官方网站、社交媒体等多种渠道向用户发布安全公告和预警信息，提醒用户注意防范各种安全风险，还建立了用户服务热线和在线客服系统，为用户提供全天候的安全咨询和技术支持服务。

这家在线旅游平台在信息安全保障方面所采取的多项措施，不仅体现了其对用户和数据安全的高度重视，也展示了其在智慧旅游领域的领先地位和创新能力。这些措施的实施有效保障了用户数据的安全性和平台的稳定运行。

［案例三］ 智慧旅游城市的数据安全与隐私保护实践

1. 案例背景与问题描述

智慧旅游城市作为现代旅游业的新兴趋势，正以其独特的魅力和潜力吸引着全球的目光。在这一浪潮中，信息技术的迅猛发展无疑为智慧旅游城市的建设注入了强大的动力。随着智慧旅游城市的不断推进，数据安全与隐私保护问题逐渐浮出水面，成为业界和公众关注的焦点。

智慧旅游城市的兴起得益于信息技术的广泛应用和深入渗透。通过大数据、云计算、物联网等先进技术的加持，智慧旅游城市得以实现更加便捷、高效、个性化的旅游服务。游客可以通过智能手机、平板电脑等终端设备，随时随地获取旅游信息、预订酒店机票、购买景区门票，享受一站式的旅游体验。智慧旅游城市还能借助数据分析、人工智能等技术手段，对游客的行为习惯、消费偏好进行深入挖掘，为旅游企业和政府部门提供科学决策的依据。

在智慧旅游城市的繁荣背后，数据安全与隐私保护问题如影随形。由于智慧旅游城市涉及大量的个人信息、交易数据、地理位置等敏感信息，一旦这些信息被泄露或被非法访问，后果将不堪设想。近年来，已有多起智慧旅游城市相关的数据泄露事件被曝光，引发了公众对数据安全问题的担忧。一些不法分子还利用智慧旅游城市的漏洞，进行网络诈骗、恶意攻击等违法犯罪活动，给游客和旅游企业带来了巨大的经济损失和声誉损害。

除了数据泄露风险外，智慧旅游城市还面临着个人隐私被侵犯的严峻挑战。在智慧旅游城市的各个环节中，游客的个人信息被大量采集和使用。例如：在景区入园时，游客需要刷脸或刷指纹进行身份验证；在酒店入住时，游客需要提供身份证信息进行登记；在使用旅游 App 时，游客需要授权访问通信录、相册等隐私信息。这些信息一旦被滥用或泄露，将对游客的隐私造成严重侵害。更为严重的是，一些不法分子还会利用这些信息进行精准诈骗、恶意骚扰等违法行为，给游客的生活带来极大的困扰和不安。

针对智慧旅游城市面临的数据安全与隐私保护问题，各方应共同努力，采取有效的措施加以应对。政府部门应加强监管力度，制定完善的数据安全法律法规和政策措施，为智慧旅游城市的发展提供有力的法律保障。政府部门还应建立健全数据安全监管机制，对智慧旅游城市的数据采集、存储、使用等环节进行全面监管，确保数据的安全性和隐私性。

旅游企业应提高数据安全意识和管理水平，建立完善的数据安全保护体系。旅游企业应对采集的游客信息进行严格保密，采取加密存储、访问控制等技术手段防止数据泄露和非法访问。旅游企业还应加强对员工的数据安全教育和培训，提高员工的数据安全意识和操作技能。

游客自身也应加强数据安全意识和自我保护能力。游客在使用智慧旅游城市的相关服务时，应注意保护个人隐私信息，避免将敏感信息泄露给不可信的第三方。游客还应定期更新密码、使用安全软件等防护措施，提高自己的数据安全防护能力。

社会各界应共同关注智慧旅游城市的数据安全与隐私保护问题，形成合力推动问题的解决。媒体、专家学者等社会各界人士应积极发声，呼吁政府部门、旅游企业和游客共同重视数据安全与隐私保护问题，推动智慧旅游城市的健康可持续发展。

智慧旅游城市作为现代旅游业的新兴趋势，具有广阔的发展前景和巨大的潜力。在享受智慧旅游城市带来的便捷与高效的同时，我们也不能忽视数据安全与隐私保护问题的重要性。只有政府、旅游企业、游客和社会各界共同努力，才能确保智慧旅游城市在数据安全与隐私保护方面行稳致远，为现代旅游业的繁荣发展贡献更大的力量。

2. 解决方案与实施过程

在智慧旅游城市高速发展的浪潮中，数据安全与隐私保护的重要性逐渐凸显，成为城市管理者和公众关注的焦点。为确保智慧旅游城市的数据安全和隐私权益得到充分保障，必须从法律法规、管理体系和公众意识三个层面出发，制定全方位的解决方案。

法律法规是保障数据安全与隐私权益的基石。随着智慧旅游城市的不断推进，数据的产生、传输和使用日益频繁，涉及的个人信息和敏感数据也越来越多。因此，必须建立健全数据安全和隐私保护法律法规，明确各方责任和义务，规范数据处理行为。这些法律法规应涵盖数据的收集、存储、使用、传输和销毁等各个环节，确保数据在整个生命周期内都得到有效保护。此外，还应设立专门的监管机构，对数据安全和隐私保护工作进行监督和管理，确保法律法规得到切实执行。

在管理体系方面，智慧旅游城市需要建立完善的数据安全管理体系，确保数据的机密性、完整性和可用性。首先，应加强数据加密技术的应用，对敏感数据进行加密存储和传输，防止数据泄露和被非法获取。其次，应实施严格的访问控制策略，对数据的访问权限进行合理分配和管理，避免数据被未经授权的人员访问和篡改。最后，还应建立完善的安全审计机制，对数据处理行为进行实时监控和记录，及时发现和处理安全隐患。这些措施共同构成了智慧旅游城市数据安全管理体系的核心内容，为数据的安全提供了有力保障。

除了法律法规和管理体系外，提高公众的隐私保护意识也是智慧旅游城市数据安全与隐私保护工作的重要环节。隐私保护不仅关乎个人利益，更关乎整个社会的信任与和谐。智慧旅游城市应积极开展隐私保护宣传教育活动，提高游客和市民对隐私保护的认识和重视程度，这些活动可以通过多种形式进行，如举办隐私保护讲座、发布隐私保护指南、开展隐私保护知识竞赛等，旨在引导公众正确处理个人信息、谨慎使用网络服务和增强自我保护能力；还应鼓励社会各界共同参与隐私保护工作，形成政府、企业、社会组织和公众共同参与的良好氛围。

在实施过程中，智慧旅游城市应注重政策制定与执行效果的评估与反馈。政策制定者应根据实际情况和需求制定详细的数据安全和隐私保护政策，并明确各方责任和义务；应建立有效的执行机制和监督机制，确保政策得到切实执行和监督；还应定期对政策执行效果进行评估和反馈，及时调整和完善政策内容和措施，以适应智慧旅游城市发展的不断变化和需求。

智慧旅游城市的数据安全与隐私保护工作不仅需要政府的积极推动和企业的切实履行责任，更需要社会各界的广泛参与和支持。只有政府、企业、社会组织和公众共同努力、形成合力，才能确保智慧旅游城市的数据安全和隐私权益得到充分保障。这不仅有利于提升智慧旅游城市的服务水平和竞争力，更有助于推动智慧旅游城市的健康、可持续发展。

在未来智慧旅游城市的发展中，我们还应不断关注新技术、新应用带来的数据安全和隐私保护挑战。随着物联网、人工智能、大数据等技术的不断发展和应用，数据安全和隐私保护将面临更加复杂和严峻的挑战。我们应保持高度警惕和前瞻性思维，不断研究新技术、新应用对数据安全和隐私保护的影响和挑战，并及时采取相应的应对措施和解决方案，如此才能确保智慧旅游城市在快速发展的同时始终保持数据安全和隐私保护的稳健态势。

3. 效果评估与经验教训

在智慧旅游城市的建设进程中，数据安全与隐私保护始终被置于至关重要的位置。经过一系列精心策划和有效措施，这些城市在保障数据安全、维护游客隐私方面取得了令人瞩目的成果。数据泄露和非法访问等安全事件得到了有力遏制，显著降低了数据安全事件的发生概率。这不仅为游客提供了更加安全、可靠的旅游环境，也赢得了他们的高度认可和信赖。游客对智慧旅游城市隐私保护工作的满意度和信任度随之大幅提升。他们深知，在这些城市里，他们的个人信息和隐私得到了充分尊重和周密保护。这种信任感的增强进一步转化为游客对智慧旅游城市的忠诚度和归属感，为城市的持续繁荣和发展注入了强大动力。

智慧旅游城市在数据安全与隐私保护方面的成功实践，也为我们提供了宝贵的经验。我们深刻认识到，必须将数据安全和隐私保护作为智慧旅游城市建设的重中之重。这不仅是一项技术挑战，更是一项关乎城市声誉、游客权益和社会责任的重大任务。

为了确保数据安全和隐私保护工作的有效实施，建立完善的法律法规体系和技术保障体系显得尤为重要。法律法规为数据安全和隐私保护提供了有力的制度支撑，确保了各项工作的合规性和规范性；而技术保障体系则通过先进的技术手段，为数据安全提供了坚实的技术防线，有效抵御了各类安全威胁和攻击。

我们还意识到加强隐私保护宣传教育工作的重要性。通过提高游客的隐私保护意识和技能水平，我们能够更好地引导他们参与到数据安全和隐私保护工作中来，共同维护一个安全、和谐的旅游环境。

智慧旅游城市的发展是一个不断变化的动态过程，新的挑战和问题也在不断涌现。我们需要不断完善和优化数据安全和隐私保护方案，以适应新的形势和需求。这需要我们保持高度的警惕性和前瞻性，时刻关注数据安全领域的最新动态和技术发展趋势，及时将最新的安全理念和技术手段应用到实际工作中去。

在这个过程中，我们还应注重跨部门和跨领域的协作与沟通。数据安全和隐私保护工作涉及多个部门和领域，需要各方共同努力、密切配合。通过建立有效的协作机制和沟通渠道，我们能够更好地整合资源、共享信息，协同应对各类安全挑战。此外，我们还应关注游客的实际需求和体验。数据安全和隐私保护工作的最终目的是为游客提供更加安全、便捷、舒适的旅游体验。在方案设计和实施过程中，我们应始终以游客为中心，充分考虑他们的实际需求和感受，确保各项工作能够真正落到实处、发挥实效。

展望未来，智慧旅游城市在数据安全和隐私保护方面仍面临诸多挑战和任务。但只要我们始终坚持以人为本、安全为先的原则，不断完善和优化各项措施和方案，就一定能够确保智慧旅游城市的持续健康发展，为广大游客提供更加美好、安全的旅游体验。而这些经验和成果也将为其他城市和领域的数据安全和隐私保护工作提供有益的借鉴和参考。

六、智慧旅游、数据安全与隐私保护的融合探讨

一）智慧旅游中的数据安全与隐私保护的挑战

在智慧旅游的浪潮中，数据安全与隐私保护的问题如影随形，成为业界和公众关注的焦点。随着科技的迅猛发展，智慧旅游已经渗透到了我们旅行的方方面面，从预订机票酒店到景区导览，再到消费支付，无一不体现着智能化的便捷。这种便捷背后却隐藏着数据泄露的巨大风险。

每一次在线预订、每一次扫码支付都可能成为数据泄露的源头。我们的身份信息、行程安排、消费记录等敏感信息在智慧旅游的大潮中如同漂浮的船只，随时可能遭遇风浪的侵袭，一旦这些信息被不法分子获取，后果不堪设想。他们可能会利用这些信息进行诈骗、恶意推销等违法行为，严重侵犯我们的合法权益。

智慧旅游的发展也离不开大数据、云计算等先进技术的支持。这些技术如同一把双刃剑，既为旅游行业带来了前所未有的便利和创新，也带来了技术安全上的挑战。黑客攻击、病毒传播等威胁时刻萦绕在智慧旅游系统的周围，稍有不慎就可能导致数据的泄露和损坏。

更为复杂的是，企业在利用这些数据进行商业分析和个性化推荐时，也面临着数据滥用的风险。企业希望通过数据分析更好地了解游客的需求和偏好，提供更加精准的服务，但是，过度的数据收集和分析又可能侵犯游客的隐私，引发公众的担忧和不

满。如何在满足商业需求的同时保护游客的隐私权益，成为智慧旅游发展中亟待解决的问题。

面对这些挑战，我们不能坐视不管，更不能因噎废食。我们应该在享受智慧旅游带来的便捷和乐趣的同时，时刻警惕数据安全的风险，积极采取措施加以防范。政府和企业应该加强合作，共同构建完善的数据安全保护体系。通过制定严格的法律法规和行业标准，规范数据的采集、存储和传输行为，确保游客的隐私权益得到切实保障。加强技术研发和创新，提升智慧旅游系统的安全防护能力，有效应对黑客攻击和病毒传播等威胁。

作为游客的我们也要提高自我保护意识，学会在享受智慧旅游服务的同时保护自己的隐私和数据安全。比如：在使用智慧旅游应用时，要仔细阅读隐私政策并谨慎授权；在连接公共 Wi-Fi 时要使用 VPN 等加密工具保护数据安全；在分享旅行照片和心得时要避免透露过多的个人信息等。只有我们每个人都积极参与到数据安全保护中来，才能共同营造一个安全、健康的智慧旅游环境。

教育宣传也是关键的一环。政府、企业和社会各界应该加强数据安全知识的普及和教育，提高公众的数据安全意识和技能水平。通过举办讲座、发布宣传资料、制作教育视频等多种形式，更多的人了解数据安全的重要性，掌握保护个人数据的方法和技巧。

当然，解决智慧旅游中的数据安全与隐私保护问题并非一蹴而就的事情，需要政府、企业、社会组织和公众共同努力，形成合力。在这个过程中，我们既要保持警惕，也要保持开放和包容的心态。毕竟，智慧旅游是时代发展的产物，它为我们带来了前所未有的便捷和体验。只要我们能够妥善应对数据安全与隐私保护的挑战，就一定能够推动智慧旅游健康、持续地发展下去。

二）融合策略与技术路径

在探讨智慧旅游的发展过程中，数据安全与隐私保护的问题不容忽视。这两者之间的融合策略与技术路径，对于保障智慧旅游的稳健推进至关重要。

法律法规的建设是确保智慧旅游数据安全与隐私保护的基石。随着技术的迅猛发展，数据的收集、存储、使用和共享等环节日益复杂，潜在的安全风险也随之增加。必须通过制定和完善相关的法律法规，明确各环节的规范和责任，为数据安全提供坚实的法律屏障。这些法律法规不仅应涵盖数据的全生命周期管理，还应针对智慧旅游的特点和需求，制定具体、可操作的规范，以确保数据的安全和隐私得到充分保护。

在技术手段方面，加密技术、访问控制、安全审计等措施的应用，对于保障智慧旅游系统数据的机密性、完整性和可用性至关重要。加密技术能够对数据进行有效保护，防止未经授权的访问和泄漏。访问控制则能够对不同用户和数据资源进行精细化管理，确保只有经过授权的用户才能访问相应的数据；安全审计则能够对数据的安全状况进行实时监控和评估，及时发现和解决潜在的安全问题。这些技术手段的应用，能够显著提升智慧旅游系统的安全防护能力，有效应对各种数据安全挑战。

仅靠法律法规和技术手段还不足以完全解决数据安全与隐私保护的问题，因此，建立多方协同机制，加强政府、企业、游客等多方之间的沟通与协作，同样至关重要。政府应发挥主导作用，制定相关政策和标准，推动数据安全与隐私保护工作的落实。企业应积极履行社会责任，加强自身的数据安全管理，确保用户数据的安全和隐私得到充分保护。游客也应提高自身的数据安全意识和防护能力，避免个人信息被泄露和滥用。通过多方协同合作，共同构建智慧旅游数据安全与隐私保护体系，才能形成合力，有效应对日益严峻的数据安全形势。

在这个体系中，各方的角色和责任都至关重要。政府作为监管者，应制定严格的法律法规和政策措施，为数据安全提供有力保障；加强对企业和游客的引导和教育，提高全社会的数据安全意识和防护能力。企业作为数据的主要持有者和处理者，应建立完善的数据安全管理制度和技术防护体系，确保用户数据的安全和隐私得到充分保护；积极与政府、游客等其他相关方进行沟通和协作，共同应对数据安全挑战。游客作为数据的提供者和使用者，应提高自身的数据安全意识和防护能力，合理保护个人信息；积极参与数据安全与隐私保护的社会监督和管理过程，为构建更加安全、可靠的智慧旅游环境贡献自己的力量。

智慧旅游与数据安全及隐私保护的融合策略与技术路径是一个复杂而重要的课题。通过加强法律法规建设、推广先进技术手段、建立多方协同机制等多方面的努力，我们能够构建一个更加安全、可靠的智慧旅游环境，为广大游客提供更加优质、便捷的旅游服务。

七、智慧旅游安全保障的未来趋势与策略

一）新兴技术在智慧旅游安全保障中的应用

智慧旅游作为旅游业与现代科技深度结合的产物日益显现出其在提升旅游体验、优化资源配置方面的巨大潜力，但随之而来的是安全保障问题的日益凸显。在未来的

发展道路上，智慧旅游安全保障将面临哪些趋势与挑战？我们又将如何借助新兴技术来应对这些挑战？

由此，我们不得不提及人工智能与机器学习这两大科技巨头在智慧旅游安全保障领域的广泛应用。通过对海量数据的分析与学习，人工智能系统能够实现对旅游景区的实时监控，不仅能够及时发现异常情况，还能够预测潜在的安全风险。借助先进的机器学习算法，系统能够自动对各类安全事件进行分类和识别，为安全管理人员提供精准的预警和应急响应建议。想象一下，当旅游景区内的某个区域突然出现人流密集或异常行为时，人工智能系统能够迅速捕捉到这些信号，并通过手机 App、智能显示屏等方式及时向游客和管理人员发出警告，从而避免安全事故的发生。

大数据分析在旅游安全领域也展现出了其独特的魅力。游客的行为、偏好和趋势等数据如同一块块拼图，而大数据分析技术则是将这些拼图组合起来的关键。通过对这些数据的深度挖掘和分析，我们不仅能够了解游客的整体行为和偏好，还能够预测他们在特定情境下的反应和行为。这样一来，旅游安全管理人员就能够根据这些分析结果来制定相应的安全措施和应急预案，确保每一位游客都能在安全、舒适的环境中享受旅行的乐趣。

物联网技术的引入则为智慧旅游的安全保障带来了更为全面的监控手段。通过将各类旅游设施、交通工具和环境因素纳入物联网系统中，我们可以实现对这些对象的实时状态监控和数据采集。这意味着，无论是景区的游乐设施、酒店的客房设备，还是旅游大巴的行驶状态，都能够通过物联网技术实现远程监控和管理。一旦发现任何异常或安全隐患，系统都会立即启动应急响应机制，确保问题能够得到及时处理和解决。

当然，我们还不能忽视区块链技术在旅游安全管理中的重要作用。作为一种去中心化、不可篡改的数据记录技术，区块链能够为旅游安全管理提供前所未有的透明度和可信度。通过将各类旅游数据和交易信息记录在区块链上，我们可以确保这些数据的真实性和完整性。这样一来，无论是对于旅游景区、酒店、旅行社等旅游服务提供商来说，还是对于游客和政府监管部门来说，都能够更加方便地获取和验证旅游相关数据和信息。这不仅有助于提高旅游安全管理的效率和质量，还有助于建立更加公平、透明的旅游市场环境。

在智慧旅游的大潮中，新兴技术的应用为旅游安全保障注入了新的活力。从人工智能与机器学习的实时监控与预警到大数据分析的深度挖掘与预测，从物联网技术的全面实时监控到区块链技术的真实不可篡改记录，这些技术如同一个个强大的守护者，时刻守护着每一位游客的安全与幸福。

二）提升智慧旅游安全保障能力的策略与建议

智慧旅游安全保障的未来走向及其应对策略，已成为业界深入探讨的焦点。面对日益严峻的安全挑战，提升保障能力显得尤为关键。在这一背景下，多方面的策略融合与实施显得尤为重要。

技术研发与创新的推动作用不容忽视。随着科技的飞速发展，智慧旅游所依赖的技术平台与系统不断更新换代。要想确保旅游活动的安全无忧，就必须紧跟技术步伐，不断研发更为先进、更为可靠的安全保障技术。这包括但不限于数据加密技术、用户身份验证机制、风险监测与预警系统等。通过加大研发投入，推动技术创新，我们可以为智慧旅游构筑起一道坚实的技术防线。

法律法规与标准体系的完善同样至关重要。智慧旅游的发展离不开法律的规范和引导。在当前法律法规尚存空白或模糊地带的情况下，智慧旅游安全保障工作往往面临无法可依、无章可循的尴尬境地。相关部门应加快立法进程，制定和完善针对智慧旅游的法律法规，明确各方责任和义务，为智慧旅游提供有力的法律支撑。标准的统一和规范也是保障工作的重要一环。通过制定行业标准、技术规范等，可以确保智慧旅游在安全、可靠、互操作等方面达到一定的水平。

数据安全与隐私保护是智慧旅游安全保障的核心内容之一。在数字化、网络化的时代背景下，旅游数据呈现出爆炸性增长的趋势。这些数据不仅关乎企业的商业利益，更涉及游客的个人隐私，一旦数据泄露或被滥用，将给游客和企业带来难以估量的损失。因此，加强数据管理和隐私保护刻不容缓，其中包括建立严格的数据安全管理制度、采用先进的数据加密和脱敏技术、定期开展数据安全风险评估等。通过这些措施的实施，我们可以确保旅游数据在收集、存储、使用、传输等各个环节都得到有效的保护。

人才培养和队伍建设也是提升智慧旅游安全保障能力的重要途径。当前，智慧旅游安全保障领域的人才供给相对不足，高素质、专业化的安全人才更是稀缺。为了解决这一问题，我们需要从多个层面入手。高校和研究机构应设立相关专业或课程，培养具备扎实理论基础和实践能力的安全人才。企业和行业组织应加大对从业人员的培训力度，通过定期举办培训班、交流会等活动，提升他们的专业技能和素质。此外，应建立激励机制和职业发展路径，吸引更多的人才投身到智慧旅游安全保障事业中来。

促进跨部门协同与信息共享也是提高智慧旅游安全保障整体效能的关键一环。智慧旅游安全保障工作涉及多个部门和领域，如旅游、公安、交通、通信等。这些部门之间只有实现有效的协同和信息共享，才能形成合力，共同应对安全挑战。为此，我们可以借助现代信息技术手段，如云计算、大数据、物联网等，搭建跨部门的信息共享平台，实现数据的实时交换和资源的共享利用；建立健全部门间的沟通机制和协作流程，确保在应对突发事件或开展联合行动时能够迅速响应、高效协同。

提升智慧旅游安全保障能力需要我们从多个方面入手，形成全方位、立体化的保障体系。通过技术研发与创新、完善法律法规与标准体系、加强数据安全与隐私保护、推动人才培养和队伍建设及促进跨部门协同与信息共享等策略的实施，为智慧旅游的发展保驾护航，让游客在享受科技带来的便捷和愉悦的同时也能拥有更加安全、放心的旅游体验。

第十章　智慧旅游公共服务

智慧旅游建设和发展的内容除了智慧景区、智慧酒店、智慧旅行社等主体提供旅游产业智慧化提升之外，还包括以政府为主体提供的智慧旅游公共管理与服务，具体涵盖智慧旅游政策规划与标准建设、智慧旅游公共基础设施建设、智慧旅游政务管理与服务、智慧旅游公共信息服务体系等内容。智慧旅游公共服务作为支撑智慧城市建设，以及联通智慧景区、智慧酒店、智慧旅行社的纽带，促使其成为在当前智慧旅游建设初级阶段，推动智慧旅游建设的牵引、推手和主要内容。

一、智慧旅游公共服务提供与发展

一）智慧旅游公共服务提供

（一）智慧旅游公共服务提供背景

科学技术是第一生产力，科学技术的进步加快世界的前进步伐，全球信息化浪潮促进旅游产业的信息化进程。云计算、物联网、人工智能技术的发展与成熟，促使智慧地球、智慧城市、智慧旅游等依靠先进技术的发展模式不断膨胀，并迅速蔓延至世界的各个角落，智慧化程度逐渐成为一个地区甚至是一个国家现代化程度的重要标志。智慧旅游是智慧城市建设的重要抓手，是智慧城市的重要组成部分，是解决旅游业困境、实现我国旅游业转型升级的有效途径。

1. 迎合散客需求，提供个性服务

随着国民收入水平的提高和消费观念的改变，我国旅游业已经迅速进入"散客时代"。与走马观花式团队出行的旅游相比，"散客时代"的游客更倾向于体验截然不同的个性化旅游产品，这不仅对旅游企业的产品提出了挑战，更对旅游目的地的接待能力提出巨大的挑战。智慧旅游模式下提供的个性化服务，很好地迎合了"散客时代"的游客需求。

2. 助力智慧城市，实现双赢发展

智慧城市是城市发展的新兴模式，本质在于信息化与城市化的高度融合，是城市信息化向更高阶段发展的表现。智慧城市建设已成为我国当前信息化建设的热点，智慧城市的建设主要体现在智慧医疗、智慧交通、智慧政府、智慧社区等方面，智慧旅游是智慧城市的重要组成部分。智慧旅游与智慧城市的建设相辅相成：首先，智慧旅游能够推动智慧城市的建设；其次，智慧城市为智慧旅游的发展提供基础环境。

3. 实现旅游业转型升级，建设世界旅游强国

国务院《关于加快发展旅游业的意见》首次把旅游业提升到国家战略层面，要求旅游业加快转型升级步伐，最终实现从世界旅游大国向世界旅游强国的新跨越。随着新一轮信息技术的不断创新应用，在旅游业各领域的渗透和融合更加深入，智慧旅游将成为实现这一跨越的重要跳板，助力世界旅游强国的建设。

（二）智慧旅游公共服务提供基础

1. 科学技术的进步

现代学者定义智慧旅游公共服务多以"技术"定义"智慧"，认为"技术"赋予旅游公共服务"智慧"。虽然对智慧旅游公共服务尚无统一的界定，但毋庸置疑的是科学技术的进步促使旅游公共服务提供模式的改变，促使游客接受服务、信息等渠道的改变，没有科学技术的支持，智慧旅游公共服务的建设也不可能成功。因此，科学技术的进步为智慧旅游公共服务提供重要前提和基础。

2. 旅游公共服务网络的建设

智慧旅游公共服务建设的基础是原有的旅游公共服务，近年来随着政府对旅游业的重视，旅游公共服务的建设规划都已经提上城市旅游发展的规划建设议程，以 12301 旅游服务热线、旅游咨询中心、旅游集散中心等项目为代表的旅游公共服务工程为游客出行提供便利。智慧旅游公共服务的建设旨在运用先进的科学技术，整合现有的旅游公共服务设施与服务，使得游客的行程更加便捷。从智慧旅游公共服务建设的宗旨就可以看出，智慧旅游公共服务建设并非抛弃原有的旅游公共服务，而是在原有旅游公共服务建设的基础上进行整合、改进、升级。因此，智慧旅游公共服务的建设成效和速度也有赖于原有的城市旅游公共服务网络的建设成果。

3. 智慧城市的建设

经过多年的发展，智慧城市的建设初见规模，智慧城市包括智慧物流体系、智慧制造体系、智慧贸易体系、智慧能源应用体系、智慧公共服务、智慧社会管理体系、智慧交通体系、智慧健康保障体系、智慧安居服务体系和智慧文化服务体系等应用体系，其中智慧公共服务、智慧交通体系等应用体系的建设是智慧旅游公共服务建设的基础。

二）智慧旅游公共服务发展

（一）智慧旅游公共服务研究进展

1. 国外相关研究

由于国内外制度、发展进程、发展方式等的不同，国外缺乏对智慧旅游公共服务的研究。在国外相关研究中，与智慧旅游、旅游公共服务联系最紧密的研究就是旅游公共信息服务的研究。布哈利斯提出，信息交流技术不仅帮助消费者辨别、定制、购买旅游产品，同时也为旅游供应商提供有效工具，使其在全球范围开发、管理以及分布产品，从而促进旅游产业全球化的进程。布伦特里奇以加拿大阿尔伯塔省为例，就旅游目的地营销系统中的旅游信息提供内容、方式与体系进行研究，指出在搜索引擎、运载能力以及网络速度上的发展，影响着全球范围内运用科技手段来策划体验旅程的游客。波特认为在全球范围内信息交流技术促使旅游发展转型，不断发展的新技术使得商业行为、战略以及产业结构发生变化。20 世纪 70 年代诞生的计算机预订系统和 20 世纪 80 年代晚期产生的全球分布系统及 20 世纪 90 年代晚期产生的互联网使得产业运营及战略实践发生巨大变化。多林指出，旅游业的信息密集的性质表明，互联网和 Web 技术对于推广和营销目的地起着重要作用，其利用互联网电子商务扩展模型，以衡量新西兰的区域旅游组织的 Web 站点的发展水平，强调使用的交互性来衡量相对成熟的旅游网站的效用。布哈利斯指出信息交流技术也深刻影响旅游组织的运营效率，包括机构组织在市场中的商业行为，以及消费者与旅游组织互动的方式。雷曼和莫利纳针对 50 个旅游专业网站信息进行分析，指出互联网在旅游信息传播中的重要地位。联合国旅游组织提出信息交流技术在旅游组织、旅游目的地及整个旅游产业竞争中都扮演了极其重要的角色。

2. 国内相关研究

我国关于智慧旅游公共服务方面的研究最早可追溯至 2012 年，但相关研究相对较少，并且尚不成熟，研究内容主要集中在智慧旅游公共服务的内涵与外延、智慧旅游公共服务的体系、智慧旅游公共服务平台建设、智慧旅游公共服务提供模式等四个方面。

1）智慧旅游公共服务的内涵与外延研究。

智慧旅游公共服务的内涵方面，学者观点各异，秦良娟提出一个新的理念，她认为利用云计算相关理念和技术构建的旅游公共信息服务系统可以称之为云计算时代的旅游公共服务；黄超、李云鹏认为智慧旅游公共服务体系是面对"散客时代"对于旅游信息资源的巨大需求，将智慧的思想和手段植入城市旅游公共服务的运营与管理过程中，以实现旅游城市整体运营方式转变的一种新型的旅游宣传营销与接待服务体系。

智慧旅游公共服务的外延方面，金卫东指出智慧旅游对构建现代旅游公共服务体系具有重要意义，是解决并满足民众海量个性化旅游需求的必然选择，是为广大民众提供旅游公共产品和服务的主要渠道，是旅游产业转型升级的重要举措。张凌云分别从运营模式、提供主体模式、评价体系等方面对智慧旅游公共服务进行探究。

2）智慧旅游公共服务的体系研究。

智慧旅游公共服务体系构成方面，黄超、李云鹏认为智慧旅游公共服务体系分为旅游公共信息服务、旅游公共交通服务、旅游公共安全服务和旅游公共环境服务四个方面。另外，有一部分学者专项研究智慧旅游公共服务体系的一个子体系——旅游公共信息服务体系，黄羊山认为旅游公共信息服务需要跟上新技术的发展，如何有效地利用新技术，利用游客自身携带的装备，是需要解决的事情。乔海燕将旅游公共信息服务系统分为旅游公共信息平台系统、旅游信息指示系统、旅游交通服务系统和旅游咨询服务系统等四个子系统。张国丽认为智慧旅游的出现，一定程度上弥补了旅游公共信息服务建设的不足，而旅游公共信息服务系统作为旅游公共服务体系建设的突破口，对提供旅游公共服务的效率及满意度非常重要。

3）智慧旅游公共服务平台建设研究。

智慧旅游公共服务平台多是根据建设地的实际需求和技术背景进行创建的，因此不同背景下创建的平台多是不同的。韩玲华、姚国章认为智慧旅游公共服务平台由制度体系、基础设施体系、综合数据库系统、共享服务系统、应用体系、服务体系、标准规范体系和信息安全与运营管理体系八个部分组成。刘加凤对常州智慧旅游公共服务平台（硬件基础层和系统支持层、数据库层、中间件、应用层、表现层、用户层等六层构架和规范标准体系、系统安全保障体系、运行维护管理体系等三个体系）进行了研究。

4）智慧旅游公共服务提供模式与管理机制研究。

智慧旅游公共服务的提供模式多样，根据实际情况寻求最佳的提供模式是学者们研究的目标。韩玲华、姚国章提出政府主导，旅游企业、信息化服务商和游客广泛参与的旅游公共服务新模式。吴克昌、杨修文对公共服务的智慧化供给模式进行研究，发现西方经历了"严格管制型——自由放任型——整体协调型"三个阶段，目前各国政府的公共服务供给模式虽不尽相同，但总体上可以分为三种：以美国和英国为代表的市场导向模式、以欧洲为代表的社会福利模式和以东亚为代表的政府干预模式。我国公共服务智慧化供给模式呈现以下趋势：合作式供给，区域一体化供给，全触式供给等。另外，在智慧旅游公共服务管理机制方面，李萌提出智慧旅游是运用现代电子技术和信息技术构建的一种全新的旅游产业运营和管理体系，能够在游客、企业、利益相关者和行业管理者之间建立一种网状交叉互动的资源共享和价值共创平台，是旅游公共服务管理机制的一大创新。

（二）智慧旅游公共服务发展动态

我国旅游发展历经信息化、数字化、智能化的过程，并逐渐迈向智慧化，李云鹏等认为这一历史进程可以看作一个广义的信息化进程。但事实上，智慧旅游是我们共同追求的终极目标，虽然随着时代的进步可能会出现更新的理念，但在现阶段至未来的某一个阶段，智慧旅游都将是旅游业发展的理想状态（模式）。因此，既然现阶段把智慧旅游看作一个终极目标，便可以并且应该把旅游发展的这一历史进程看作为达到智慧旅游而不懈努力的一个过程，是一个广义的智慧化进程。通过探究我国旅游的智慧化发展进程，进一步预测其发展方向，从而为我国旅游业的发展指明方向。同理，通过探究我国旅游公共服务的智慧化发展进程，了解其发展现状，进一步研究其发展的不足和趋势，使我国旅游公共服务不断趋近于"智慧"的终极目标。

二、智慧旅游公共服务系统

一）智慧旅游公共服务内涵

智慧旅游在某种意义上可以看作是一种新的理念，目的是通过高科技手段实现旅游方式的变革，使最终消费者——游客、中间消费者——政府和企业获得最大的效益；同样，旅游公共服务的目的是通过以政府为主、企业和社会组织为辅的团队，为最终消费者——游客、中间消费者——政府和企业提供的非营利性和非排他性的便利性的产品和服务。两者目的异曲同工，把"智慧旅游"的理念引入"旅游公共服务"将促使旅游公共服务发生巨大变革，即通过云计算、物联网等高科技手段，以政府为主、企业和社会组织为辅的提供主体，为最终消费者——游客、中间消费者——政府和企业提供非营利性和非排他性的便利性的产品和服务。

二）智慧旅游公共服务系统构建

鉴于对智慧旅游公共服务的理解，智慧旅游公共服务系统应该由旅游公共信息服务、旅游基础设施服务、旅游公共安全服务及旅游行政管理服务等四部分构成，但是每个部分分别扮演着不同的角色。其中，旅游公共信息服务是整个智慧旅游公共服务的中枢系统，是旅游基础设施服务、旅游公共安全服务及旅游行政管理服务等三类服务的信息沟通渠道，是游客获取各类公共服务信息的通道，以及旅游公共服务内部联动的链条；旅游基础设施服务是旅游公共服务实现的服务载体；旅游公共安全服务是旅游公共服务提供的服务前提；旅游行政管理服务是旅游公共配套服务提供的服务保障，作为法规、政策等管理性服务对各提供主体提供的各类服务进行监管。这里通过首批国家智慧旅游试点城市在智慧旅游公共服务的旅游公共信息服务层面的实践来总结、归纳旅游公共信息服务、旅游基础设施服务、旅游公共安全服务及旅游行政管理服务等四个子系统的构成。

另外，由于研究数据及相关资料获取的限制等，所涉及的智慧旅游公共服务研究主要是指城市范围的旅游公共服务的研究。

三）智慧旅游公共服务相关术语

（一）旅游公共服务

随着研究视角以及实践认知的不断更新，学界关于旅游公共服务的研究也在不断深入。通过分析众多学者关于旅游公共服务概念的界定可以发现，在旅游公共服务的提供者方面，学者的认知主要分为三类：第一类，认为供给方是政府部门；第二类，认为供给方是政府部门和其他社会组织、经济组织，未分主次；第三类，认为政府部门应成为主要提供者，其他社会、经济组织成为辅助提供者。在旅游公共服务的服务对象方面，学者的认知主要分为三类：第一类，外来游客；第二类，全社会；第三类，狭义游客，包括企业和本地居民。在旅游公共服务的特质和形态方面，第一，在服务"形态"上，绝大多数观点认为是"产品和服务"。第二，所有的定义都列出旅游公共服务具有"公益性"这一特征，说明公益性（非营利性）是旅游公共服务获得学者普遍认可的特质；此外，"共享性"（非排他性）特质也获得大多数学者的认可。

综上所述，旅游公共服务是以政府部门为主，社会、经济组织为辅，为满足游客公共需求而提供的非营利性和非排他性的产品和服务的总称。特别需要指出的是，旅游公共服务的对象根据受益程度有广义和狭义之分，广义的服务对象不仅包括最终受益者（潜在游客和现实游客，潜在和现实的游客不仅包括外地游客的旅游需求，也兼顾本地居民出行的需要），还包括中间受益者（旅游公共服务的提供主体，如政府、旅游企业、社会非营利组织等）。各主体不仅在旅游公共服务中提供各自的服务内容，而且也在不断地获得或共享服务。

（二）云数据库

云数据库（简称"云库"）把各种关系型数据库看成一系列简单的二维表，并基于简化版本的 SQL 或访问对象进行操作。传统关系型数据库通过提交一个有效的链接字符串即可加入云数据库。云数据库解决了数据集中与共享的问题，剩下的是前端设计、应用逻辑和各种应用层开发资源的问题。使用云数据库的用户不能控制运行着原始数据库的机器，也不必了解它身在何处。

（三）物联网

物联网最初在 1999 年提出：即通过 RFID（RFID+互联网）、红外感应器、全球定位系统、激光扫描器、气体感应器等信息传感设备，按约定的协议，把任何物品与互联网连接起来，进行信息交换和通信，以实现智能化识别、定位、跟踪、监控和管理的一种网络。简而言之，物联网就是"物物相连的互联网"。

国际电信联盟（international telecommunication union，ITU）发布的互联网报告，对物联网作了如下定义：通过二维码识读设备、RFID 装置、红外感应器、全球定位系统和激光扫描器等信息传感设备，按约定的协议，把任何物品与互联网相连接，进行信息交换和通信，以实现智能化识别、定位、跟踪、监控和管理的一种网络。

根据国际电信联盟的定义，物联网主要解决物品与物品、人与物品、人与人之间的互联。但是与传统互联网不同的是，H2T 是指人利用通用装置与物品之间的连接，从而使得物品连接更加简化，而 H2H 是指人之间不依赖于 PC 而进行的互联。因为互联网并没有考虑到对于任何物品连接的问题，故我们使用物联网来解决这个传统意义上的问题。物联网顾名思义就是连接物品的网络，许多学者讨论物联网时，经常会引入 M2M（机器对机器）的概念，可以解释为人到人、人到机器、机器到机器。从本质上而言，人与机器、机器与机器的交互，大部分是为了实现人与人之间的信息交互。

（四）电子政务系统

电子政务系统是基于互联网技术的面向政府机关内部、其他政府机构、企业以及社会公众的信息服务和信息处理系统。一般而言，政府的主要职能在于经济管理、市场监管、社会管理和公共服务，而电子政务系统就是要将这四大职能电子化、网络化，利用现代信息技术对政府的管理工作进行信息化改造，以提高政府部门的行政水平。电子政务系统有四个突出特点：第一，电子政务系统使政务工作更有效、更精简；第二，电子政务系统使政府工作更公开、更透明；第三，电子政务系统将为企业和居民提供更好的服务；第四，电子政务系统将重新构造政府、企业、居民之间的关系，共同构建更加协调的三方关系。

（五）移动办公

移动办公也可称为"3A"办公，即办公人员可在任何时间、任何地点处理与业务相关的任何事情。这种全新的办公模式，可以让办公人员摆脱时间和空间的束缚。单位信息可以随时随地通畅地进行交互流动，工作将更加轻松有效，整体运作更加协调。

根据具体应用方式的不同，移动办公大致可以分为两种类型：一种需要在掌上终端安装移动信息化客户端软件才能使用，另一种则无须装载软件，借助运营商提供的移动化服务就可以直接进行移动化的办公。前一种方式具备的功能非常强大，对于掌上终端的要求也较高。一般需要以智能手机为终端载体，通过在公司内部部署一台用于手机和电脑网络信息对接的服务器，使得手机可以和企业的办公系统、财务系统、ERP 系统、CRM 系统、HR 系统等几乎所有的企业级业务和管理系统联动，其业务主要面向大中型企业和政府部门。由于这类应用的开发具有一定的难度，所以应用相对并不广泛。后一种方式则具备一些常规的企业办公功能，如中国移动的 ADC 移动办公业务，它不需要企业架构任何服务器，也不需要在手机上安装软件，用户可以通过租赁中国移动等提供的一站式 OA 服务，实现包括如"公文流转、日程管理、企业通信录、手机硬盘、即时通信、企业资讯"等在内的常规企业办公需求。

三、智慧旅游公共服务建设体系

一）旅游公共信息服务

旅游公共信息服务是智慧旅游公共服务体系服务中枢，是实现旅游公共服务系统整合、全面覆盖、高效及时的关键，是旅游公共服务智慧化程度的重要衡量指标。目的是通过先进的集成技术整合各类旅游公共信息，使游客更加便捷地了解和游览旅游目的地，如图 2 所示。

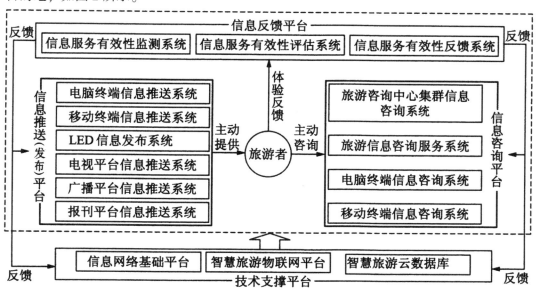

图 2 智慧旅游公共服务构成关系

该体系主要由信息推送（发布）平台、信息咨询平台、信息反馈平台、技术支撑平台等四大平台构成，信息推送平台主动向游客提供城市旅游目的地的相关信息，而游客则可以通过信息咨询平台对城市旅游目的地进行进一步相关的信息了解，在游客成行后通过相关的满意度调查与处理及信息反馈平台将改进措施及建议反馈到信息推送（发布）平台、信息咨询平台以及技术支撑平台，而技术支撑平台则为信息反馈平台、信息推送（发布）平台以及信息咨询平台提供技术支持和硬件支撑。

（一）信息推送（发布）平台

信息推送（发布）平台是指由旅游目的地主动推送（发布）该地相关旅游信息的服务平台，主要由电脑终端信息推送系统、移动终端信息推送系统、LED 信息发布系统、电视平台信息推送系统、广播平台信息推送系统及报刊平台信息推送系统等六大部分构成。其中，电脑终端推送系统是以电脑为终端媒介的信息推送系统，其内容和方式多样，主要由官方资讯网站、在线旅游企业网站以及官方微博等形式构成；移动终端信息推送系统是以手机、平板电脑等为终端媒介的信息推送系统，主要由官方微信、微博、手机短信、手机报、手机视频等形式构成；LED 信息发布系统是以公共场所安装的 LED 屏等显示设备为终端媒介的推送系统，主要由宣传视频、漫画、新闻报道等形式构成；电视平台信息推送系统是以电视为终端媒介的信息推送系统，主要由宣传视频（宣传片）、广告、电视剧、电影、漫画、新闻报道等形式构成；广播平台信息推送系统是以电台为终端媒介的信息推送系统，由于电台广播在视觉上的限制，所以其信息传播主要以广告和新闻报道为主，关键时刻可以成为重要事件及时传达的工具；报刊平台信息推送系统是以报纸为终端媒介的信息推送系统，主要由广告、新闻报道、漫画等形式构成。

这六大子平台根据游客的不同需求，在信息发布的时候要注意以下几点：第一，注意时效性，并且要做到信息同步更新；第二，注意层次性，要根据不同媒体的特点发送与之相匹配的信息；第三，注意完整性，六大子平台各有其信息发布的特点，但在信息的整合发布时一定要注意信息的完整性，首先要有顶层设计，确定所要发布的全部信息，然后根据不同平台的特点发布合适的信息，做到系统、全面、有层次地发布信息。

（二）信息咨询平台

信息咨询平台是游客主动咨询相关旅游信息的平台，主要由旅游咨询中心集群信息咨询系统、旅游信息咨询服务系统、电脑终端信息咨询系统、移动终端信息咨询系统等四大部分构成。其中旅游咨询中心集群信息咨询系统是游客在旅游目的地信息咨询的最直接有效的渠道，通过采用多媒体和数字化技术，依托互联网，提供人际交流、网络互动和自助查询等旅游信息咨询服务，主要由旅游咨询中心主中心信息推送系统、分中心信息推送系统、信息亭信息推送系统、触摸屏信息推送系统等部分构成；旅游信息咨询服务系统主要是以声音服务为主，即主要以信息咨询服务热线为主；电脑终端信息咨询系统是以电脑为终端媒介，为游客提供信息咨询服务的平台，主要由网络在线实时咨询、信箱、留言等形式构成；移动终端信息咨询系统是以平板电脑、手机等为终端媒介，为游客提供信息咨询服务的平台，主要由微信实时咨询平台、信箱、留言等形式构成。

信息咨询平台主要依赖电话服务热线，虽然各地基本上已经普遍开通 12301 旅游服务热线，但同时各地也有各自的旅游服务热线，甚至出现"一地多线"的现象，缺乏整合。但随着旅游业"散客时代"的到来，市场面临的最大问题就是"整合"，包括信息的整合和路径的整合，快捷、高效、准确地获取信息才是信息咨询的最终目的，繁多的热线不仅不易记，同时信息在传达的时候也会出现由于沟通不畅造成的不一致甚至错乱的现象。另外，电话服务热线的服务模式是信息咨询平台的主要服务模式，模式过于单一，并且，电话服务最多只能满足游客的游中咨询需求。但是，随着技术的发展以及游客的需要，应增加电脑终端信息咨询系统和移动终端信息咨询系统，通过三种模式的相互配合形成一个完整的信息咨询生态系统，满足游客游前、游中、游后咨询的需求。同时，在建设的过程中，需要各咨询部门信息的不断更新以及相互之间信息的互通。因此，在信息咨询平台方面的建设主要集中在三点：第一，旅游服务热线的整合；第二，信息咨询平台模式的创新；第三，信息的不断更新与完善。

（三）信息反馈平台

信息反馈平台主要是信息推送与咨询效果的反馈，旨在对旅游目的地的信息发布、咨询、导览等方面的服务进行不断改进。信息反馈平台主要由信息服务有效性监测系统、信息服务有效性评估系统以及信息服务有效性反馈系统等三部分构成。其中，信息服务有效性监测系统主要是对信息推送和咨询层面信息有效性的监测，主要由信息后台管理系统、游客满意度调查机制（游客满意度点评系统）、游客投诉信息收集等部分构成；信息服务有效性评估系统是对信息服务有效性监测系统的监测数据进行统计、分析与评估；信息服务有效性反馈系统主要是将信息服务有效性评估系统所得的评估结果反馈到信息推送平台以及信息咨询平台。

信息反馈平台是旅游目的地各方面改进更新的一个重要的依据，旅游目的地要想实现旅游的可持续发展，游客意见是一个不可忽视的重要环节。随着游客对旅游体验认知水平的提升，他们逐渐变得愿意分享游后的心得体会，旅游公共管理者可借此契机进行信息推送与咨询的有效性监测，并将结果再反馈给信息推送平台和咨询平台，从而形成一个良性的生态系统，最终实现信息发布、提供的高效性与精确性。

（四）技术支撑平台

技术支撑平台是指智慧服务过程中的技术、数据等方面的智力支持，主要由智慧旅游云数据库、智慧旅游物联网平台以及信息网络基础平台等三方面构成。其中，智慧旅游云数据库建设是指包含各类旅游基础信息的基础数据库，主要涉及食、住、行、游、购、娱等各方面的数据；智慧旅游物联网平台主要是利用局部网络或互联网等通信技术把传感器、控制器、机器、人员和物等通过新的方式联在一起，形成人与物、物与物相连，实现信息化、远程管理控制和智能化的网络，主要由 RFID、传感网、M2M 等部分构成；信息网络基础平台是智慧旅游发展的基础环境，主要由云计算平台、信息基础设施集约化建设平台、政务信息资源交换共享平台、信息安全平台等构成。

智慧旅游时代的旅游公共服务不再单单是人工服务，而更多的是运用高科技手段，通过各种高科技设备提供服务。技术支撑平台是智慧服务过程中技术、数据等方面的智力支持；各旅游目的地也在不断地构建各种类型的技术支撑平台，但是由于没有统一的技术指导及顶层设计，技术支撑平台的建设杂乱无章，并不能满足支撑整个智慧旅游公共服务生态系统的需要。因此技术支撑平台的建设，应该注意智慧旅游云数据库、智慧旅游物联网平台以及信息网络基础平台等三大子平台的系统构建（如表1），形成一个系统的支撑平台，有效保证前台的运营。

表 1　旅游公共信息服务体系构成

体系	子体系	内容构成	备注
信息推送（发布）平台	电脑终端信息推送系统	旅游资讯网站集群（官方资讯网、在线旅游企业网等）、官方微博	问题：信息推送效果（即游客信息接收率如何调查与监测）
	移动终端信息推送系统	官方微信、官方微博、手机短信、手机报、手机视频	
	LED 信息发布系统	宣传视频（宣传片）、漫画、新闻报道	
	电视平台信息推送系统	宣传视频（宣传片）、广告、电视剧、电影、漫画、新闻报道	
	广播平台信息推送系统	广告、新闻报道	
	报刊平台信息推送系统	广告、新闻报道、漫画	

续表

体系	子体系	内容构成	备注
信息咨询平台	旅游咨询中心集群信息咨询系统	旅游咨询中心主中心信息推送系统、分中心信息推送系统、信息亭信息推送系统、触摸屏信息推送系统等	问题：信息咨询的有效性监测
	旅游信息咨询服务系统	12301 旅游服务热线	
	电脑终端信息咨询系统	网络在线实时咨询、信箱、留言	
	移动终端信息咨询系统	微信实时咨询平台、信箱、留言	
信息反馈平台	信息服务有效性监测系统	信息后台管理系统、游客满意度调查机制（游客满意度点评系统）	
	信息服务有效性评估系统	对信息服务有效性监测系统的监测数据进行统计、分析与评估	
	信息服务有效性反馈系统	将信息服务有效性评估系统所得的评估结果反馈到信息推送平台以及信息咨询平台	
技术支撑平台	智慧旅游云数据库	涉及食、住、行、游、购、娱等各方面的数据信息	
	智慧旅游物联网平台	RFID、传感网、M2M（机器对机器）	
	信息网络基础平台	云计算平台、信息基础设施集约化建设平台、政务信息资源交换共享平台、信息安全平台等	

二）旅游基础设施服务

旅游基础设施服务是智慧旅游公共服务体系的服务载体，是游客关于智慧旅游公共服务最直接的接触体验点，旅游基础设施服务质量的高低将直接影响游客对旅游目的地旅游公共服务整体水平的认知。

旅游基础设施服务体系主要由游憩服务平台和交通服务平台两大平台构成，游客通过交通服务平台这个载体媒介到达城市旅游目的地，并享受目的地智慧旅游公共服务提供的便捷的游憩服务，最后游客再次借由交通服务平台的载体从目的地返回居住地，如图 3 所示。

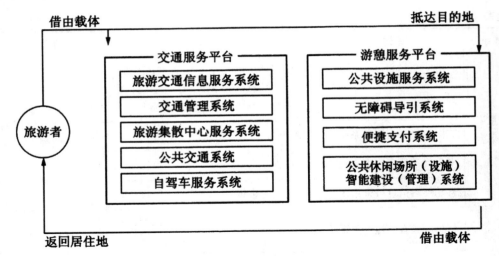

图 3 旅游基础设施服务体系结构

（一）游憩服务平台

游憩服务平台以为游客与当地居民谋取更多福利为宗旨，推动社会推出更多的旅游惠民服务，主要由公共设施服务系统、无障碍导引系统、便捷支付系统以及公共休闲场所（设施）智能建设（管理）系统等四部分构成。其中，公共设施服务系统主要是满足游客旅游日常需要的设施服务，主要由邮政、金融、医疗、无障碍、环卫等部分构成；无障碍导引系统主要是智能引导游客自主满足食、住、行、游、购、娱等层面的需求，主要由手机客户端和城市自助导览系统构成，手机客户端主要用于食、住、游、购、娱的导览，城市自助导览系统主要用于"行"（徒步）为主的导览；便捷支付系统是游客实现便捷消费支付的平台，主要由无障碍刷卡系统和在线支付系统构成；公共休闲场所（设施）智能建设（管理）系统是对公共游憩区、特色街区、游览观光步道、开放式景区等公共景观和游览设施的管理，目的是为游客和当地居民提供更加便利的游憩环境。

对于游憩服务平台，其中的便捷支付系统应该是一个银行、景区、旅行社、酒店、纪念品商店等旅游目的地各个系统互联的便捷支付系统，旨在使游客的支付更加便捷。但是，随着各大旅游目的地"旅游卡"项目的竞相启动，各地旅游卡泛滥，如果游客购买的话会出现多地旅游要购买多地旅游卡的现象，不仅没有便捷感而且无形中增加游客的负担。因此，在旅游卡推进的过程中应该学习 12301 旅游服务热线的推行模式，进行全国的旅游卡整合，真正做到"一卡通"；同时，扩展与完善各类型旅游服务商的在线支付系统，实现真正的便捷与智慧。

（二）交通服务平台

交通服务平台主要由旅游交通信息服务系统、交通管理系统（ATMS）、旅游集散中心服务系统、公共交通系统（APTS）以及自驾车服务系统等五部分构成。其中，旅游交通信息服务系统是一个交通地理信息的交换与共享平台，提供地图浏览、快速定位、图层管理、信息查询、数据编辑、辅助工具、空间分析、报表定制、图形输出、数据交换、数据管理、专题统计分析、三维仿真及屏幕自动取词地图服务、系统管理等功能，主要为各级交通信息需求者提供各种地理信息服务，通过交通地理信息服务平台建设，有效地整合了公路、航道、港口、场站、铁路和机场等交通地理信息资源，建设了统一、共享的交通地理信息数据库和地理信息服务平台，实现了交通地理信息资源共享和集中管理。交通管理系统通过先进的监测、控制和信息处理等子系统，向交通管理部门和驾驶员提供对道路交通流进行实时疏导、控制和对突发事件应急反应的功能；旅游集散中心服务系统根据游客需要和旅游景区的分布及品位，推进合理建设包括集散中心、集散分中心、集散点组成的集散中心体系，逐步完善旅游集散换乘、旅游信息咨询、票务预订、行程讲解等多种功能，逐步实现航空港、火车站、汽车站、码头、地铁、集散中心站点、主要景区的无缝对接，加强各旅游城镇集散中心间的横向联系，推动联网售票、异地订票，实现区域化、网络化运营；公共交通系统的主要目的是采用各种智能技术促进公共运输业的发展，使公交系统实现安全便捷、经济、运量大的目标，如通过个人计算机、闭路电视等向公众就出行方式、路线及车次选择等提供咨询，在公交车站通过显示器向候车者提供车辆的实时运行信息，在公交车辆管理中心，可以根据车辆的实时状态合理安排发车、收车等计划，提高工作效率和服务质量，其主要包括智能公交系统、智能地铁系统以及旅游观光巴士运行系统等；自驾车服务系统主要是为自驾车游客服务的系统，主要包括旅游交通引导标识系统、智能停车场服务系统（预报车位、智能引导停车、智能收费等）、自驾车服务区系统、电子收费系统（ETC）及交通紧急救援系统（EMS）等，如表2所示。

表2 旅游基础设施服务体系构成

体系	子体系	内容构成/形式
游憩服务平台	公共设施服务系统	邮政、金融、医疗、无障碍、环卫等
	无障碍导引系统	手机客户端（无线导游App）：食住游购娱的导览 城市自助导览系统：以步行为主（二维码智能导览系统与传统导向系统相结合）
	便捷支付系统	无障碍刷卡系统（后台支持系统、铺设刷卡消费终端设备和发行中国旅游卡等）、在线支付系统（电脑和手机）
	公共休闲场所（设施）智能建设（管理）系统	公共游憩区、特色街区、游览观光步道、开放式景区等公共景观和游览设施管理

续表

体系	子体系	内容构成/形式
交通服务平台	旅游交通信息服务系统	整合公路、航道、港口、场站、铁路和机场等交通地理信息资源
	交通管理系统（ATMS）	监测、控制和信息处理等子系统
	旅游集散中心服务系统	集散中心、集散分中心、集散点
	公共交通系统（APTS）	智能公交系统、智能地铁系统以及旅游观光巴士运行系统等
	自驾车服务系统	旅游交通引导标识系统、智能停车场服务系统（预报车位、智能引导停车、智能收费等）、自驾车服务区系统电子收费系统（ETC）、交通紧急救援系统（EMS）

三）旅游公共安全服务

旅游公共安全服务是旅游公共服务实现的前提，任何安全事故的出现都可能影响该地区甚至是整个国家的旅游发展走势。因此，打造牢固的旅游公共安全服务体系是旅游目的地发展旅游的重要前提和保证。

旅游公共安全服务体系主要包含智慧旅游安全监测平台、智慧旅游安全管理平台、智慧旅游安全监督平台等三个部分构成。智慧旅游安全监测平台为智慧旅游安全管理平台提供平台监测信息；智慧旅游安全管理平台负责处理智慧旅游安全监测平台报送的相关安全问题；智慧旅游安全监督平台则主要协作发现相关安全问题及智慧旅游安全监测平台和智慧旅游安全管理平台在相关方面存在的漏洞和问题，并将发现的各项安全问题及时反馈到智慧旅游安全监测平台和智慧旅游安全管理平台，从而形成一个良性的安全环境保障平台，为游客提供一个安全的旅游环境，如图4所示。

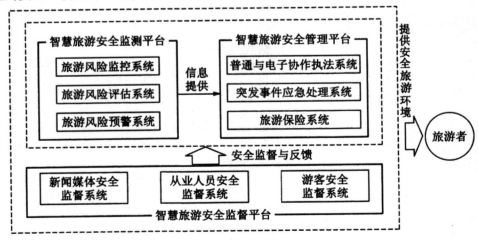

图 10-4　旅游公共安全服务体系结构

（一）智慧旅游安全监测平台

智慧旅游安全监测平台是通过摄像机、RFID 技术等传感器监测感知自然、社会环境中存在的风险因素，通过风险评估系统对风险的程度及可能造成的威胁进行评判与预估，并根据风险的等级进行预警，主要由旅游风险监控系统、旅游风险评估系统以及旅游风险预警系统等三部分构成。其中，旅游风险监控系统主要是通过各种传感器对自然、社会等环境进行监控，包括旅游气象服务系统、公共场所安全监控系统等部分；旅游风险评估系统主要是对旅游风险监控系统下所捕捉到的风险因素进行风险等级的评判与预估；旅游风险预警系统则主要是根据旅游风险评估系统对风险的评判进行分等级的预警。

（二）智慧旅游安全管理平台

智慧旅游安全管理平台主要是针对旅游安全事故及旅游风险预警系统的预警级别进行快速反应，解决安全问题的平台系统，主要由普通与电子协作执法系统、突发事件应急处理系统以及旅游保险系统等三部分构成。其中，普通与电子协作执法系统是指通过日常执法与移动终端随时执法相结合的安全管理系统，一旦出现安全隐患则触发风险预警系统，当发生安全问题则触发旅游协作执法系统，从而高效地处理情况，保证一个安全的旅游环境；突发事件应急处理系统主要是针对旅游过程中出现的自然、社会等方面的突发事件而进行的快速反应处理系统，包括应急指挥调度系统和应急救援系统等；旅游保险系统是旅游安全的重要保障，政府应推动保险机构开发针对旅游饭店、景区等旅游经营主体的责任保险及游客的意外伤害、行程取消、行程延误、财物丢失、医疗救助等个人保险示范产品，并通过在线、实体等形式向游客提供。

（三）智慧旅游安全监督平台

智慧旅游安全监督平台旨在通过发挥各个层面人员的力量对旅游目的地各个方面的安全生产、安全隐患进行监管，形成一个全方位的安全监管体系，尽量降低安全问题产生的可能性，从而减少游客在旅游过程中的风险。智慧旅游安全监督平台主要由新闻媒体安全监督系统、从业人员安全监督系统以及游客安全监督系统等三部分构成。其中，新闻媒体安全监督系统旨在发挥媒体的力量，尽量多地曝光各类安全问题，为旅游管理者解决安全隐患提供重要的信息；从业人员是旅游生产最直接的参与者，参与监督将是最直接、最有效的，有助于从源头上消灭安全隐患；游客安全监督系统的建立旨在希望游客从其游览者的视角感受其自身可能受到的安全威胁，从而更加精确地找到风险源。

四）旅游行政管理服务

旅游行政管理主要是后台运作系统，旨在为游客提供一个健康、有序的旅游环境。

旅游行政管理的成熟度将直接影响前台服务系统（包括旅游公共信息服务、旅游基础设施服务），是前台服务系统有序运行的重要保障，并将间接影响旅游目的地旅游业的可持续发展。

旅游行政管理服务体系主要由智慧旅游政务管理平台、智慧旅游行业管理平台以及智慧旅游营销管理平台等三大平台系统构成，智慧旅游营销管理平台针对游客进行城市营销，主动向游客宣传城市目的地，而智慧旅游政务管理平台和智慧旅游行业管理平台的有序运行则是各个部门为游客提供各项服务的保障。另外，智慧旅游政务管理平台的有效运行是智慧旅游营销管理平台和智慧旅游行业管理平台有效运行的前提和保证，同时智慧旅游行业管理平台的有效运行也是智慧旅游营销管理平台有效运行的前提和保证，如图 5 所示。

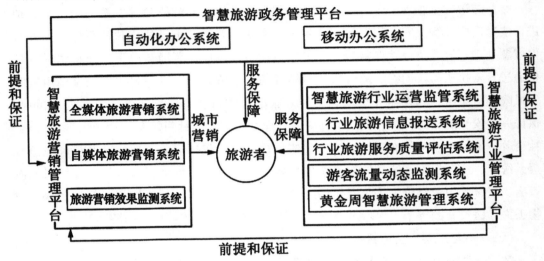

图5　旅游行政管理服务体系结构

（一）智慧旅游政务管理平台

智慧旅游政务管理平台是指以高科技手段为依托，实现旅游公共服务的主要提供者（政府）的在线办公，但是这里所指的"在线办公"不仅仅是案头工作的网络化转移，而是指通过科技手段建立一个网络大楼，实现各部门、各层级的高效互动，提高办事效率，主要由自动化办公系统（包括电子政务系统和协同办公系统）、移动办公系统等两方面构成。这两个系统的无缝衔接，使随时随地办公成为可能，两者所涉及的政务内容一致，并且应该同步更新，内容涵盖工作的各大子系统，如政务信息交换共享系统、人事管理系统、内部信息系统、会议管理系统，等等。

（二）智慧旅游行业管理平台

智慧旅游行业管理平台是指以高科技手段为依托，实现政府对各行业的在线管理，主要由智慧旅游行业运营监管系统、行业旅游信息报送系统、行业旅游服务质量评估系统、游客流量动态监测系统以及黄金周智慧旅游管理系统等五部分构成。其中，智慧旅游行业运营监管系统涉及旅游景区、旅行社、旅游饭店等各大业态（公司、员工及相关设施）的正常运行监管、舆情监控、数据分析以及诚信监管等；行业旅游信息报送系统包括旅行社业、旅游饭店业、旅游景区业等相关业态的信息填报系统；行业旅游服务质量评估系统是指对各个相关业态对客服务质量的测评，对于整顿旅游市场，实现旅游业的可持续发展意义重大；游客流量动态监测系统是为了提供高质量的服务，主要是通过高科技手段获取游客流量信息，并将信息传达给各个业态，以备各业态提前做好人力、物力等方面的接待准备，为游客提供一个高质量的旅游经历；黄金周智慧旅游管理系统是一个特殊的智慧管理系统，由于黄金周的特殊性，无论是出于统计的需要还是安全的考量，都有必要为黄金周设置一个独立系统。该系统主要包括黄金周行业信息报送系统、黄金周客流量监控与预报系统、黄金周旅游安全监控系统以及黄金周突发事件应急系统等四个方面构成，从而保证黄金周期间旅游业各行业的正常运行，避免发生游客滞留现象等不良问题。

（三）智慧旅游营销管理平台

智慧旅游营销管理平台主要包括全媒体旅游营销系统、自媒体旅游营销系统、旅游营销效果监测系统等三大系统。其中，全媒体旅游营销系统是指构建一个旅游目的地推广信息传播，采用文字、声音、影像、动画、网页等多媒体表现手段，利用广播、电视、音频、电影、出版、报纸、杂志、网站等不同媒介形态，通过融合广电网络、电信网络以及互联网络进行传播，最终实现用户以电视、电脑、手机等多种终端均可完成旅游目的地信息的融合接收，实现任何人、任何时间、任何地点，以任何终端推广任何想要推广的旅游目的地信息。在全媒体旅游营销系统的建设过程中要注意：第一，充分利用不同传播媒介的特点进行相关营销信息的设置与传播，以达到事半功倍的效果；第二，要针对性营销，不同的游客群体的旅游需求不同，其营销应该在云数据系统的基础上将顾客群体分类，实行针对性营销。自媒体旅游营销系统的提出是随着信息技术的发展，更多的人乐于在网络社区分享旅途感受与见闻，这也成为旅游目的地营销的一大领域。自媒体又称公民媒体或个人媒体，是指私人化、平民化、普泛化、自主化的传播者，以现代化、电子化的手段，向不特定的大多数或者特定的个人传递规范性及非规范性信息的新媒体的总称。自媒体包括博客、微博、微信、百度官方贴吧、论坛/BBS等个人门户，有以下优势：第一，这些个人门户不仅具有信息发布功能，其个性化聚合功能还能够精确并即时地获取信息，从而构成一条双向的即时信息通道，这种通道的存在有利于培养更加广大的信息受众，从而支持其更加旺盛的信息表达诉求；第二，个人门户能够将信息挖掘和智能推送结合在一起，从而通过一种用户乐于接收的方式推动自媒体的传播；第三，个人门户建立的社区生态系统加强了用户之间的联系纽带，使得信息的发布者与接受者的沟通更加紧密，联系也更加稳固。因此，旅游目的地应该充分利用自媒体这一强大的旅游营销系统，开展针对性营销以及口碑营销。旅游营销效果监测系统的提出是因为营销的过程并不仅仅指营销这一件事情，它应该是一个反馈系统。全媒体旅游营销系统和自媒体旅游营销系统的效果需要通过旅游营销效果监测系统来测评，通过测评结果来适时地调整营销策略、手段及方式等，以便达到最佳的营销效果。同时，由于信息技术的日新月异及人们需求的不断变化，一成不变的营销方式将远远不能满足营销需求。因此，旅游营销效果监测系统是整个智慧营销体系至关重要的一个构成部分。旅游行政管理服务体系构成如表3所示。

表3　旅游行政管理服务体系构成

体系	子体系	内容构成/形式
智慧旅游政务管理平台	自动化办公系统	包括电子政务系统和协同办公系统
	移动办公系统	—
智慧旅游行业管理平台	智慧旅游行业运营监管系统	—
	行业旅游信息报送系统	—
	行业旅游服务质量评估系统	—
	游客流量动态监测系统	—
	黄金周智慧旅游管理系统	黄金周行业信息报送系统、黄金周客流量监控与预报系统、黄金周旅游安全监控系统、黄金周突发事件应急系统
智慧旅游营销管理平台	全媒体旅游营销系统	—
	自媒体旅游营销系统	—
	旅游营销效果监测系统	—

四、智慧旅游公共服务设计与实务

随着科学技术的进步、"散客时代"的来临、游客需求个性化、智慧城市建设等诸多要素的相互作用，"智慧旅游"被提出，并迅速引起相关政府部门、企业、学者以及游客的关注。由于智慧旅游公共服务是开展智慧旅游的前提和基础，因此，智慧旅游公共服务的建设势在必行。

一）目标原则

（一）发展目标

以习近平新时代中国特色社会主义思想为指导，将智慧旅游公共服务工作作为建设国际旅游目的地的切入口和突破口，坚持"政府主导、部门协同、企业参与、市场运作"的原则，按照《国家旅游信息化建设技术规范》《国家智慧旅游服务中心项目可行性研究报告》《"十四五"旅游业发展规划》等有关要求，以深化应用和注重成效为主线，推动新一代信息技术与旅游公共信息服务、旅游基础设施服务、旅游公共安全服务以及旅游行政管理服务有效融合，建设面向游客、旅游企业和旅游行政管理部门的智慧旅游公共服务应用体系，加快旅游产业转型升级，推动智慧旅游城市的建设。

（二）基本原则

1. 政府主导

充分发挥政府在智慧旅游公共服务建设中的主导作用，明确智慧旅游公共服务发展目标和主要任务，科学布局，合理规划；加大政府引导性投入，营造有利于智慧旅游公共服务建设的发展环境和条件。

2. 多方参与

充分调动各方积极性，构建政府、企业、市民为主体，市场为导向，产、学、研、用相结合的推进体系，整合各类共享资源，增强智慧旅游公共服务建设的协同力。

3. 示范引导

积极按照统筹规划、示范先行、分步实施、稳步推进的方针，有序推进智慧旅游公共服务建设。通过试点建设，充分实践和验证智慧旅游公共服务建设中技术的先进性、模式的可复制性和经验的可推广性，建立适合的智慧旅游公共服务建设模式。

4. 产用结合

紧抓智慧旅游城市建设机遇，大力推进相关智能制造装备产业发展，大力推进智能技术在国民经济和社会发展各领域的应用，以用促产，以产带用，产用结合，实现旅游公共服务相关应用智慧化、产业升级智能化。

二）设计内容

（一）建设智慧旅游公共信息服务体系

1. 建立信息推送平台

第一，完善信息推送平台。以全方位信息推送为原则，完善信息推送平台，即在原有的信息推送平台的基础上，进行系统整合、补充完善，形成涵盖电脑终端信息推送系统、移动终端信息推送系统、LED 信息发布系统、电视平台信息推送系统、广播平台信息推送系统以及报刊平台信息推送系统等六大部分构成的信息推送平台。

第二，整合电脑终端信息推送系统。以电脑为终端媒介的信息推送系统，内容方式多样，主要由官方资讯网站、在线旅游企业网站以及官方微博等形式构成，为了方便旅游信息的推送以及游客信息的查找，需将各类电脑终端信息推送系统进行整合，使各网络平台的组合更加高效，产生协同效应。

第三，实现电脑终端信息推送系统与其他系统的联动。随着移动终端的发展、"散客时代"的到来，电脑终端信息推送系统的霸主地位将逐渐被取代。此时，为了实现全方位的信息服务，需要借助多方信息推送系统，即将电脑终端信息推送系统、移动终端信息推送系统、LED 信息发布系统、电视平台信息推送系统、广播平台信息推送系统以及报刊平台信息推送系统等六大部分进行系统整合，实现信息的同步更新以及针对性推送。

2. 建立信息咨询平台

第一，增加电脑终端和移动终端等两大在线咨询系统。鉴于网络、移动技术的发展，问题解决的及时性等要求，留言、信箱等网络咨询形式已经无法满足游客的需求。因此，要构建电脑终端信息咨询系统和移动终端信息咨询系统，两大系统均必须实现在线实时咨询、信箱、留言等需求。

第二，整合旅游信息咨询服务系统。整合本地旅游服务热线，依托国家 12301 旅游服务热线，避免出现"一地多线"的现象，完善咨询服务系统相关信息提供人员的知识结构，禁止出现推脱游客或是转移游客到其他热线等现象的出现。

第三，完善与升级旅游咨询中心集群信息咨询系统。对原有的旅游咨询中心进行改造升级，通过采用多媒体和数字化技术，依托互联网，提供人际交流、网络互动和自助查询等旅游信息咨询服务；根据人流量合理进行咨询中心的布局以及规格设置，规格主要分为主中心信息推送系统、分中心信息推送系统、信息亭信息推送系统、触摸屏信息推送系统等。

3. 建立信息反馈平台

第一，建立三大平台子系统。为了实现信息推送与咨询效果的反馈，构建信息服务有效性监测系统、信息服务有效性评估系统以及信息服务有效性反馈系统等三大平台子系统。信息服务有效性监测系统对信息推送和咨询层面信息有效性的监测，主要由信息后台管理系统、游客满意度调查机制（游客满意度点评系统）、游客投诉信息收集等部分构成；信息服务有效性评估系统对信息服务有效性监测系统的监测数据进行统计、分析与评估；信息服务有效性反馈系统将信息服务有效性评估系统所得的评估结果反馈到信息推送平台以及信息咨询平台。

第二，建立三大子系统联动机制。建立信息服务有效性监测系统、信息服务有效性评估系统以及信息服务有效性反馈系统等三大平台子系统的联动机制，使三大平台子系统形成一个良性的生态系统，最终实现信息发布、提供的高效性与精确性。

4. 建立技术支撑平台

第一，建立智慧旅游云数据库。强化资源整合、信息共享和政务协同，加快开放统一的智慧旅游云数据库建设，采集定位的信息、商家提供信息、景点实时信息、游客反馈信息、现有运行的各种系统信息，以智能卡、智能导游仪、智能查询技术、智能手持终端、现有网络设施等为载体，进行最大程度的聚合，将海量信息进行有效的挖掘、提取使之变成有序的整体，提供智能旅游计划、电子票务、网上预约、景点信息查阅、旅游信息统计等信息供游客、商家、景点管理者、政府相关部门使用。

第二，建设智慧旅游物联网平台。用局部网络或互联网等通信技术把传感器、控制器、机器、人员和物等通过新的方式联在一起，使人与物、物与物相连，实现信息化、远程管理控制和智能化的智慧旅游物联网平台。

第三，建设信息网络基础平台。云计算平台：统筹规划定位三大云计算公共服务平台，探索基于云计算服务的新型商业模式，支撑传统产业转型升级，创新电子政务的体制和机制，降低社会服务成本。在实践中，需要制定云计算平台相关技术标准和服务规范，有序推进云计算平台建设和应用。

信息基础设施集约化建设平台：加快信息基础设施集约化建设，以下一代通信技术发展为契机建设覆盖城市的高速信息网络和宽带无线网络。统筹规划和管理三网信息网络资源，推动广电和电信业务双向进入试点，探索三网融合协同机制。在住宅区实行信息基础设施集约化建设先行先试，解决"最后一公里"难题。

政务信息资源交换共享平台：建设政务信息资源交换共享平台，解决政务信息资源纵强横弱、条块分割问题，创建信息交换、信息共享的方式和环境，规范数据采集口径、采集方式、服务方式，建立统一的资源信息整合与交换机制，构建新型政务模式。

信息安全平台：建设具有全面防护能力的信息安全体系，统筹建设全市的灾备中心、病毒防范、无线电监管、信息安全应急等信息安全基础设施，有效保障网络，政务系统，重大民生系统及各种新技术、新应用的安全运行。

（二）建立智慧旅游基础设施服务体系

1. 建立交通服务平台

第一，建立一个信息服务中心。建立旅游交通信息服务系统，整合公路、航道、港口、场站、铁路和机场等交通地理信息资源。

第二，建立一个交通管理体系。一是实时感应与实时控制。通过在交通线路随处都安置的传感设备，并将它们连接到集中控制的管理系统中，从而实现实时获取路况交通信息，以帮助监控和控制交通流量，减少道路的拥堵。二是及时预知与及时调整线路。游客可以通过各种设备和途径及时获取实时的交通信息，并据此调整路线，从而避免拥堵，减少在路途中的时间浪费。例如：游客在计划游览某景区之前，可以通过移动设备获取计划路线的拥堵情况和推荐的路线，用于规划行程的路线等。三是更加广泛的互联。利用物联网技术，实现车辆与网络的互联，从而指引车辆更改路线或优化行程。

第三，完善旅游集散中心服务体系。根据人流和位置对旅游集散中心重新进行合理的布局和搭配，主要由集散中心、集散分中心、集散点等三种类型构成。

第四，建立两大交通系统。建立公共交通系统和自驾车服务系统两大交通系统，公共交通系统涉及智能公交系统、智能地铁系统以及旅游观光巴士运行系统等；自驾车服务系统则主要涉及自驾游游客。

第五，虚拟交通引导员。一是精确专业的24小时城市交通引导。通过测绘技术，获得城市和景点精确地图信息，使用交通引导系统为游客提供旅游过程中的交通引导服务，同时分析游客提供的旅游计划和要求，为每一个游客提供个性化和专业的24小时引导服务，减少游客对城市的陌生感。例如：可以为游客提供路线引导，景点导航，特色餐馆、加油站、旅馆等配套旅游设施的引导等。二是可信赖的安全引导服务。通过在游客旅游过程中定位游客的位置，在紧急情况下，为游客提供紧急路线引导和救援等，保证游客旅游安全。例如：可以通过GPS快速定位到受困游客的位置，引导游客找到正确的路线，或者通知救援机构实施人员救援。

第六，无人值守收费系统。一是自动化的收费服务。在以前，通常的路桥收费、停车收费以及公共交通收费都采用有人值守的管理方式，这样浪费了较多的人力。无人值守收费系统通过RFID技术及激光、照相机等，通过各种传感器控制系统，实现游客在通过道路和桥梁、使用停车场、搭乘公共交通工具时付费更加自由，从而使旅行更加方便快捷。例如：使用ETC技术，实现在高速公路上无人值守收费，系统会自动获取安放在汽车内的ETC设备的账号信息，使得扣费操作与汽车放行同步完成。二是支付交通费用更加便利。在游客支付交通费用时，通过无人收费设备自动获取到游客持有的标识信息，用以对游客收取费用，节省了游客支付交通费用的时间。

第七，车辆调度与实时追踪系统。一是统一、安全、有效的车辆调度。城市中的车辆调度通常是小范围的，缺少全局车辆调度管理的车辆管理系统将会为繁忙的城市交通带来拥堵和安全事故。车辆调度与实时追踪系统将所有的城市交通工具信息纳入统一的管理系统之中，通过实时监测当前的交通信息，对城市中的交通工具进行统一地、安全地、有效地集中调度，优化城市的交通状况。例如：在某一旅游景点的离开人数较多时，可以调度在该景点周围或其他离开人员较少的景点的出租车和其他公共交通工具前往该景点装载游客，从而减少游客的滞留数量。二是精准定位，发生事故快速响应。由于城市中交通工具是流动的且数量庞大，在事故或紧急情况发生时，能够实时准确定位到指定的交通工具是很困难的。通过安装在交通工具中的 GPS 定位系统和各处的传感设备，实现对所有运行的交通工具进行精确定位。一旦某些交通工具发生事故或紧急情况，可以立即反馈到管理系统中，管理系统会做出快速的响应，通知各相关部门进行处理。

2. 建立游憩服务平台

第一，完善城市公共设施服务体系。根据旅游企业以及相关休闲设施的分布，对城市公共设施进行普查，查漏补缺。完善城市公共设施，涉及邮政、金融、医疗、无障碍、环卫等。

第二，建立城市无障碍导引系统。在城市内建立为散客服务的以手机客户端和城市自助导览系统相结合的城市无障碍导引系统。

第三，整合便捷支付系统。整合便捷支付系统，包括无障碍刷卡系统（后台支持系统、铺设刷卡消费终端设备和发行中国旅游卡等）、在线支付系统（电脑和手机）。

第四，建立公共休闲场所（设施）智能建设（管理）系统。建立公共休闲场所（设施）智能建设（管理）系统系统，涉及公共游憩区、特色街区、游览观光步道、开放式景区等公共景观和游览设施的管理、维护以及相关服务的提供。

（三）建立智慧旅游公共安全服务体系

1. 建立智慧旅游安全监测平台

构建由旅游风险监控系统、旅游风险评估系统以及旅游风险预警系统等三部分构成的智慧旅游安全监测平台，通过摄像机、RFID 技术等传感器监测感知自然、社会环境中存在的风险因素，通过风险评估系统对风险的程度及可能造成的威胁进行评判与预估，并根据风险的等级进行预警。

2. 建立智慧旅游安全管理平台

第一，建立普通与电子协作执法系统。完善普通执法系统，开发电子执法系统，实现普通执法与电子执法的协调配合，产生协同效应。

第二，建立突发事件应急处理系统。游客在旅游过程中难免出现紧急情况（如伤病等意外事件），需要第一时间为游客提供救助指导，同时联络各有关机构对游客进行救助。通过将游客所持有的移动设备链接到救助系统或在特定地点设置固定救助设备等多种方式，游客的实时状态将反馈到救助系统。一旦紧急情况发生，设备通过自动感应或游客自主求助方式将游客当前所处的位置、状态等信息反馈到救助系统，救助系统会根据反馈信息回送相关的应急处理方法给游客，游客会根据回送信息进行自救处理。同时系统会根据反馈回来的信息，通知各有关机构（如医疗、消防等），有关机构根据信息实施救助，从而缩短游客紧急救助过程中的时间，为游客提供安全性更高的保障。

第三，开发旅游保险系统。政府应推动保险机构开发针对旅游饭店、景区等旅游经营主体的责任保险及游客的意外伤害、行程取消、行程延误、财物丢失、医疗救助等个人保险示范产品，并通过在线、实体等形式向游客提供。

3. 建立智慧旅游安全监督平台

构建由新闻媒体安全监督系统、从业人员安全监督系统以及游客安全监督系统共同构成的智慧旅游安全监督平台，形成全方位的监督体系。

（四）建立智慧旅游行业管理服务体系

1. 建立智慧旅游政务管理平台

第一，建立两大政务平台子系统。建立由自动化办公系统（包括电子政务系统和协同办公系统）、移动办公系统两大子系统构成的智慧旅游政务管理平台。

第二，形成平台子系统间的协作机制。两个平台系统需实现无缝衔接，使随时随地办公成为可能；两个平台涉及的政务内容一致，并且应该同步更新，内容涵盖工作的各大子系统，如政务信息交换共享系统、人事管理系统、内部信息系统、会议管理系统，等等。

2. 建立智慧旅游行政管理平台

第一，建立和完善旅游行业四大平台系统。建立和完善由智慧旅游行业运营监管系统、行业旅游信息报送系统、行业旅游服务质量评估系统以及黄金周智慧旅游管理系统构成的旅游行业四大平台系统。

第二，建立游客流量动态监测系统

首先，实时游客流量监控系统。一是快速、准确、实时的游客流量监测与预测。通常监测游客流量使用统计出入人数或估算人数的方式，这就造成游客流量的监控缺乏实时性并且会产生估算数据不准确的问题，通过采用电子门票、照相、红外人像识别、激光等技术，对特定范围游客流量进行实时监测，并实时反馈到统一的游客流量监测系统，通过计算和分析得出相应的流量控制策略，提交决策者决策。二是科学的流量异常预案。在发生游客流量异常之前，游客流量监控系统通过结合历史流量数据和当前流量数据可以更加精确科学地预测出特定时段、特定区域内的游客流量，以此做好流量异常预案，并将流量信息及时通知游客。三是快速、高效、人性化的游客流量调控。在发生游客流量异常时，游客流量控制系统通过连接到系统的流量控制设备执行游客流量控制，游客流量控制设备直接连接到控制系统，并由指挥中心直接控制，可以有效地缩短流量异常到执行流量控制的反应时间和处理时间，使游客流量控制更快速、高效，使游客在人流高峰也有较好的游览体验。

其次，城市旅游流量优化。一是系统的城市旅游流量数据分析优化。各个城市的旅游数据是一个信息宝库，限于技术的原因，往往不能得到很好的分析利用。城市旅游流量的优化，通过采集城市中历年旅游相关数据信息，收集各种媒体中与该城市旅游相关的数据，结合游客旅游的反馈信息进行深入分析，得出城市中旅游流量的变化趋势与规律；再根据规律制定科学有效的旅游流量规划，灵活调整城市旅游的发展策略，从而让城市的旅游流量更加优化，游客更加乐意到城市来旅游。二是多城市的数据共享与互联。各个城市之间的游客流量数据的共享与互联并不完善，通过建立统一的城市游客流量数据的共享与互联系统，实现同时分析多个城市之间旅游流量的变化，得出的规律可以用于优化各城市的游客流量。例如：游客在游览完一个城市之后，在其进入下一个城市之前，系统即完成与另一城市的交通、旅游、住宿、餐饮等的联动，为其做好进入下一个城市的准备。

3. 建立智慧旅游营销管理平台

第一，建立两大营销系统。结合传统媒体和新媒体的优势，建立由全媒体旅游营销系统和自媒体旅游营销系统构成的两大营销系统，两者优势互补，最大限度地覆盖所有的游客群体。

第二，建立旅游营销效果监测系统。鉴于信息技术的发展及人们需求的不断变化，一成不变的营销方式将远远不能满足现时的营销需求。建立旅游营销效果监测系统，使智慧旅游营销管理平台形成一个反馈系统，助推智慧旅游的发展。

附 录

智慧旅游相关政策法规

智慧旅游作为旅游业与现代科技相结合的产物，近年来得到了迅速发展。为了更好地推动智慧旅游的健康发展，各国和地区相继出台了一系列政策法规。以下将重点介绍智慧旅游的主要政策法规，包括旅游业发展战略规划、智慧旅游指导意见、旅游公共服务标准、旅游信息化建设规范、旅游电子商务管理办法、旅游数据共享与使用规定、旅游市场监管措施以及旅游行业安全管理规定等方面。

一、政策法规的目的

（1）规范市场行为：明确智慧旅游的市场规则，保障消费者的合法权益。

（2）促进技术创新：鼓励新技术、新模式在旅游业的应用，推动产业创新。

（3）保护数据安全：确保旅游数据的安全、合规使用，防范数据泄露和滥用。

（4）优化服务体验：提升旅游服务质量，为游客提供更加便捷、个性化的服务。

二、主要政策法规

1. 旅游业发展战略规划

旅游业发展战略规划是国家或地区为促进旅游业长期、稳定、健康发展而制定的综合性规划。该规划明确了旅游业的发展目标、战略定位、空间布局、重点任务和政策措施，为智慧旅游的发展提供了战略指导和政策支持。

2. 智慧旅游指导意见

智慧旅游指导意见是指导智慧旅游发展的纲领性文件。该文件提出了智慧旅游的发展思路、基本原则、发展目标、重点任务和保障措施，为各地开展智慧旅游建设提供了明确的方向和指引。

3. 旅游公共服务标准

旅游公共服务标准是规范旅游公共服务行为、提升公共服务质量的重要依据。该标准涵盖了旅游交通、旅游信息、旅游安全、旅游救助等方面的服务内容和质量要求，为智慧旅游提供了标准化的服务支撑。

4. 旅游信息化建设规范

旅游信息化建设规范是指导旅游信息化建设的行业标准。该规范明确了旅游信息化建设的目标、原则、技术路线、建设内容和管理要求，为智慧旅游的信息化建设提供了技术支撑和规范指导。

5. 旅游电子商务管理办法

旅游电子商务管理办法是规范旅游电子商务行为、促进旅游电子商务健康发展的行政法规。该办法规定了旅游电子商务的经营主体、经营范围、经营行为、消费者权益保护等方面的管理要求，为智慧旅游的电子商务发展提供了法律保障。

6. 旅游数据共享与使用规定

旅游数据共享与使用规定是规范旅游数据共享和使用行为的管理规定。该规定明确了旅游数据的共享范围、共享方式、使用目的、安全保障等方面的管理要求，为智慧旅游的数据共享和使用提供了制度保障。

7. 旅游市场监管措施

旅游市场监管措施是加强旅游市场监督管理、维护市场秩序的重要手段。该措施包括了对旅游市场的日常监管、执法检查、投诉处理、信用管理等方面的工作要求，为智慧旅游的市场监管提供了有力支持。

8. 旅游行业安全管理规定

旅游行业安全管理规定是保障旅游行业安全运行的重要法规。该规定明确了旅游行业的安全管理责任、安全防范措施、应急处置机制等方面的管理要求，为智慧旅游的安全运行提供了制度保障。

三、实施与监管

各级政府部门应加强对智慧旅游政策法规的宣传和普及，加强对智慧旅游市场的监管，确保政策法规的有效实施。同时，应建立智慧旅游的评价和反馈机制，不断完善政策法规，推动智慧旅游健康、可持续发展。

智慧旅游政策法规的制定和实施，为智慧旅游的健康发展提供了有力保障。我们期待在政策法规的引导下，智慧旅游能够不断创新、发展，为广大游客带来更加美好的旅游体验。

智慧旅游成功案例与经验分享

通过大数据、物联网、云计算等先进技术的应用，智慧旅游不仅能够提升游客的旅游体验，还能为旅游企业带来更高的运营效率。此部分将介绍两个典型的国内外智慧旅游成功案例，并分享其成功经验，以期为相关从业者提供有益的参考。

一、国内案例：杭州智慧旅游

案例名称：杭州智慧旅游。

实施时间：2015 年开始逐步推进，至今已发展多年。

投入资金：初期投入数亿元，后续持续投入进行技术升级与维护。

技术应用：

（1）大数据分析：通过分析游客行为、消费习惯等数据，优化旅游服务。

（2）移动支付：通过支付宝、微信等电子支付方式，简化游客支付流程。

（3）物联网：应用于景区内的智能导览、智能停车等。

（4）云计算：构建旅游信息服务平台，提供实时旅游信息。

游客数量：智慧旅游实施后，杭州年游客数量从 2015 年的近 1.2 亿人次增长到 2022 年的近 1.8 亿人次。

旅游收入：旅游总收入从 2015 年的近 2000 亿元增长到 2022 年的近 3000 亿元。

用户满意度：根据杭州市文化广电旅游局的数据，入杭游客满意度持续提高，从 2015 年的 85% 上升到 2022 年的 95%。

环境改善：通过智慧旅游，成功减少了各景区的排队时间，提高了资源利用效率，从而减少了环境污染。

二、国外案例：新加坡智慧旅游

案例名称：新加坡智慧旅游计划（Smart Tourism）。

实施时间：从 2010 年开始实施。

投入资金：初期投入约 1 亿新加坡元，后续持续投入。

技术应用：

（1）RFID 技术：用于景点门票、酒店入住等，提高服务效率。

（2）移动应用：提供多语种旅游指南、景点介绍等。

（3）AI 导览：利用人工智能技术为游客提供个性化的旅游推荐。

游客数量：实施智慧旅游计划后，新加坡年游客数量从 2010 年的近 1400 万人次增长到 2022 年的近 2000 万人次。

旅游收入：旅游总收入从 2010 年的近 230 亿新加坡元增长到 2022 年的近 350 亿新加坡元。

用户满意度：据新加坡旅游局调查，游客满意度始终保持在高位，稳定在 90% 以上。

环境改善：智慧旅游的实施有效减少了纸质门票的使用，降低了环境负担，同时提高了旅游资源的利用效率。

三、对比分析

杭州与新加坡在智慧旅游方面的投入和成效均表现出色。杭州通过大数据分析、移动支付等技术手段，实现了旅游服务的便捷化和个性化；新加坡则通过 RFID、AI 等技术，为游客提供了高质量的旅游体验。两个案例均实现了游客数量、旅游收入的显著增长，同时用户满意度也得到了大幅度提升。在环境改善方面，两者均取得了积极的成果，降低了旅游活动对环境的影响。

总的来说，这两个案例都充分展示了智慧旅游的巨大潜力和价值，为其他城市和国家提供了宝贵的经验，具有借鉴意义。

四、智慧旅游成功经验分享

1. 强化政策支持

智慧旅游的发展离不开政府的支持和引导。政府应出台相关政策，为智慧旅游的发展提供有力保障。同时，政府还应加大对智慧旅游项目的投入，引导企业和社会资本积极参与智慧旅游建设。

2. 加强技术研发与创新

技术研发与创新是推动智慧旅游发展的关键。企业应加大研发投入，加强与高校、科研机构的合作，推动智慧旅游技术的研发与创新。同时，还应关注新兴技术的发展趋势，将其应用于智慧旅游领域，为旅游业的发展注入新的动力。

3. 优化服务体验

智慧旅游的核心在于提升游客的旅游体验。因此，企业应注重游客需求，通过大数据、云计算等技术手段，为游客提供个性化、智能化的旅游服务。同时，还应加强对旅游从业人员的培训，提高服务质量和水平。

4. 强化安全管理

智慧旅游的发展离不开安全保障。企业应建立完善的安全管理体系，加强对旅游设施、设备的安全监管和维护。同时，还应利用先进技术，如物联网、视频监控等，实现对旅游安全的实时监控和预警，确保游客的安全。

智慧旅游前沿技术动态与发展趋势

一、智慧旅游前沿技术动态

1. 人工智能在智慧旅游中的应用

如今，人工智能已经渗透到了我们生活的方方面面，而在智慧旅游领域，其影响更是深远而广泛。智慧旅游，作为现代科技与旅游业相结合的产物，正通过人工智能的三大核心应用——智能导游系统、智能推荐系统以及人脸识别技术，为游客打造出一种前所未有的旅游体验。

当你踏入一个陌生的城市，不再需要费心查找地图或询问路人如何到达你想去的地方，只需打开手机上的智能导游系统，它便能凭借自然语言处理和机器学习的先进技术，与你进行智能对话，了解你的需求，并为你提供量身定制的旅游指南。无论你想参观哪个景点、品尝哪种美食，或是了解当地的文化历史，这个智能导游系统都能为你一一解答，让你的旅行变得更加轻松自在。

智能推荐系统则更是将智慧旅游的体验推向了一个新的高度。这个系统基于大数据分析，能够实时捕捉游客的喜好和需求，为他们推荐最合适的旅游项目和服务。比如，当你在社交媒体上分享了一张你在海边度假的照片，智能推荐系统便可能会为你推荐附近的海鲜餐厅或水上运动项目，让你的旅行更加丰富多彩。这个系统还能根据游客的反馈和评价，不断优化推荐结果，确保每位游客都能获得最满意的旅游体验。

当然，在智慧旅游中，安全性也是不容忽视的一个重要方面。人脸识别技术的应用，则为旅游安全提供了有力的保障。通过人脸识别技术，景区可以快速准确地验证游客的身份，避免冒用他人身份等不法行为的发生。这项技术还能为游客提供个性化服务，比如根据游客的面部特征推荐适合他们的旅游项目或产品。人脸识别技术还能用于消费记录的便捷追踪，让游客在旅行中的每一笔消费都清晰可查，确保他们的权益不受侵害。

可以说，人工智能在智慧旅游领域的应用已经深入到了旅游的方方面面，为游客带来了前所未有的便利和安全性。而这些应用背后的技术也在不断地进步和优化，为智慧旅游的发展提供了强大的支持。

2. 物联网技术在智慧旅游中的应用

随着科技的飞速发展，物联网技术已经逐渐渗透到我们生活的方方面面，特别是在智慧旅游领域，其应用更是日益广泛。物联网技术的引入，不仅极大地提升了游客的旅游体验，还为景区的智能化管理提供了强有力的技术支撑。

在景区游览过程中，智能导览设备已经成为越来越多游客的必备物品。这些设备通过物联网技术与景区设施实现互联互通，为游客提供实时的导航服务。无论游客身处景区的哪个角落，只要打开智能导览设备，就能轻松找到前往目的地的最佳路线。这些设备还能提供丰富的讲解内容，让游客在欣赏美景的同时也能深入了解景区的历史文化背景。更值得一提的是，智能导览设备还能根据游客的兴趣爱好和游览记录，为其推荐个性化的旅游路线和景点，让每一位游客都能享受到量身定制的旅游体验。

除了智能导览设备外，物联网技术在智慧停车系统中也发挥着举足轻重的作用。对于许多自驾游的游客来说，如何在景区内快速找到停车位一直是一个令人头疼的问题。智慧停车系统的出现，恰好解决了这一难题。该系统通过物联网技术感知停车场的实时空位信息，并将这些数据实时传输到游客的智能设备上。游客只需轻轻一点，就能快速找到附近的空车位，并通过导航系统轻松抵达。这不仅大大节省了游客寻找车位的时间，还有效缓解了景区停车难的问题。

在环境监测与预警方面，物联网传感器也发挥着不可替代的作用。景区是一个复杂的生态系统，其环境质量直接影响着游客的旅游体验。为了确保游客能够在一个舒适安全的环境中畅游，景区管理者需要实时监测景区的空气质量、温湿度以及人流量等关键数据，物联网传感器正是完成这一任务的重要工具。这些传感器能够实时采集景区的环境数据，并通过网络传输到数据中心进行分析处理。一旦发现异常情况，系统就会立即启动预警机制，通知相关人员及时采取应对措施。这不仅保障了游客的安全健康，也为景区的可持续发展提供了有力保障。

当然，物联网技术在智慧旅游中的应用远不止于此。随着技术的不断进步和应用场景的不断拓展，物联网技术还将在更多领域发挥更大的作用。例如：在景区安全管理方面，物联网技术可以通过智能监控系统和人脸识别等技术手段，实现对游客行为的实时监控和预警，有效预防安全事故的发生；在旅游服务方面，物联网技术可以通过智能手环、智能鞋垫等设备，实时监测游客的健康状况和运动量，为游客提供更加个性化的健康指导和服务；在文化遗产保护方面，物联网技术可以通过对文物古迹的实时监测和数据分析，为文化遗产的保护和传承提供科学依据和决策支持。

3. 大数据在智慧旅游中的应用

如今，智慧旅游已经逐渐成为旅游业的新宠，而大数据作为其背后的核心驱动力，正在为这一领域的蓬勃发展注入强大的活力。通过巧妙地运用大数据技术，我们能够深入挖掘游客的旅游行为规律，进而揭示出市场的真实需求和潜在趋势。这些数据就像是一座座富矿，等待着我们去发掘其内在的价值。

对于旅游企业而言，大数据的应用无疑为产品开发和营销策略提供了前所未有的支持。通过精准地分析游客的喜好、行为习惯以及消费趋势，企业能够更有针对性地推出符合市场需求的旅游产品，并在营销过程中实现精准投放，从而提高转化率和市场占有率。

大数据在旅游流量预测与管理方面也展现出了其独特的魅力。我们知道，旅游高峰期的景区人流量往往会给游客带来诸多不便，甚至可能引发安全隐患。借助大数据技术，我们可以实时监测和分析景区内的游客流量数据，为景区管理提供科学的决策依据。通过合理调配资源、优化游览路线、设置限流措施等手段，景区能够有效应对旅游高峰期带来的挑战，为游客提供更加舒适、安全的游览环境。

当然，大数据的应用远不止于此。在智慧旅游的框架下，我们还可以利用大数据为游客提供更加个性化的旅游服务。比如：当你来到一个陌生的城市时，你的手机能够根据你的喜好和历史行为数据，为你推荐最合适的餐厅、景点和娱乐项目；当你走进景区时，智能导览系统能够根据你的游览时间和兴趣点，为你规划出最佳的游览路线；当你遇到问题时，智能客服系统能够迅速响应并为你提供解决方案……这些个性化的服务都离不开大数据的支撑。

二、智慧旅游发展趋势

1. 智慧旅游与旅游产业升级

智慧旅游作为当今旅游产业的一股强劲动力，正在以其独特的方式推动着整个行业的全面升级。从旅游产品的创新到服务的提升，再到产业链的优化，智慧旅游的影响无处不在，且日益显著。

在旅游产品方面，智慧旅游技术如同一位富有创意的艺术家，为旅游产品注入了新的生命。传统的旅游产品往往受限于时间、空间和资源，而智慧旅游则通过运用虚拟现实、增强现实等尖端技术，打破了这些限制，为游客呈现出了一个更加广阔、多彩的旅游世界。游客不再仅仅是观察者，而是可以身临其境地参与到各种旅游活动中的参与者，获得更加丰富、多样的体验。例如：通过虚拟现实技术，游客在家中就能游览世界各地的名胜古迹，感受不同文化的魅力；通过增强现实技术，游客在参观博物馆时可以看到展品的历史场景重现，更加深入地了解展品背后的故事。这些创新不仅让旅游变得更加有趣和吸引人，也极大地拓展了旅游的可能性，满足了游客日益多样化的需求。

在服务方面，智慧旅游同样展现出了其强大的实力。智能导游、在线预订、移动支付等便捷服务的应用，使得游客在旅行过程中能够享受到更加舒适、便捷的服务体验。智能导游可以根据游客的兴趣和需求为其量身定制旅游路线，提供实时的导览和讲解服务；在线预订则可以让游客随时随地预订酒店、机票、景点门票等旅游产品，避免了排队等待和售罄的烦恼；而移动支付则让游客可以更加方便地完成各种支付操作，无须携带大量现金或银行卡。这些服务不仅提升了旅游服务的质量和效率，也极大地提高了游客的满意度和忠诚度。游客在享受这些便捷服务的同时也更加愿意将自己的旅游经历分享给亲朋好友，从而吸引更多的人加入到旅游的行列中来。

在产业链方面，智慧旅游的影响同样不容忽视。智慧旅游技术的广泛应用，正在促进旅游产业链各环节的深度融合和高效协作。传统的旅游产业链往往存在着信息不对称、资源浪费等问题，而智慧旅游则通过运用大数据、云计算等技术，实现了旅游资源的优化配置和高效利用。例如：通过大数据分析，旅游企业可以更加准确地了解游客的需求和行为习惯，从而制定出更加符合市场需求的旅游产品和服务；云计算则可以为旅游企业提供更加强大、灵活的数据计算和存储能力，支持其业务的快速发展和创新。这些技术的应用不仅提升了旅游产业链的整体效率和竞争力，也为旅游产业的持续、健康发展注入了新的活力。

除了以上提到的方面外，智慧旅游还在推动着旅游产业的绿色发展和可持续发展。智慧旅游技术可以帮助旅游企业更加精准地管理资源和能源，降低浪费和排放，实现更加环保、节能的运营方式。例如：通过智能控制系统，旅游企业可以实时监测和控制景区的能源消耗和排放情况，及时调整运营策略，降低对环境的影响。智慧旅游还可以促进旅游产业的多元化发展，拓展旅游市场的广度和深度；通过开发新的旅游产品和服务，满足游客的多样化需求，提升旅游产业的附加值和盈利能力。这些发展不仅有利于旅游产业的长期健康发展，也为经济社会的可持续发展作出了积极贡献。

总的来说，智慧旅游正在以其独特的方式改变着旅游产业的面貌和未来。从旅游产品的创新到服务的提升再到产业链的优化，以及绿色发展和可持续发展等方面都展现出了智慧旅游的强大实力和深远影响。

2. 智慧旅游与科技创新

在信息化浪潮中，科技创新成为推动智慧旅游不断前行的核心动力，其中人工智能、大数据分析和物联网等技术的广泛应用，更是为智慧旅游赋予了前所未有的智能化魅力。

人工智能技术的渗透，使得智慧旅游在服务层面实现了质的飞跃。智能推荐系统，能够根据游客的历史行为、偏好和需求，为其精准推送个性化的旅游线路、景点推荐、餐饮选择等，大大提升了游客的旅游体验和满意度；智能客服能够 24 小时不间断地为游客提供信息咨询、问题解决等服务，其高效、便捷的特点深受游客好评。这些智能化的服务手段，不仅为游客带来了极大的便利，也为旅游业从业者提供了更加精准的市场定位和营销策略。

大数据分析技术的应用，则为智慧旅游提供了更加深入、全面的市场洞察能力。通过对海量游客数据的挖掘和分析，旅游业从业者能够更加准确地把握游客的需求变化、消费习惯和行为特征，从而为旅游产品的开发、优化和定价提供有力依据。大数据分析还能够帮助旅游业从业者及时发现市场趋势和潜在机遇，为其在激烈的市场竞争中占得先机。

物联网技术的融入，使得智慧旅游在管理和服务层面实现了更加高效、智能的运作。智能监控系统能够实时监测旅游景区的客流、交通、安全等状况，为景区管理者提供及时、准确的信息反馈和决策支持；智能导览系统能够为游客提供精准的导航、讲解服务，使游客在享受美景的同时也能深入了解景点的历史文化和背后故事。这些物联网技术的应用，不仅提升了智慧旅游的管理效率和服务质量，也为游客带来了更加丰富、深刻的旅游体验。

三、智慧旅游融合与发展

1. 智慧旅游在旅游业中的地位与作用

现今，智慧旅游已经成为旅游业转型升级的重要推手。它打破了传统旅游模式的束缚，通过在线预订、智能导游、虚拟现实体验等手段，让游客能够更加自由地规划行程，更加深入地了解目的地，更加全面地享受旅游的乐趣。

对于游客而言，智慧旅游的魅力在于它能够让旅游变得更加轻松和有趣。在线预订让游客可以在家中就能完成机票、酒店、景点门票等旅游产品的购买，避免了排队等候和现场购票的麻烦；智能导游则能够根据游客的兴趣和需求，为他们提供个性化的旅游路线和讲解服务，让游客在旅途中不再迷茫和孤单；虚拟现实体验更是让游客能够在出发前就能身临其境地感受目的地的风光和文化，为他们的旅游行程增添更多的期待和惊喜。

除了为游客带来更好的旅游体验外，智慧旅游还为旅游业的可持续发展提供了有力支持。通过实现旅游资源的合理配置和高效利用，智慧旅游有助于减少旅游活动对环境的负面影响，保护自然和文化遗产的完整性。智慧旅游还能够促进旅游业的创新和升级，推动旅游产业与其他产业的融合发展，为经济增长和社会进步贡献更大的力量。

在信息化时代，智慧旅游的出现是旅游业发展的必然趋势。它不仅能够满足游客日益多样化的需求，还能够推动旅游业的转型升级和可持续发展。我们应该积极拥抱智慧旅游，把握它带来的机遇和挑战，共同为旅游业的美好未来而努力。

当然，智慧旅游的发展也离不开政府、旅游企业和社会的共同努力。政府应该加强政策引导和投入支持，为智慧旅游的发展创造良好的环境和条件；企业应该加强技术创新和产品研发，为游客提供更加优质和丰富的智慧旅游产品和服务；社会应该加强宣传和推广，提高公众对智慧旅游的认知度和接受度。

在未来的发展中，智慧旅游还将面临诸多挑战和问题。例如：如何保障游客的信息安全和隐私保护？如何提高智慧旅游服务的普及率和覆盖率？如何平衡智慧旅游发展与环境保护之间的关系？这些问题需要我们共同思考和解决。

但无论如何，智慧旅游已经成为旅游业发展的重要趋势和方向。它以其独特的优势和魅力，吸引着越来越多的游客和企业加入到这个大家庭中来。相信在不久的将来，智慧旅游将为我们带来更加美好的旅游体验，推动旅游业繁荣发展。

2. 智慧旅游与其他旅游业态的融合与发展

智慧旅游，这一新兴的旅游形态，正在与各种旅游业态深度融合，引领着旅游业的发展潮流。通过巧妙地融入在线旅游平台，智慧旅游打破了传统旅游信息的孤岛状态，实现了信息的实时共享与服务的无缝对接。游客不再需要费尽周章地搜集旅游资讯，只需轻点手指，便能轻松获取详尽的目的地信息、行程规划和预订服务。这种便捷的旅游体验，无疑极大地提升了游客的满意度和忠诚度。

在与传统旅游业的融合过程中，智慧旅游展现出了强大的改造和升级能力。借助先进的信息技术，如大数据分析、云计算、物联网等，智慧旅游为传统旅游业注入了新的活力。从前烦琐的旅游手续办理、低效的客户服务、滞后的市场反馈等问题，在智慧旅游的助力下得到了有效解决。如今，游客们可以享受到更加智能化、个性化的旅游服务，如智能导游、实时路况、个性化推荐等，这些都让旅游变得更加轻松愉快。

智慧旅游与文化创意产业的融合，更是擦出了绚烂的火花。这种跨界的合作不仅为旅游业带来了丰富多彩的产品和活动，还为游客提供了更加多元化的旅游体验。通过深入挖掘目的地的文化底蕴和特色资源，智慧旅游与文化创意产业共同打造了一系列独具特色的旅游项目和产品，如主题民宿、文化体验游、非物质文化遗产展示等。这些项目和产品不仅满足了游客对于旅游的多样化需求，还成功地将文化资源转化为经济价值，实现了文化与旅游的双向赋能。

在与交通产业的融合中，智慧旅游将通过对人工智能等技术的应用，实现智能交通导航、优化旅游路线规划等功能，为游客提供更加便捷、高效的出行体验。这种融合不仅可以缓解旅游高峰期的交通拥堵问题，还可以提高交通资源的利用效率，为旅游业的可持续发展贡献力量。

智慧旅游与商业产业的融合也将成为未来的发展趋势之一。通过智能化的商业服务，游客可以享受到更加便捷、个性化的购物体验，包括智能推荐、在线支付、无人售货等。这种融合将为旅游商业的繁荣发展注入新的活力，推动旅游业与商业的互利共赢。

随着智慧旅游与其他产业的不断融合，未来的旅游业将呈现出更加多元化、智能化的发展趋势。这种融合将为游客提供更加全面、高品质的旅游服务，推动旅游业的持续发展和创新升级。智慧旅游的发展也将为相关产业带来新的发展机遇和挑战，需要各方共同努力，加强合作，共同推动智慧旅游与其他产业的深度融合发展。